UN MILLIARD D'HINDOUS

Ysé Tardan-Masquelier

UN MILLIARD D'HINDOUS

Histoire, croyances, mutations

Albin Michel

Collection « Planète Inde »
dirigée par Ysé Tardan-Masquelier
et Jean Mouttapa

INTRODUCTION

Inde religieuse, Inde éternelle ?

Bombay, Banganga tank. Sur la presqu'île de Malabar, au-delà de la plage de Chowpatty, repaire des stars de Bollywood, il existe une sorte de village hindou hors du temps, enclavé sans transition dans la modernité frénétique de la ville. Autour de l'étang sacré de Banganga, se serrent les maisons du quartier brahmane, tout en profondeur, dont on aperçoit furtivement l'intérieur par les seuils ouverts. Des jeunes jouent au cricket sur le chemin de terre, une vache traîne paresseusement, les chiens aboient ou dorment sur des flaques d'ombre, quelques femmes lavent du linge en papotant, le coiffeur travaille en plein air. On entend les voix nasillardes des élèves de la *gurukula* * qui jouxte le modeste temple. Assis sur les marches de l'étang, on peut rêver ; odeurs d'épices et de décomposition, tranquillité de ce miroir immobile où se reflète un coin de ciel, comme une échappée ; une peau de mangue dérive doucement à la rencontre d'un vieux sac en plastique. Les grondements incessants de la circulation, la

* École religieuse.

Carte 1. L'Inde actuelle.

rumeur affolante des millions de gens qui se pressent sur cette étrange presqu'île s'estompent en un fond continu qu'on oublie. Bonheur d'avoir trouvé un enclos d'éternité dans l'énorme mégapole...

Madurai, temple de Meenakshi Devî. Toutes sortes de dévotions s'y manifestent envers l'une des formes majeures de la déesse shivaïte. Dans le vestibule qui précède le sanctuaire, des figures en bas relief, sculptées sur les colonnes, font l'objet d'un culte personnel ; une déesse, jambes écartées, libère un nouveau-né ; les parturientes viennent la prier pour qu'elle favorise leur accouchement. Une jeune femme accomplit ses rites, avec une précision et une lenteur fascinantes. Elle a apporté de l'huile, des fleurs, des poudres colorées, des petites bananes, de l'encens, des bougies, des feuilles de bananier pour préparer ses mixtures et déposer les offrandes. Elle a les mains luisantes d'huile, rouge sang. Elle prend soin du bas-relief comme d'un être vivant. Elle colle des pastilles vermillon sur les corps de la déesse et du nouveau-né, à des endroits très précis, aux articulations du corps ; elle touche le sexe de la *shakti* *, elle accroche une guirlande de jasmin fraîche autour de sa tête. Elle ne cesse de psalmodier à voix basse, et le nom divin revient comme une respiration régulière, qui berce, enveloppe et console. Par terre, devant le pilier, le repas divin est servi, composé de toutes sortes d'ingrédients et de couleurs. D'autres femmes passent, s'arrêtent, manifestent leur approbation.

Tiruvannamalai (Tamil Nadu), ashram de Ramana Maharshi. À onze heures, chaque jour, l'ashram « nourrit

* Énergie féminine, créatrice, personnifiée dans la déesse.

les pauvres » ; on transporte en triporteurs d'énormes marmites de riz aux légumes et aux épices dans la cour d'entrée. Chacun, en une longue file, reçoit une généreuse portion de riz, un beignet, une louche de curry. « Les pauvres », ce sont d'abord tous ces renonçants dont Tiruvannamalai regorge, attirés qu'ils sont par la sainte montagne d'Arunâchala et le grand temple de Shiva. Vêtus d'orange, de blanc, ou demi-nus ; barbus, à chignon, cheveux au vent ; rasés, sales et hirsutes, ou d'une propreté méticuleuse, à lunettes de soleil (Rayban de préférence), à béquilles, à bicyclette et même à moto (chromes flambants). Pour recevoir leur repas, certains ont des gamelles de métal, à trois ou quatre compartiments pour bien séparer les aliments ; mais c'est le plus souvent le sac en plastique (éventuellement troué), ou un pan de dhoti (dans ce cas, l'ashram fournit obligeamment la feuille de bananier) qui font office de contenant. Il y a peu de jeunes, beaucoup d'hommes d'âge mûr, et aussi des vieux ascètes qui tremblotent en recevant leur repas ; les timides et les modestes ; ceux qui semblent faire une faveur insigne en acceptant d'être entretenus et qui présentent leur gamelle avec autorité : la nourriture leur est due, ne sont-ils pas des *sadhus* * ? « Les pauvres », ce sont aussi les mendiants, les estropiés, les simplets ; ils passent après, dans une joyeuse bousculade qui fait partie du rite, et que les gens de l'ashram savent gérer dans la non-violence.

L'ashram continue de transmettre l'enseignement, ou plutôt le non-enseignement – « ici, vous devez désapprendre », disait-il – du maître. Inévitablement, une forme de sacralisation s'est installée, sur cette terre où

* Saint homme.

le libéré-vivant est un dieu qui s'est incarné pour montrer la voie du salut. Inévitablement, le vide s'est rempli, la nudité s'est habillée de rites, la vérité s'est actualisée dans des préceptes et des règles de vie, la solitude est tempérée par la communauté. La librairie est entièrement consacrée à la gloire de Shri Bhagavan : photos, livres, chromos, calendriers, très kitsch ; comment retrouver la trace du grand néo-védantin qui enseignait l'extinction de l'ego et de toute représentation de soi ? Peut-être à Skandâshram, qui fut l'ashram originel du Maharshi. À mi-pente, facile d'accès par un beau chemin ombragé, il fut le premier lieu où il accepta de recevoir des pèlerins en nombre. Tout petit, avec son jardin étroit et ravissant, don de la source qui surgit ici, il a quelque chose des ermitages orthodoxes des déserts du Proche-Orient. On y retrouve cette atmosphère condensée, comme imprégnée à jamais de l'ascèse intense, de la puissante méditation de ceux qui y ont vécu. Le grand temple de Shiva, à ses pieds, dans la ville de Tiruvannamalai, dessine son gigantesque mandala. Cosmos géométrique, construit par l'homme, il répond à l'ordre des dieux, là-haut, et Skandâshram se situe entre deux, espace de médiation. Ici, bat l'un des cœurs de la sagesse indienne, au sein de ce simple silence tranquille et familier.

Tirupati (Andhra Pradesh). Dans le plus important lieu de pèlerinage vishnouite, on vient pour recevoir la grâce du *darshan* * de la divinité. Beaucoup, en accomplissement d'un vœu, se font raser la tête avant de pénétrer dans l'es-

* Littéralement « vision » ; le regard de la divinité sur son adepte est source de bénédictions.

pace sacré, et les coiffeurs recueillent les montagnes de cheveux qui sont ensuite vendus à l'étranger. Dans le saint des saints, siège une pierre noire revêtue de soieries d'or qui représente Vishnu. Un service d'ordre très organisé canalise la foule qui fait des heures de queue, jusqu'à une journée entière, pour pénétrer dans le sanctuaire et apercevoir l'image quelques secondes. Par moments, de cette file interminable qui patiente sous un soleil de plomb s'élèvent des psalmodies du nom divin qui se terminent en cris d'excitation, « Vishnu », « Govinda », « Nârâyana », etc. Les regards dont on gratifie l'étranger ne sont guère amènes. Le temple est très riche, le plus riche de l'Inde, dit-on ; on paie cher pour y entrer quand on n'est pas hindou, et les aumônes des dévots représentent des sommes énormes. Elles sont d'ailleurs comptées publiquement, par les fonctionnaires du temple alignés sur des estrades jonchées de roupies, derrière des sortes de vitrines qui les protègent de la foule.

Ayodhya (Uttar Pradesh). Des militants nationalistes hindous vocifèrent. Ils agitent à nouveau la vieille querelle qui les oppose aux musulmans. Ils prétendent que dans cette ville sainte de la vallée gangétique, le premier empereur moghol, Babur, a construit sa mosquée avec les pierres obtenues par la démolition d'un ancien temple de Râma. Des agitateurs à l'allure d'ascètes délivrent des prêches enflammés qui appellent à restaurer le « règne de Râma », en puisant des références religieuses dans la vénérable *Bhagavad Gîtâ*. Les gouvernements qui se sont succédé depuis l'Indépendance ont réussi à contenir l'aile la plus extrémiste de ce mouvement, mais le conflit perdure.

Si j'ai souhaité commencer en évoquant ces quelques « vignettes » qui se rattachent à des souvenirs bien précis, c'est que l'approche raisonnée de la religion des hindous, à laquelle cet essai entend donner toute sa place, ne doit pas occulter qu'elle prend sa source dans une rencontre riche d'émotions. C'est aussi que ces choses vues et entendues semblent au premier abord donner raison à Henri Michaux, qui disait plaisamment : « Aux Indes, si vous ne priez pas, vous avez perdu votre voyage. C'est du temps donné aux moustiques[1]. » Dans la vie des hindous, les préoccupations religieuses auraient ainsi une absolue priorité, les privant d'une certaine adhésion au réel, et l'autorité incontestée des coutumes entrerait en conflit avec la modernité ou subsisterait en dépit d'elle.

Une double représentation a pourtant guidé ce livre vers des conclusions contraires : celle d'un monde en mouvement, qui n'a jamais cessé d'évoluer, de confronter les interprétations, d'inventer de nouveaux dieux, d'assimiler des influences ; celle d'une société où les compromis entre buts mondains et libération spirituelle ont fait l'objet de transactions qui ont préservé l'autonomie des deux sphères – ce qui explique en partie qu'un pouvoir séculier, démocratique, ait pu se développer plus facilement qu'ailleurs. « Une Inde temporelle » – l'expression choisie par Éric Meyer en préambule de son ouvrage *Une histoire de l'Inde. Les Indiens face à leur passé*[2] – me paraît s'appliquer en un double sens au point de vue global dans lequel je souhaite situer ma réflexion. D'une part, la religion des hindous est activement immergée dans le temps, partie prenante d'une expérience de l'histoire qui, pour s'être exprimée différemment de la nôtre, n'en a pas moins de fécondité. D'autre part, elle a donné à l'action humaine et aux réalisations qu'elle soutient une valeur éminente, que n'a jamais annulée le prestige des traditions de renoncement.

Indiens, hindous, hindouisme : les mots et la réalité

Le vocabulaire que nous utilisons est parfois flottant, et la confusion entre indien et hindou, fréquente. Cela n'aurait pas grande importance si une aile militante de l'hindouisme ne prêchait pas actuellement pour une Inde hindoue – c'est-à-dire une nation qui se définirait par l'appartenance communautaire. J'aurai l'occasion de développer, dans la dernière partie du livre, les grands traits de cette idéologie qui constitue, avec la relation à l'islam et aux musulmans, le principal problème religieux de la démocratie la plus peuplée du monde. Précisons donc : être indien, c'est être citoyen de l'Union indienne, quelles que soient la couleur de peau, la culture, la langue et la religion : il y avait, à l'orée de notre IIIe millénaire (recensement de 2001), 138 millions de musulmans, 24 millions de chrétiens, 19 millions de sikhs, 12 millions de bouddhistes et de jaïns, 500 000 parsis. Tous ces gens sont indiens, mais ils vivent en situation de minorités, car 82 % de leurs compatriotes sont hindous. Par ailleurs, les hindous qui se trouvent maintenant hors des frontières de l'Union indienne, mais qui ont toujours vécu dans le sous-continent, sont 11 millions au Bangladesh, 1,5 million au Pakistan, 2,5 millions à Sri Lanka. Les diasporas, anciennes ou récentes, comptent plus de 8 millions de personnes en Indonésie, Myanmar, Malaisie, plus d'un million au Royaume-Uni, pas loin de deux aux États-Unis, et des communautés très vivantes en Afrique du Sud, à Madagascar, à la Réunion... Il y a donc des Indiens qui ne sont pas hindous, et des hindous qui ne sont pas indiens, ou le sont restés bien que vivant hors de l'Inde, ou ont un statut particulier, celui de NRI, « Non Resident Indian ».

En 2001, les hindous de l'Inde étaient 828 millions ; aujourd'hui, ils sont certainement plus de 920 millions ; ajoutons environ 30 millions pour ceux qui vivent hors des frontières de l'Union, et nous approchons du milliard annoncé par mon titre. Un sixième de l'humanité est hindou : ce constat devrait nous intéresser plus encore que les réalisations économiques remarquables d'un pays émergent en pleine évolution. S'il est vrai – et je crois que cela ne peut plus être contesté – que les religions ont une place majeure dans le monde contemporain, qu'elles sont des mémoires collectives, des réceptacles de valeurs, des opérateurs d'identité, des réservoirs d'idéologie, alors s'efforcer de mieux connaître les croyances et les rites des hindous, c'est s'atteler à une tâche urgente.

Le collectif singulier « hindouisme » exprime mal la réalité hindoue ; il est l'aboutissement de la pensée classificatrice moderne, qui voit volontiers les religions comme des entités unifiées autour d'une orthodoxie qui les spécifie et les distingue des autres. Or pendant très longtemps, les hindous ne se sont pas définis eux-mêmes comme membres d'un ensemble homogène. À partir du nom du fleuve Indus, les anciens Iraniens puis les Grecs ont décrit les habitants de cette région aux coutumes particulières. Plus tard, les musulmans utilisent sporadiquement un terme générique, mais ce sont les missionnaires occidentaux qui prennent l'habitude de parler des hindous en général. Enfin, les hindous eux-mêmes, dans le courant du

XIXe siècle, ont éprouvé le besoin de se définir comme communauté religieuse, pour des raisons dont j'exposerai la complexité dans les chapitres 11 et 12.

Auparavant chacun se référait à sa divinité familiale ou d'élection, à son maître, à sa généalogie ancestrale qui lui donnait des droits et des devoirs religieux particuliers. La société était fragmentée en une multitude de groupes et de sous-groupes qui avaient chacun leurs traditions et pensaient en termes de pureté ou d'impureté leurs relations aux autres. Elle pouvait donc ressembler pour l'étranger à une immense mosaïque de cultes juxtaposés, qu'encourageait évidemment le polythéisme. Et pourtant des valeurs et des comportements transversaux ont assuré continûment une unité sous-jacente : ce que les hindous appellent *sanatana dharma*, la loi religieuse de toujours, l'ordre du monde hérité et qui fait autorité. C'est peut-être cette expression qui correspondrait le mieux à notre mot « religion ».

Même s'il est difficile aujourd'hui de faire autrement que de parler de « l'hindouisme » en général, il faudrait pouvoir garder à la fois le point de vue de la diversité et le point de vue de l'unité, celui de la fluidité et celui d'une volonté d'orthodoxie. Je m'y suis efforcée chaque fois que cela était possible, me méfiant des descriptions monolithiques et m'intéressant aux tensions internes à la culture religieuse, qui sont toujours sources d'idées nouvelles. Penser certaines mutations en termes conjoints de crises et de continuité m'a paru la meilleure manière de restituer la vitalité historique de ces grandes traditions. J'ai aussi fait le choix d'insister sur les rencontres, les situations de contact et d'échanges plus que sur le « choc des cultures ».

Malgré cette complexité déroutante, ou à cause d'elle, j'ai voulu organiser l'ouvrage autour de quatre grandes articulations : l'origine et la genèse de ce que nous appelons aujourd'hui « hindouisme » ; les divinités, les croyances dont elles font l'objet, les cultes qui leur sont rendus ; la structure sociale traditionnelle, le destin qu'elle réserve aux femmes et la place qu'elle admet pour la différence ; l'évolution vers l'époque contemporaine, à travers le contact avec l'Occident, les diverses réinterprétations internes, les situations inédites issues de l'Indépendance et de la Partition. Il me semble que ces quatre sections offrent une vue d'ensemble qui tient l'équilibre entre les apports de la recherche scientifique et la volonté d'ouverture vers tous les lecteurs qui pourraient être intéressés par la réalité indienne. Elles laissent cependant de côté, faute d'espace, certains aspects, comme la vie religieuse des diasporas, et des problématiques qui font l'objet de riches discussions entre spécialistes.

Tel qu'il est, ce livre se veut clair sans être simpliste, dans un esprit fidèle au projet plus vaste dont il est un élément, la collection « Planète Inde ». En créant, avec Jean Mouttapa, cet espace éditorial nouveau, j'ai pu réaliser un rêve – celui de faire mieux connaître et aimer l'une des nations phares de ce début de IIIe millénaire. Il me reste, avec la collaboration des universitaires chercheurs qui ont accepté de mettre leurs connaissances au service d'une volonté de vulgarisation au meilleur sens du terme, à faire la preuve que cette ambition correspond à un désir de rencontrer l'Inde dans sa vérité, en dehors des idées reçues, des préjugés et des malentendus.

Je remercie chaleureusement Véronique Bouillier et Éric Meyer de leur relecture attentive et des conseils qu'ils m'ont prodigués.

PREMIÈRE PARTIE

La genèse de l'hindouisme

CHAPITRE 1

Le Veda, texte-source

À l'origine de la pensée indienne, un monument littéraire, le Veda, se dresse et fait repère pour l'ensemble de l'histoire religieuse jusqu'à nos jours. Il est la référence constante des hindous, même de ceux qui vont le soumettre à de successives réinterprétations et en transformer profondément la signification. Il est d'autant plus précieux que, dans sa perfection langagière, il témoigne d'une culture qui ne nous a pas laissé d'archéologie, ou si peu. Sans lui, nous ne saurions rien des premiers dieux de l'Inde, de la passion indienne pour les récits de création du monde, des spéculations sur l'Être, des liturgies complexes impliquant toutes sortes d'acteurs rituels, des procédés poétiques qui véhiculent les systèmes symboliques et les mythes ultérieurs. En l'absence de temples, ou de lieux permanents pour les rites, les textes des spécialistes de la liturgie ont pris toute la place, ils sont extrêmement minutieux, et la parole, la transmission orale, les modes qui en assurent la fidélité font l'objet d'une très grande attention.

La saga des Âryas

Le Veda n'a pas de précédent. Il s'inscrit dans un cadre historique et géographique radicalement nouveau, contemporain de l'installation, dans les vallées de l'Indus puis du Gange, de la communauté religieuse qui le produit : les Âryas.

Cette installation bouleverse plus ou moins brutalement les frontières et les modes de vie de l'une des civilisations les plus remarquables que le monde ait connues à l'aube de l'histoire : celle de Mohenjo-Daro ou Harappa, du nom de ses cités principales. Sur une aire vaste comme l'Europe occidentale, dont les actuelles provinces pakistanaises du Panjab et du Sind forment le centre, on a recensé plus de mille cinq cents sites construits. La culture harappéenne a commencé à se développer il y a environ 4 800 ans avant notre ère ; c'est la moins bien connue des grandes cultures antiques, parce que son écriture n'est pas encore déchiffrée. Mais on sait qu'à partir de 3500 (période de Ravi) et entre 2800 et 2600 (période du Kot-Dijien), s'est épanouie une activité économique remarquable, à la fois locale et importatrice ou exportatrice de matériaux et d'objets venus de Mésopotamie et d'Iran. Harappa était vraiment un centre du monde ; il faut sans doute la reconnaître dans le nom du royaume de Meluhha qui apparaît dans les textes du Sud mésopotamien à partir de 2350 environ.

Pour ce qui est de la religion, les découvertes archéologiques traduisent une homogénéité que seule une société organisée et centralisée a pu permettre. D'un bout à l'autre du territoire et sur deux millénaires, on rencontre à la période urbaine (2600-1900) la même disposition de l'espace et les mêmes symboles. Le caractère planifié des constructions, la différence entre les habitations des classes dominantes et celles des producteurs, le soin apporté à l'aménagement des espaces publics et au confort des habitants ont frappé les archéologues : le marquage du territoire, le découpage entre « nous » et « l'autre », la centralisation des lieux de pouvoir à la fois religieux et politique, tout cela porte la marque d'une civilisation urbaine accomplie. Ces villes avaient un remarquable système de canalisations et d'égouts, et il se peut qu'il n'ait pas eu seulement une fonction pratique, car certains bâtiments centraux étaient pourvus de grands bassins qui ne manquent pas de faire penser aux étangs sacrés des futurs temples hindous. Les Harappéens enterraient leurs morts dans des cimetières situés à l'écart de l'habitat ; les tombes se différencient par le mobilier funéraire, entre dirigeants et individus honorés par des sépultures plus simples, plus populaires.

Le symbole le plus marquant est la représentation d'un être, probablement divin, cornu ou portant une coiffe à cornes, au sexe dressé et assis dans une position qui évoque la posture méditative du yoga ; une fois, il a devant lui un bœuf sacrifié, souvent il est entouré d'animaux féroces. On a voulu y voir une première ébauche du dieu Shiva, futur seigneur de la nature sauvage, de l'éros et de l'ascèse. On trouve aussi sur les sceaux quelques divinités féminines portant des coiffes à cornes et combattant un tigre. Une autre divinité étrangle de ses mains deux fauves, comme en écho à un épisode de l'épopée sumérienne de Gilgamesh ; d'ailleurs la coiffe à cornes est à Sumer un insigne habituel du divin.

De nombreuses statuettes féminines ont été exhumées des maisons ; elles témoignent sûrement du culte domestique d'une déesse mère protectrice du foyer. Les sceaux offrent aussi des attestations plausibles d'une vénération des arbres, qui ne serait pas sans préfigurer l'amour que l'Inde hindoue leur vouera. Dans le sud du domaine harappéen, des autels du feu ont joué un rôle, qui ne peut là encore manquer d'évoquer l'importance centrale du feu dans la religion védique. Ainsi pense-t-on aujourd'hui que les Âryas, qui ont démantelé les zones d'influence des cités de l'Indus, ont aussi maintenu certaines continuités et admis dans leur héritage des habitudes rituelles harappéennes [1].

Qui étaient-ils, ces Âryas ? les descendants d'envahisseurs d'origine indo-européenne venus du nord, au terme d'un long chemin aventureux. Leur migration a été l'avatar le plus oriental d'un épisode fascinant, en ce qu'il a bouleversé la géopolitique du IIIe millénaire. Pour des raisons encore mal connues, vers 3000 avant notre ère, des pasteurs nomades qui avaient domestiqué le cheval, ou étaient en passe de le faire, ont quitté leur berceau, le Caucase et les bords de la mer Caspienne. Ils se sont répandus au sud-ouest, vers l'Anatolie, au sud-est vers le plateau iranien et l'Indus, à l'ouest vers les rivages méditerranéens et jusqu'aux bords de l'Atlantique. Ils ont véhiculé des langues apparentées : celles du groupe anatolien, les parlers grecs et italiques, le balte et le slave, le germanique... et l'indo-iranien. Le premier schéma des spécialistes était celui d'une invasion soudaine et destructrice de vénérables civilisations par des hordes barbares venues du nord, qui parlaient en somme des dialectes d'une même langue originelle, honoraient les mêmes divinités et possédaient une même structure sociale. Aujourd'hui, ce tableau est considérablement remanié, complexifié. Les linguistes ont montré qu'il n'y a sans doute jamais eu un indo-européen initial en usage, mais une matrice de racines verbales indiquant certaines positions communes sur l'être humain, ses croyances, sa place dans l'univers, sa conception de la parenté et de la société, etc. [2]. Quant à l'archéologie, elle témoigne de contacts très différenciés avec les cultures antérieures, entre collision violente (guerres ou razzias) et formes d'acculturation pacifique.

Sur le bord oriental de cette immense migration, des groupes se séparent précocement du tronc indo-européen et, vers 3000, pénètrent sur le plateau iranien, pour se scinder encore vers 2200-2000, entre ceux qui demeurent sur place (les ancêtres des Perses) et ceux qui s'aventurent au sud-est, jusque dans le bassin de l'Indus. Pour simplifier excessivement, on peut donc retenir trois étapes dans cette aventure sans précédent : une phase initiale, indo-européenne, une phase intermédiaire, indo-iranienne, et une phase proprement indienne. S'il y a eu conquête, elle a dû se faire lentement, sur des fronts inégaux, intégrant des peuples et des apports locaux. Un mouvement progressif de sédentarisation de ces anciens nomades les conduit à créer, sur l'Indus puis sur le Gange, des royaumes qui n'ont dû être, au départ, que des chefferies rivales ou alliées, dominées par une aristocratie guerrière.

Les premiers Âryas ne sont pourtant nullement des barbares incultes ! Ils apportent avec eux des structures socio-religieuses élaborées et leurs textes sacrés parlent une langue raffinée, le sanskrit.

Le corpus fondateur

Le Veda, dont les premiers éléments vraiment fixés datent de 1800 avant l'ère, témoigne du métissage entre les éléments culturels importés du nord indo-européen et les apports locaux. Il est le « texte-source », une collection de traditions orales, considérées comme des révélations. Parce qu'il dit les principes, parce qu'il « raconte » les origines, il se présente comme une part, reçue par les humains, de la Parole divine préexistante. En ce sens, il est toujours « antérieur », comme « en amont », dans une primordialité fondatrice. Tout s'y trouve en germe, toutes les espèces de réalités, toutes les réponses.

Le mot *veda* vient d'une racine qui signifie « voir » et « savoir » (qui a aussi donné le verbe latin *video*). Ceux qui ont vu et entendu, puis canalisé dans une forme cette matière primordiale, les grands Voyants (*rishis*), n'ont ni existence historique ni biographie, ils sont les premiers maillons d'une chaîne de transmission ininterrompue, le long de laquelle l'énergie de la Parole continue de vibrer, tout en s'incarnant dans les phonèmes des langages humains. Les exégètes ont forgé un terme pour désigner le statut particulier de ce corpus fondateur : ils l'appellent *shruti* – littéralement « ce qui a été entendu » – que nous traduisons par « révélation », mais qui marque l'importance du son et de l'oralité.

Le corpus comprend d'abord les quatre collections (*samhitâs*) qui composent le Veda *, puis une liste d'œuvres rassemblées par genres et rattachées chacune à l'une des *samhitâs*. D'abord les Brâhmanas, qui instituent principalement les rites et en commentent le symbolisme et la signification. Puis les Âranyakas, très ésotériques, produits de milieux d'ascètes forestiers qui existaient déjà à l'époque védique et qui sont les ancêtres spirituels de certains renonçants hindous. Enfin, les Upanishads, surtout – mais pas uniquement – axées sur la quête d'une sagesse qui permette de sortir de la souffrance existentielle. À cet ensemble, vient s'ajouter la *Bhagavad Gîtâ*, partie du

* Ce qui fait que l'on parle aussi bien du Veda que des quatre Vedas.

Mahâbhârata, l'une des deux grandes épopées, mais qui, détachée de son contexte, se suffit à elle-même comme enseignement de salut et entre souvent dans les listes d'Upanishads, sous le nom de *Bhagavatopanishad*.

La composition proprement dite des quatre Vedas s'est étendue à peu près sur un millénaire, de 1800 à 800.

La première de ces collections, le *Rig Veda*, le « Veda des Hymnes », contient des données plus anciennes, remontant sans doute au début du IIe millénaire, et d'autres plus récentes, collectées à peu près vers 1200. Il est aussi la partie du corpus la plus sacrée, la mieux connue des Indiens et la plus accessible en traductions, même si les obscurités de sens, les jeux de mots, les références implicites, les termes inconnus rendent l'entreprise de traduction plus que périlleuse[3]. Il comprend 1 028 hymnes, soit plus de 10 000 vers répartis en dix *mandalas* * (« cercles » ou sections) qui collectent des prières, des fragments de thèmes mythologiques, des cosmogonies. Le ton est très souvent celui de la célébration des dieux, créateurs du cosmos, dispensateurs de vie et de richesse, destinataires du culte. Les analyses contemporaines ont montré que sa composition était due à l'invention et à la transmission d'un ensemble de procédés poétiques, élaborés dans des écoles, et destinés à la construction de mythes, à l'expression d'énigmes, à l'invention d'un langage à plusieurs sens par une exploitation des ressources de la métaphore. Le *kavi*, le « poète », est la cheville ouvrière d'un sens sous-jacent à la réalité ; sa parole est directement issue de celle des dieux qui fondent et maintiennent l'existence du monde ; organisée en hymnes, elle participe à la continua-

* Pour les termes essentiels de l'hindouisme, le lecteur peut se référer au glossaire, p. 327 et suiv.

tion de ce monde contre les puissances du désordre et des ténèbres, responsabilité religieuse par excellence pour l'homme védique.

Le *Yajur Veda*, qui constitue le deuxième recueil des Vedas, recense des *yajus*, des formules sacrificielles qui peuvent conférer un caractère sacré à n'importe quelle réalité : « Il consiste en phrases, généralement en prose, servant à invoquer soit une divinité en tant qu'instrument du rite, soit plus souvent un objet cultuel, une oblation, etc. Au moyen de ces invocations, on confère à cet objet un nom ésotérique, on lui impartit le caractère sacré. Les *yajus* décrivent sommairement ce qu'on peut réaliser par lui, l'incitent à agir ou incitent un autre objet à entrer en connexion avec lui[4]. » Ces formules sont l'apanage d'un type particulier d'officiant, qui joue un rôle important dans les grands rituels : le « préposé aux chemins », qui se déplace sur l'aire sacrée, surveille les feux, cuit les offrandes et manie les nombreux ustensiles qui sont prescrits par les textes pour ces différentes opérations. Le *Yajur Veda*, réparti selon la tradition en « blanc » (versifié) et « noir » (mélangé de prose), est son bréviaire.

Le *Sama Veda*, recueil des mélodies ou *saman*, dit comment il faut psalmodier ou chanter les versets du *Rig Veda* pour qu'ils prennent toute leur efficacité de célébrations envers les dieux, ou d'invocations pour la réalisation de différents souhaits humains. C'est une sorte de livret à l'usage des chantres qui sont indispensables à la plupart des liturgies solennelles. Il montre l'importance que revêt la parole articulée et modulée selon des règles extrêmement précises, qui ne souffrent aucune transgression, au risque de rendre l'action rituelle ou inutile ou dangereuse.

Le quatrième Veda, l'*Atharva Veda*, a une position à part. Il traite de toutes sortes de préoccupations : charmes de longue vie, d'amour, guérison de maladies envisagées comme possession par des démons ; imprécations et vœux de mort à l'encontre d'ennemis, de sorciers, d'amants infidèles ; pratiques relatives au renforcement de la royauté, de la personne du roi lui-même, mais aussi de la puissance abstraite qu'elle condense ; expiations, etc. Plus tardif dans son ensemble (vers 800), il contient pourtant des portions anciennes extrêmement intéressantes, dans l'esprit du *Rig Veda*. Il renseigne sur de nombreuses croyances, expose des fragments de mythes qui font partie de la culture commune et présente aussi par endroits une orientation spéculative.

Très tôt se sont constituées des exégèses savantes, les *Vedângas*, ou « membres du Veda » : le rituel, la grammaire, la métrique, l'étymologie, la phonétique, l'astronomie. Elles ont produit des sortes d'aide-mémoire, des aphorismes que l'on apprenait par cœur ; on les appelait *sûtras* (le « fil » directeur) et ils ont servi de codes à ces différentes disciplines nécessaires à la bonne compréhension et à la juste exécution du sacrifice.

Dieux védiques

Le panthéon que célèbrent les hymnes védiques est en partie l'héritier de la répartition indo-européenne de la puissance divine entre trois fonctions : la souveraineté et le droit ; la guerre et les orages ; la fécondité et la subsistance[5]. Si beaucoup de divinités mineures, génies bénéfiques ou démoniaques, incarnent des forces de la nature et des éléments du cosmos, au-dessus d'elles règnent de grands dieux qui se répartissent ces trois domaines.

La première fonction se divise entre Varuna, qui possède la souveraineté céleste et le pouvoir magique, et Mitra qui règle le droit, les contrats, les alliances. Varuna, créateur du monde, se tient au-dessus de lui, voûte céleste étoilée qui voit et sait tout. Il immobilise les ennemis de l'ordre avec des lacets impossibles à défaire, mais il sait aussi délier les hommes de leurs méfaits, même involontaires. Quant à Mitra, il possède l'autorité spirituelle, il protège le rite et ses acteurs, il veille à l'ordre diurne et lumineux où s'accomplissent les affaires humaines, il garantit l'exécution des promesses.

Les hymnes du *Rig Veda* célèbrent abondamment Indra, le dieu inscrit dans l'espace de la deuxième fonction, guerrière. Il a pour arme l'éclair avec lequel il pourfend les forces du mal. Maître des orages, chef des milices divines, grand buveur de *soma*, le liquide qui « donne l'extase », il confère la victoire aux héros et le souffle épique aux poètes auteurs des hymnes. Le principal mythe qui lui est attaché concerne la « délivrance des eaux » au commencement du monde : un être maléfique, le démon « bloqueur » (c'est là son nom), en interdisait l'écoulement ; Indra le « perce », rompant cet enveloppement empêcheur d'existence, et créant ainsi de la vie et du temps historique. Le cosmos est ici le théâtre d'un permanent combat, sans lequel il cesserait d'exister, thème que l'on retrouve plus fortement marqué encore dans l'ancienne religion iranienne. C'est dans cette perspective élargie qu'il faut comprendre le patronage d'Indra sur la fonction guerrière, qui ne consiste pas seulement à disputer des frontières et à protéger le territoire des Âryas, même si on l'en prie avec ferveur, implorant l'aide de sa bande de jeunes recrues, les Maruts, assimilés aux nuages menaçants de la mousson.

Quant à la troisième fonction, elle est répartie entre plusieurs entités, comme dans d'autres traditions d'origine indo-européenne. On a ainsi l'équivalent des Dioscures grecs dans les figures des Ashvins, dieux jumeaux, cavaliers, proches des préoccupations des hommes, qui guérissent par les plantes et régénèrent par leurs connaissances magiques.

Le Veda n'a cependant pas fait que reproduire l'idéologie tripartite. Il a retravaillé le legs des origines dans un sens nouveau. Cela se voit avec deux divinités, Agni et Soma, qui incarnent des préoccupations présentes ailleurs dans le monde indo-européen, mais pas sous une forme aussi élaborée.

Agni, tout d'abord. Comme son nom l'indique, il a partie liée avec le feu (*ignis* en latin). Sous son aspect cosmique, il a un rapport étroit avec le soleil, qui maintient la vie en « cuisant » le monde. Sous son aspect rituel, Agni est le grand intermédiaire entre les dieux et les hommes. Agent de tous les sacrifices, sanglants ou non, il assure l'échange entre deux mondes : il fait monter les prières des hommes en transformant les offrandes matérielles en une essence subtile ; il conduit la troupe invisible des dieux autour du foyer sacré où ils « mangent » le banquet préparé par les sacrifiants. C'est à lui qu'est consacré le premier hymne du premier livre du *Rig Veda*, soit les paroles initiales de la Révélation. Agni a aussi une forme domestique, le foyer familial sur lequel le maître de maison fait chaque jour l'*agnihotra*, l'offrande du matin, et autour duquel s'accomplissent les liturgies familiales. Ce dieu demeurera très puissant dans l'hindouisme classique, alors que d'autres entités védiques auront pratiquement disparu.

Quant à Soma, il est la personnification d'un liquide liturgique dont l'absorption confère momentanément la vision du monde divin. Le livre X du *Rig Veda* célèbre la cueillette, le pressurage, le filtrage et l'absorption rituelle de cette plante dont on ignore l'espèce botanique, mais qui avait évidemment des vertus hallucinogènes. On dit que « le dieu crie » ou « mugit » pendant ces opérations, assimilées à une mort sacrificielle. Lorsque le breuvage est prêt, on porte des toasts aux différentes divinités, et l'ivresse ainsi provoquée est assimilée à une extase religieuse[6]. Il est normalement réservé aux dieux dont il est la boisson préférée, puisqu'ils sont réputés en faire de véritables beuveries, surtout Indra. Mais le soma est aussi ingurgité par des mortels privilégiés, les *dvijas*, littéralement les « deux-fois-nés », ceux qui, appartenant aux classes dominantes de la société ârya, ont part aux rites d'immortalité : « Nous avons bu le soma, nous sommes devenus immortels, arrivés à la lumière, nous avons trouvé les dieux » (*Rig Veda*, VIII, 48).

D'autres dieux mériteraient d'être mentionnés : ils sont légion et chacun a une fonction définie au sein de ce vaste panthéon. Certains, qui deviendront les référents majeurs de la dévotion hindoue, particulièrement Shiva et Vishnu, font de brèves apparitions dans les parties récentes du Veda. Pourtant, beaucoup d'images et d'actions sont interchangeables d'une figure divine à une autre ; certains mythes sont transverses, comme la création du monde qui peut être attribuée à différents dieux en même temps ; des hymnes sont consacrés aux « tous-les-dieux », sorte d'ensemble qui n'est pas une masse confuse, mais une addition de compétences supposant l'existence de la totalité. Sous le chatoiement inépuisable du polythéisme védique, une intuition métaphysique se fait jour, celle d'un Être-substrat, invisible mais néanmoins présent partout comme énergie ou puissance. Chaque dieu participe de ce « Un » énigmatique (*brahman*).

L'univers mental des Âryas

L'ordre du monde (dharma)

Les poètes védiques sont passionnés par la question de l'origine : pourquoi, se demandent-ils, y a-t-il quelque chose plutôt que rien ? qu'est-ce qui donne forme et mesure à ce quelque chose ? qu'est-ce qui le soutient de telle sorte que cela vive et perdure ? et comment les actions des êtres humains y trouvent-elles leur place ? À ces questions, ils répondent par des mythes, assez divers, qui se rattachent aux cycles de différentes divinités. Néanmoins, ils racontent toujours le passage d'un état antérieur inagencé à une structure. D'un mélange précosmique, une divinité fait émerger, d'une manière ou d'une autre, l'organisation stable et hiérarchisée des êtres. Cette transition est imaginée comme un sacrifice primordial, qui découpe une matière première confuse en parties destinées à former l'architecture du cosmos, ses éléments, les espèces qu'il contient. Ou bien elle est représentée comme un combat entre des forces du mélange et du désordre, et une puissance séparatrice. Ou encore, elle est exprimée par la métaphore de la construction autour d'un axe ou « pilier cosmique ».

Toujours, l'idée directrice est celle d'« établissement », de « fixation » selon un ordre pré-donné, qui reste valide à travers toutes les phases de l'histoire. Le Veda a un mot pour dire cette donation primordiale : *dharma*, qui vient d'une racine signifiant « porter, soutenir », la même qui a donné au grec le terme *themis*, la « loi établie ». *Dharma* désigne l'ordre des choses, les choses qui sont ce qu'elles sont dans la mesure où les dieux les ont organisées ainsi, donc la loi divine, l'agencement cosmique. Il découle d'une « conception très ancienne, commune aux hindous et aux Iraniens, suivant laquelle le monde n'est pas dû à une rencontre fortuite d'éléments, mais est régi par des normes, soutenu par un ordre nécessaire à sa préservation[7] ». La religion védique se voue tout entière au maintien et au prolongement du *dharma* originel : chaque génération d'êtres humains s'y intègre et y collabore par les rites.

La valeur du rite

Les linguistes nous apprennent que, justement, le mot « rite », en sanskrit *rita,* dérive d'une racine qui implique l'agencement, l'articulation des parties entre elles à l'intérieur d'un tout hiérarchisé, et plus spécifiquement toute action humaine qui s'effectue dans le cadre de cette intentionnalité. À partir de la comparaison des langues d'origine indo-européenne, ils ont montré que *rita* est parent du latin *ordo,* « l'ordre », *ars,* « le projet », mais aussi du grec *arthron,* « l'articulation, le membre ». Émile Benveniste résume : « Partout, la même notion est encore sensible : l'ordonnance, l'ordre, l'adaptation étroite entre les parties d'un tout[8]. » *Rita,* l'action religieuse par excellence, actualise le *dharma* dans un contexte humain, dans un temps circonstancié. Le texte révélé lui ménage une fonction très précise, qui le distingue de la simple conduite profane : les rites des hommes prolongent les premiers gestes des dieux, ils soutiennent et augmentent le monde – qui autrement se disperserait et s'userait. Ils intègrent le présent dans une trame qui se déroule depuis l'origine, car le *dharma* est un « fil tendu par les dieux », le fil du premier sacrifice qui donne naissance au cosmos. Poètes et officiants tissent continûment le monde et le « reprisent », contre les puissances du néant et de l'usure, qui le « trouent ». Ces puissances, on les appelle *nrriti* le contraire de la valeur signifiée par *rita*, soit « l'inagencé, l'inorganisé ». Elles sont le fait de *adharma*, cette capacité, qui demeure sous-jacente au cosmos, de se défaire, de rompre la cohérence divine qui lui a été donnée avec la création, et qui se projette au plan humain sous la forme de la souffrance et du mal moral.

Dans cette perspective où le risque de la dissolution reste toujours présent, le cosmos est le siège d'un combat permanent entre forces opposées, et la religion a une fonction essentielle de renforcement des relations, de recréation des structures, de guérison des fractures.

La Parole divine et l'ascèse poétique

Le discours védique est « révélation » dans la mesure où il cristallise et articule une Parole majuscule, Parole divine, germe sonore du cosmos : « La Parole est sans fin, au-delà de toute création, immense. Tous les dieux, les *gandharvas* *, les hommes ou les animaux vivent en elle [...]. Elle est la mère des Vedas, le nombril de l'immortalité[9] », commente un ouvrage exégétique. Si la Parole fait figure de Grande Déesse créatrice, c'est que, dans l'univers mental védique, énoncer ou nommer fait surgir du non-être, fait exister. Le non-être n'est pas un néant, mais une potentialité en attente, un infini dont le langage humain ne représente qu'une portion finie. Un hymne du *Rig Veda* (I, 164) nous apprend que la Parole « mesure quatre parties » dont « trois sont tenues secrètes, on ne les met point en branle », tandis que « les hommes parlent la quatrième ». La Parole non formulée déborde ainsi de toutes parts ce que les poètes-voyants en peuvent révéler. Le fait humain se détache sur fond d'iné-

* Sorte de demi-dieux.

puisable mystère ; de l'être est toujours possible, en surplus. Ce mystère, le Veda le désigne sous le vocable de *brahman.* C'est, au départ, la formule puissante et efficace que l'on emploie dans le cadre du rite, et l'officiant qui en connaît et en récite un grand nombre, s'appelle le brahmane, littéralement le « porteur de Formules ».

Le sanskrit – de *samskrita,* « bien confectionné, parfait » – est la transcription humaine de la langue des dieux, *devabhâshya.* Les poètes védiques sont des experts de ce langage hermétique. Ils composent des hymnes selon des règles préétablies à partir d'un stock d'images qui tissent des correspondances entre divers niveaux du réel. Ainsi le rite est un char qu'il faut chaque jour atteler et dételer... un vaisseau dont les feux sacrificiels sont les flancs et le sacrifiant le pilote [10]... mais le feu est aussi Agni, la bouche par laquelle les dieux se nourrissent, le soleil qui continue de chauffer le monde issu du premier sacrifice, prolongeant sa durée... Les bons poètes excellent à entrelacer ces correspondances, qui ne sont pas de simples jeux de mots stériles. Ils sont les inventeurs d'une spiritualité, car leur tâche les met aux prises avec l'énergie primordiale, avec l'obligation dans laquelle ils sont de la prendre à la source et de la dompter pour formuler la quintessence. Travail épuisant, périlleux. Les maîtres humains de la parole sont les associés des dieux : dire, c'est « faire être [11] ». Cela exige un effort intense, un échauffement qui fait transpirer à grosses gouttes, à l'instar des sacrifiants qui transpirent à s'activer autour de l'autel. L'inspiration suréminente qui coule dans la personne du poète le traverse de part en part et le « cuit », ne lui laissant d'autre ressource que d'accepter cette brûlure qui le transforme. La restitution de l'Être au cœur du langage suppose une décantation, un passage au crible qui purifie le cœur. Aussi n'est-il pas étonnant que les expressions inventées pour dire cet effort aient été ensuite recyclées dans le vocabulaire de l'ascèse et du renoncement.

L'organisation du culte

Pour ce que nous en savons, la religion védique, au moins dans ses aspects publics, était extrêmement sophistiquée, et nous n'en comprenons pas tous les aspects ; elle comportait toutes sortes de séquences liturgiques et occupait un personnel conséquent.

Cérémonies princières et liturgie domestique

Dans les Brâhmanas, les spécialistes font la différence entre rites communautaires et rites familiaux. Les princes sont les commanditaires du culte public, car eux seuls peuvent en assumer la dépense, extrêmement coûteuse, d'autant que ces cérémonies sont aussi l'occasion d'invitations entre cours royales. La plupart des sessions requièrent de nombreux officiants, qui s'activent sur une aire sacrificielle construite à grands frais pour l'occasion, doivent se procurer des substances rares comme le soma, faire des libations à tous les dieux, sacrifier une grande quantité d'animaux d'espèces répertoriées. Le *vâjapeya*, « breuvage de victoire », comportait une course de chars, qui durait dix-sept jours, mais pouvait s'étaler sur une année et servait peut-être de prélude au *râjasûya*. Le *râjasûya*, « consécration royale », consistait principalement en aspersions rituelles sur la personne du roi et en simulacres de razzias sur des troupeaux de vaches ; ses deux finalités principales semblent avoir été d'introniser un nouveau roi qui a vaincu ses rivaux et de renforcer sa suzeraineté, liée à la virilité. L'*ashvamedha*,

« sacrifice du cheval », le plus fameux de tous, manifeste la puissance du roi victorieux ; un cheval est lâché en liberté sur le territoire pendant une année, au terme de laquelle il est récupéré et sacrifié, ainsi que plusieurs centaines d'autres animaux ; l'épouse principale du roi se couche auprès du cheval mort, dans un simulacre d'union, qui représenterait une action magique destinée à renforcer les puissances de vie pour le roi, sa terre et son peuple. Une multitude d'autres cérémonies existent, en rapport avec les saisons, les phases de la lune, les activités humaines régulières, les événements exceptionnels, les cataclysmes ou bizarreries de la nature, les fautes qu'il faut réparer. Continuation de la création, restauration de son intégrité, justification des nouveautés dans le cadre du *dharma* préétabli : tels ont dû être les grands objectifs du dispositif religieux.

Le cadre familial offre une documentation plus floue pour l'époque ancienne. On sait que l'officiant principal en est le chef de clan, appelé « maître de maison », marié et, pour un certain nombre de rites, obligatoirement assisté de son épouse. L'épicentre de leurs gestes et de leurs récitations est le feu, qui ne doit jamais s'éteindre. La séquence du culte minimale, celle qui suffit à définir l'ârya, l'*agnihotra*, ou « offrande à Agni », ne requiert qu'un peu de lait fraîchement trait, versé sur le foyer familial en accompagnement de prières aux divinités ; il s'accomplit avant l'aube et avant le crépuscule, deux moments de passage où le monde est vulnérable, où la lumière et les ténèbres se touchent et se combattent. Certains textes permettent de constater que se mettent en place progressivement les fêtes de passage qui vont scander plus tard la vie de l'hindou : initiation du jeune garçon, mariage, rites de protection de la grossesse et de l'accouchement, funérailles, commémoration des ancêtres. Ce qui, en revanche, nous échappe, c'est la dimension intime, émotionnelle, de cette piétié familiale, car les rares textes qui nous la restituent sont des bréviaires de gestes et de paroles plutôt conventionnels.

Religion et société

Dans la société ârya, chaque individu appartient à un groupe de naissance qui tient, du point de vue religieux, un rôle particulier. Cela explique sans doute l'importance attachée à la notion de « classe », en sanskrit *varna*, « l'espèce, la catégorie, la couleur, le genre ». Les *varnas* ne sont certainement pas encore des castes, mais elles les annoncent par deux aspects caractéristiques, l'interdépendance et la différence hiérarchique. Un hymne tardif du *Rig Veda* exprime, à l'orée du Ier millénaire avant l'ère, cette construction organique du lien social telle que l'ont voulue les milieux savants. Il raconte que les dieux ont présidé au découpage d'une matière initiale, pour en faire les différentes sections de l'espace et du temps, les grandes séquences du sacrifice et les groupes constitutifs de la communauté :

> « Sa bouche devint le Brahmane (*brahmana*)
> le Guerrier (*kshatriya*) fut le produit de ses bras
> ses cuisses furent l'Artisan (*vaishiya*)
> de ses pieds naquit le Serviteur (*shûdra*) [12] »
> (*Rig Veda*, X, 90).

Le discours védique représente ainsi la société des humains comme un grand corps dont les articulations fonctionnent harmonieusement si son *dharma* – c'est-à-dire l'ordre interne qu'il a reçu des dieux au commencement – est respecté. Le mythe assure l'intemporalité d'un modèle que l'on veut parfait, et auquel la « vraie société » devra s'efforcer de coller pour demeurer fidèle à son origine.

En réalité, derrière la fiction d'une tradition monolithique, on perçoit un monde traversé par certaines tensions. Son pôle dominant repose sur l'alliance entre les princes et les plus hauts ministres du culte, ces deux classes exploitant la force de production de la troisième, paysans, artisans et commerçants. Il existait des écoles védiques plus ou moins réputées, en concurrence les unes avec les autres, et qui se rencontraient pour des compétitions au terme desquelles les rois dotaient richement les gagnants. Les poètes-théologiens apparaissent comme des bardes de cour, à la manière des aèdes grecs ou même des troubadours médiévaux de l'Occident, dans un milieu de hautes castes qui partage une culture et des références hermétiques aux autres groupes. L'effort progressif de « brahmanisation » auquel est soumise la religion védique tend à institutionnaliser de manière de plus en plus péremptoire cette organisation. Il a dû aussi très tôt s'exercer sur les populations autochtones qui avaient développé des cultures originales dont nous ne savons pas grand-chose pour cette période, mais dont les croyances n'avaient probablement rien de commun avec celles des Âryas. Ce que nous ignorons encore plus, ce sont les modes de pensée de groupes humains vaincus, réduits à l'esclavage à la suite de guerres ou de razzias.

Enfin, choix notable et inattendu, un certain nombre de maîtres de maison semblent dès cette époque avoir opté pour un genre de vie ascétique (*yati*, « celui qui contrôle ses sens »), solitaire (*muni*, « silencieux ») et même errant (*parivrâjaka*), comme si ce que la communauté leur donnait à vivre en fait de valeurs spirituelles ne leur suffisait pas, ou bien leur était proposé de manière trop contraignante. Les mots qui les désignent apparaissent inopinément dans le texte védique, sans qu'on puisse les rattacher à de quelconques mouvements ou ermitages organisés. Mais ils sont bien là, et c'est très probablement de leur côté qu'il faut chercher les sages qui vont critiquer la prétention des brahmanes à considérer leur exégèse du Veda comme la seule valable. Or, dans l'hindouisme futur, la concurrence du brahmanisme et du renoncement ne cessera de travailler les traditions interprétatives, suscitant du mouvement, du pluralisme et de nouvelles approches de la religion.

On aura compris, à cette brève synthèse, que la première religion de l'Inde, organiquement attachée à un texte fondateur dont l'exégèse est réservée à des spécialistes, est centrée sur l'action rituelle comme point de contact et articulation entre le monde divin et le monde humain. La méticuleuse transmission orale du Veda le fige dans une sorte d'atemporalité qui ne laisse que très rarement voir le travail vivant d'interprétations qui n'allaient sans doute pas toujours dans la même direction. L'orthodoxie brahmanique qui se met en place masque d'autres visions du monde et de l'homme moins savantes, moins organisées. Ce n'est que dans le courant du Ier millénaire avant l'ère qu'une diversité apparaît et prend des formes concurrentes, critiques, qui donneront naissance à des écoles de spiritualité novatrices.

CHAPITRE 2

La crise philosophique

Le milieu du Ier millénaire avant l'ère commune laisse apercevoir de profonds remaniements et un pluralisme des interprétations qui renouvelle le rapport au Veda. Il faudrait dire, de manière plus large, ce qu'a été cette période dans l'histoire de l'humanité. Car de la Chine taoïste et confucéenne aux rivages de l'Ionie et de la Grèce continentale, en passant par les bords du Gange parcourus par les ascètes philosophes et les rives de l'Euphrate où les juifs exilés se remémorent et collectent leurs traditions, des intuitions analogues surgissent. Elles touchent à la conscience d'être soi, de ce que c'est qu'un être humain, corps et âme. Elles interrogent la nature de l'esprit, du mental, suivent les tracés du désir et des émotions, démontent les mécanismes de la pensée, la relation entre l'agent et l'action. Carl Jaspers, dans les années 1940, en parle comme de la « période axiale », il évoque « ce prodigieux, cet unique instant qui dura quelques siècles et jaillit de trois sources : la Chine, les Indes et l'Occident [1] ». Dans une lettre à Heidegger de 1949, il invente une heureuse expression pour faire sentir la finalité de ces premières sagesses : il dit qu'elles ont trait à « la clairière de l'Être ».

Un vent de nouveauté sur l'Indus et le Gange

Dès les IXe-VIIIe siècles et peut-être avant, des ascètes forestiers produisent des textes que l'on appelle *Âranyakas* – de *aranya*, « la forêt ». Nous ne nous y arrêterons pas ici, car leur volonté d'ésotérisme en limite la compréhension aux sanskritistes éminents. Disons simplement, parce que l'observation a un intérêt direct pour notre perception des changements en cours, que « la forêt » est certes une réalité géographique, mais qu'elle symbolise surtout une philosophie de l'existence. *Aranya*, c'est « l'ailleurs » : étymologiquement, ce mot est cousin du latin *alius*, « l'autre ». La culture hindoue va continûment opposer la forêt et le village, *aranya* et *grâma*, le village constituant l'espace de réalisation du *dharma*. Choisir la forêt, c'est opter pour un concept de la vie qui entend rompre avec les expressions historiques de l'ordre cosmique et les justifications qui vont avec. Aussi ces ascètes seront-ils souvent critiques : les auteurs des *Âranyakas* sont les premiers acteurs et témoins de la voie du renoncement qui aura une si grande influence sur les spiritualités de l'Inde. Certaines écoles ultérieures se référeront à eux comme à leurs ancêtres, même si une grande part de mythe entre dans cette filiation.

En même temps, et peut-être en relation avec eux, des maîtres se mettent à enseigner, à partir de la révélation védique, des notions nouvelles, appuyées sur une dialectique qui s'affûte progressivement. Leur fidélité affirmée au Veda ne les empêche pas de l'approcher de manière critique. Ils le vénèrent, mais se libèrent de l'emprise exclusive du rite, c'est-à-dire du contexte dans lequel le texte-source a été quasiment « confisqué », pour l'examiner à nouveaux frais. Ce sont des brahmanes plus aventureux intellectuellement que la majorité de leurs confrères, ou bien – et c'est nouveau – des princes en quête d'une sagesse qu'ils entendent transmettre eux-mêmes, sans passer par la médiation obligée des spécialistes du rite. Leurs faits et gestes, discours et questions sont mémorisés et consignés dans les Upanishads, des textes très divers, plus ou moins longs, plus ou moins poétiques ou philosophiques, dont la grande période de production court du début du VIIIe au IIIe siècle avant l'ère commune. La tradition hindoue veut qu'il y en ait cent huit, dont une douzaine d'importance majeure, mais ce nombre dépend de recensions assez tardives.

Les Upanishads dont nous allons parler ici sont l'œuvre de milieux restreints, savants, familiers de l'exégèse védique, inventeurs des philosophies de l'Inde.

Le grand indianiste français Émile Sénart en a magnifiquement traduit un certain nombre. Dans la courte introduction qui précède sa traduction de l'une des plus anciennes, la *Châandogya*, il donne la meilleure définition qui soit de ce genre littéraire : « Les *upanishad* sont des feuillets détachés, et par miracle conservés, des cahiers de notes jadis en usage dans les vieux séminaires brahmaniques de l'Inde. Rédigées en sanskrit, elles nous ont gardé, compilés à bâtons rompus, des sortes de morceaux choisis ou d'extraits d'un enseignement à caractère ésotérique, dont la tradition s'était longtemps transmise de façon purement orale de maître à disciple. On y rencontrera donc un peu de tout : d'abord et principalement, cela va sans dire, des spéculations d'ordre liturgique et théologique, roulant sur l'interprétation de détails du rituel, et qui, fondées tantôt sur des récits légendaires, tantôt sur des jeux de mots fantaisistes, n'aboutissent qu'à révéler des procédés de métier à l'usage des prêtres officiants ou des recettes magiques pour la domination ou la longue vie à l'intention de leurs clients laïques ; mais aussi nombre de passages dont, en dépit des siècles écoulés, l'intérêt ne s'est pas encore évaporé pour le lecteur contemporain, anecdotes piquantes, rapprochements d'une surprenante ingéniosité, visions cosmogoniques, et cela enfin que Schopenhauer nous a conviés à y chercher, à savoir les coups d'aile d'une pensée philosophique déjà si vigoureuse que son premier essor va se heurter aux bornes mêmes de l'intelligible[2]. »

Il reste à ajouter au tableau de cette époque des faits fondamentaux, que nous ne faisons que mentionner ici, puisqu'ils ne sont pas l'objet de ce livre. Il s'agit de la naissance d'écoles qui se posent en rupture déclarée, à partir du VIe siècle, avec les traditions issues du Veda. Deux ont « réussi » et se sont développées en véritables mouvements religieux, toujours vivants aujourd'hui : le jaïnisme et, évidemment, le bouddhisme. Il se peut qu'elles n'aient pas été les seules ni les plus anciennes ; des témoignages sanskrits, puis grecs, évoquent toutes sortes de *shramanas*, c'est-à-dire d'ascètes, thérapeutes, maîtres à penser ou déjà yogis, qui parcouraient les principautés de la région indo-gangétique. Certains devaient profiter de la bienveillance des rois âryas qui se sédentarisaient définitivement en fondant des royaumes de plus en plus à l'est, en direction de l'actuel golfe du Bengale, et de plus en plus au sud vers la Nârmada, qui est la grande rivière sacrée faisant frontière entre Nord et Deccan. En tout cas, les traditions jaïne et bouddhiste nous racontent, à peu de chose près, la même histoire fondatrice : un prince, destiné à régner, abandonne cette brillante perspective pour se soumettre à l'ascèse la plus extrême et, illuminé par cette expérience, en transmettre les fruits à tous les êtres humains souffrants. Que les récits versent dans le mythe ou non, ce n'est pas une histoire banale. Imaginons seulement Alexandre refusant l'avenir que son père, Philippe de Macédoine, lui a préparé, et renonçant au monde pour la précaire situation de prédicateur errant...

Ce souffle de nouveauté, dans un premier temps, n'a pas dû beaucoup affecter la religion védique. Les brahmanes, les princes, le peuple en demeurent les fidèles desservants, et ce n'est qu'aux marges de cette société que se vivent des expériences et se construisent des concepts différents. Progressivement, pourtant, la puissante inspiration de ces ascètes va faire impact sur la tradition brahmanique, l'obligeant à se réformer et à intégrer des idées d'abord subversives, pour aboutir à une synthèse qui constituera, à partir du IVe siècle environ, l'hindouisme au sens strict du terme.

Les Upanishads

Upa-ni-shad vient du verbe d'action *upa-NI* qui a pour sens littéral « amener à côté de », d'où l'idée d'« asseoir », « s'asseoir auprès de, aux pieds de », sous-entendu (parce que c'est chose évidente) pour recevoir un enseignement. Le cadre suggéré par l'étymologie est donc clairement celui d'une relation de maître(s) à disciple(s) et d'une transmission de sagesse. En un sens plus abstrait, il s'agit de « mettre [deux notions] à proximité l'une de l'autre, en contiguïté », ou d'opérer une connexion. L'exégèse upanishadique consiste à faire apparaître la relation, la continuité, l'identité, invisibles mais néanmoins présentes, entre des réalités. Pour que cette révélation d'une parenté intime soit possible, il faut que les éléments possèdent entre eux une correspondance secrète ou une origine commune ; il faut aussi se placer sur un nouveau terrain, regarder d'un point de vue autre pour apercevoir une connivence. C'est ce que font les Upanishads : elles s'appuient sur les mêmes axes que les Vedas et les Brâhmanas, mais à partir de l'intériorité de l'être humain, et ainsi tout est changé. Par exemple, sur l'ancienne équivalence établie entre la dimension cosmique du dieu Agni et le Feu sacré du rituel, qui stipulait que ce qui se produisait sur l'aire sacrificielle avait un retentissement direct sur l'ordre universel, vient se greffer une nouvelle « connexion ». Le cœur humain, dont on croyait qu'il était le siège d'un feu vital, est reconnu comme une autre manifestation d'Agni et cette identification fait de lui le foyer d'un sacrifice, purement intérieur celui-ci, et qui n'a donc pas besoin de victime ni de conventions. L'offrande sur l'autel du cœur devient ainsi le cadre d'une réinterprétation épurée de la tradition rituelle, qui substitue l'intime à l'extérieur, et le souffle de vie, les pensées ou les affects aux substances du sacrifice.

Les Upanishads nous font rencontrer des « vrais individus » – Yâjñavalkya et ses deux épouses, Uddâlaka Àruni et son fils... et même une femme savante, Gârgî – avec de nombreux détails sur leur contexte, leur situation familiale, leur manière d'enseigner. Peu importe, au fond, qu'ils aient été ou non des personnages historiques. En contraste avec l'anonymat du *rishi* ou du poète védiques, archétypes qui représentent des fonctions, voici des gens qui parlent à la première personne, mangent, dorment, ont des désirs, des expériences de conversion, des conflits, même s'ils sont haussés au rang de modèles ; voici des êtres humains qui cherchent à s'affranchir de la souffrance, à choisir une voie droite, à ménager les conditions de la paix du cœur et de la méditation... Même si nous sommes intellectuellement et affectivement fort loin d'eux, les questions qu'ils agitent sont encore les nôtres, comme elles étaient celles d'Héraclite, de Socrate, ou d'Aristote.

Les œuvres produites par ces nouvelles écoles sont très diverses[3] et, sur la période de cinq siècles qui fait l'objet de ce chapitre, on constate des répétitions continuelles des mêmes thèmes majeurs, mais aussi des évolutions et une maturation. La *Brihad Âranyaka Upanishad*[4], rattachée au *Yajur Veda*, le « Veda des formules », est certainement la plus ancienne, puisque ses deux premières sections doivent dater des IXe-VIIIe siècles. Elle comporte des parties obscures, des spéculations sur le sens de certains rituels, des associations de notions, des jeux de mots étymologiques et des énigmes. Mais elle met aussi en scène ces nouveaux maîtres qui sont les véritables héros de l'époque. Dans la première section, on voit un brahmane du clan des Gârgyas instruire le roi de Bénarès sur l'absolu. La deuxième section est tout entière à la gloire de Yâjñavalkya : le roi Janaka de Videha a convoqué un colloque de théologiens qui doivent concourir sur des sujets métaphysiques, et c'est Yâjñavalkya qui a toujours le dernier mot sur ses adversaires, remportant le lot de vaches et l'or promis par le prince. Or, s'il sort vainqueur de toutes ces épreuves, c'est qu'il a compris, à travers la « science des connexions », l'unité essentielle qui soutient le cosmos et les êtres humains, si divers qu'ils paraissent. Cette unité, c'est l'absolu, appelé *brahman*, « la formule qui dit l'Être », ou bien *aksharam*, « la syllabe » – rappel du fondement de la révélation védique qui est la Parole. La *Châandogya Upanishad*, tout aussi ancienne, rattachée au *Sama Veda*, le « Veda des chantres », montre, fait nouveau, des rois qui gagnent des concours philosophiques contre des brahmanes, qui se voient contraints de se mettre à leur école. Là encore, tous les dialogues, mis en scène de manière très vivante, n'ont qu'un seul objectif : faire comprendre, à travers des équivalences, des métaphores, des paraboles, que l'être humain est porteur d'une dimension d'être, d'éternité, sous-jacente à l'instabilité psychique et à la mobilité de la pensée, et non différente de l'absolu.

Les Upanishads ultérieures ne font pas que répéter inlassablement les affirmations fondatrices de ce qui deviendra l'une des écoles philosophiques majeures de l'Inde, celle de la « non-dualité » (*advaita*) : elles vont retravailler ce précieux héritage en le déployant dans différentes directions. Plusieurs questions importantes surgissent. Ainsi, celle du mode de vie le plus favorable à l'exercice philosophique : faut-il rester dans le monde ? le quitter ? le renoncement intérieur, obtenu par l'ascèse qui jugule les désirs, n'est-il pas le véritable objectif ? Nous percevons les échos de cette grande controverse dans la *Mundaka* et la *Mahâ Nârâyana Upanishads*, qui proviennent certainement d'écoles de renonçants. D'autres interrogations ont trait à la mort et à l'immortalité : pour la *Katha Upanishad*[5], l'être humain est certes mortel, mais il porte en lui ce germe d'éternité qu'est son identité avec l'absolu ; en lui donc, tout ne peut mourir à la mort, et le texte avance ses arguments à travers une série de dialogues magnifiques entre un jeune brahmane, Naciketas, et le dieu de la mort, Yama. Les sages s'intéressent aussi au sens ou au non-sens de l'action humaine : la religion védique avait trouvé dans le rite le moyen de lui donner une finalité, mais dès lors que le rite est déconsidéré, il faut chercher ailleurs des raisons d'agir, travailler au niveau de l'intention ou du désir qui en sont les moteurs. Progressivement, la réflexion mûrit, on trouve des mots pour dire la conscience, le mental, les affects, la sphère des idées, celle de l'imaginaire...

Loin d'être désincarnés, ces textes demeurent toujours en prise avec un constat fondamental : l'être humain n'est pas heureux, et le rite védique a failli en ne remédiant pas à cette condition. Pour les sages des Upanishads, la source unique de la souffrance consiste en l'état de non-savoir si commun aux êtres humains qu'il leur faut un particulier effort de conscience pour le reconnaître. Cet état de non-savoir n'a rien à voir avec une lacune dans la connaissance des mythes et des rites : on peut avoir toutes les habilitations requises, on peut devenir un expert en choses religieuses sans sortir d'une « nescience » (*avidyâ*) plus fondamentale. Dans le chapitre VII de la *Châandogya Upanishad*, un dialogue entend montrer le lien entre ce non-savoir qui n'est pas absence de connaissances, et la souffrance existentielle. Nârada sait par cœur les Vedas, leurs sciences annexes et bien d'autres disciplines traditionnelles, et vient pourtant se mettre à l'école de Sanatkûmara : « Je ne connais que les hymnes, je ne connais pas l'*âtman* [le Soi]. Mais j'ai entendu dire par des maîtres semblables à vous, Seigneur : "Il traverse le chagrin, celui qui connaît l'*âtman*." Or, Seigneur, je souffre. Faites-moi donc, Seigneur, traverser [l'océan de] la souffrance » (VII, 1, 3).

« Tu es cela »
(*Chândogya Upanishad*, VI, 8-13)

Dans le chapitre VI de la *Chândogya Upanishad*, un jeune homme prénommé Shvetaketu revient chez lui, tout fier des savoirs acquis par de longues années d'études chez ses gurus védiques. Son père, Uddâlaka Âruni, présenté comme le porteur de la nouvelle sagesse, le met à la question : « Puisque tu es content de toi, fier de tes connaissances, orgueilleux, t'es-tu jamais enquis de l'enseignement grâce auquel on est informé de ce qu'on n'a pas appris comme si on l'avait appris, de ce qu'on n'a pas perçu comme si on l'avait perçu, de ce qu'on n'a pas élucidé comme si on l'avait élucidé ? – Comment donc est cet enseignement ? – De même que par un morceau d'argile on connaît tout ce qui est argile [...] de même que par un morceau de cuivre on connaît tout ce qui est cuivre [...] de même que par une seule lame on connaît tout ce qui est fer [...] ainsi en est-il de cet enseignement » (VI, 1, 3-5). Cela vient du fait que « de toutes choses, au commencement, il n'y avait, seul et sans second, que l'Être » (VI, 2, 1). Comme Shvetaketu est désarçonné, incapable de trouver dans sa science liturgique de quoi répondre, son père choisit des exemples : celui du miel, substance unique que les abeilles fabriquent de divers sucs ; celui des rivières qui, toutes, coulent vers un même océan circulaire pour s'y fondre (c'était la croyance à l'époque), perdant leur individualité passagère mais retrouvant leur identité véritable ; celui de l'arbre qui, si la vie subtile qui est en lui l'abandonne, meurt, alors qu'il peut se guérir de blessures localisées ; celui de la graine de figuier, au cœur vide, mais capable de produire un grand arbre ; celui du sel qui, jeté dans l'eau, se dissout uniformément en elle, ne peut plus être récupéré, mais se signale en chaque gorgée par sa saveur (VI, 9-13). Chacun de ces exemples est une métaphore de l'inhabitation de l'essence au cœur de tout ce qui vit : « Toutes les créatures ont dans l'Être leur racine ; elles ont leur siège dans l'Être ; elles reposent sur l'Être. » « Cette essence subtile, c'est par elle que tout est animé ; c'est la seule réalité ; c'est l'*âtman* et toi-même tu es cela » : *tat* (« cela ») *tvam* (« toi ») *asi* (« tu es »), tel sera désormais l'inlassable mantra de la non-dualité, le verbe emblématique, support de la méditation qui fait pénétrer dans le un et le simple. *Tattvamasi* se dit aussi autrement : *brahmâsmi*, « je suis *brahman* », *so'ham*, « je suis Lui ».

Le père signifie ainsi à son fils que son éducation liturgique est périmée, même si elle lui a été utile. Il l'invite à découvrir une autre dimension humaine, là où, au plus profond de lui-même, il est identique à cela qui n'a pas de nom, l'absolu. Dans cette nouvelle perspective, l'être humain est à la fois multiple et un. La conscience empirique, attachée à la poursuite de ses objets de désir, appartient à l'existentiel, divers et mouvant, qui masque une dimension d'être, la présence silencieuse et unifiée d'un Soi au cœur de l'expérience de la vie, qui lui donne son sens et pourtant la dépasse infiniment. Dans les Upanishads les plus anciennes, ce Soi, *âtman*, est célébré à l'égal d'une divinité : « En vérité, cet *âtman* est le souverain de tous les êtres, le roi de tous les êtres. Comme tous les rais d'une roue sont emboîtés à la fois dans le moyeu et dans la jante, de même sont emboîtés dans l'*âtman* tous les êtres, tous les dieux, tous les mondes, tous les souffles, tous les individus. C'est le *brahman* sans rien avant, sans rien après, sans rien au-dedans, sans rien au-dehors ; c'est l'*âtman*, le *brahman*, source de toute perception » (*Brihad Âranyaka Upanishad* II, V, 15 et 19). Mais à la différence des divinités védiques, le Soi n'est pas une entité différente de l'homme, il est son propre fond identique à l'Être un, le *brahman*.

Ces maîtres ont donc retravaillé la compréhension de la révélation védique en l'infléchissant : ils ajoutent des significations plus qu'ils n'en retranchent, mais ces ajouts recomposent la religion dans la perspective d'une spiritualisation grandissante. On pourrait dire, en empruntant une métaphore musicale, qu'ils découvrent une nouvelle octave, celle de l'intériorité. La référence à « l'espace du cœur » ne constitue plus seulement un niveau, impliqué parmi d'autres, dans la langue mythique du Veda, mais le point focal où se situer pour comprendre le « cœur » du monde et la structure sous-jacente de tous les phénomènes. Une priorité se fait jour : c'est d'abord en se tournant, en retournant toutes ses énergies physiques et psychiques vers l'intérieur, que l'individu s'ouvre à la possibilité de rencontrer l'essentiel. « L'intérieur du cœur » est comme un « trou » par où l'on passe de l'individuel au cosmique et inversement : « Aussi vaste que l'espace qu'embrasse notre regard est cet espace à l'intérieur du cœur. L'un et l'autre, le ciel et la terre y sont réunis, le feu et l'air, le soleil et la lune, l'éclair et les constellations, et ce qui appartient à chacun ici-bas et ce qui ne lui appartient pas, tout cela y est réuni » (*Chândogya Upanishad*, VIII, 1, 3).

Arrêtons-nous un instant sur le mot *brahman* : dans le Veda, il désigne la formule sacrificielle, faite des fragments de la Parole divine révélée et mise en mots ; *brahman* est efficace dans la mesure même où il dit le réel, l'essence présente au cœur des sons. La réflexion upanishadique ajoute un accent nouveau au sens de *brahman*, qui se met à désigner moins la formule que l'Être dont elle témoigne, et *brahman* finit par vouloir dire « le Principe, l'Absolu, le grand Soi, le Soi dans sa dimension cosmique ». *Brahman* et *âtman* sont alors identifiés l'un à l'autre, ou plutôt les textes font valoir que leur différence n'existe pas autrement que sur un plan secondaire, superficiel, le plan où les individus, pris dans la diffraction que provoque l'existence, se perçoivent eux aussi comme différents entre eux et pensent des dieux différents d'eux. La gnose unifiante des Upanishads entend lever l'erreur, la méconnaissance, qui a produit cette démarcation entre l'*âtman* et le *brahman*, dont découle l'état de souffrance des êtres. Tout est « non-deux », *advaita* : tel est le maître-mot de cette sagesse.

Le corps est un char dont le Soi est le cocher (*Katha Upanishad*, III, 3-9)

La connexion majeure qui permet à l'être individué de ne plus se penser séparé de l'Être universel n'est pas facile à intégrer. Elle surgit comme une évidence, une intuition illuminatrice, mais elle exige un long cheminement et une opiniâtreté bien constante pour changer le cours d'une existence. S'éprouver « non-deux », non différent du *brahman* qui fait vivre le cosmos, implique de se défaire de tout ce qui fait obstacle à cette identité, d'abandonner la personnalité extérieure, soumise aux agitations affectives et à l'instabilité du mental. Pour assimiler le sens d'une telle voie, il ne convient pas d'élargir son moi en annexant le monde à sa conscience, mais de se distancier de la particularité de cette conscience propre pour accéder à l'universel. Certes, ni le moi ni le corps ne sont reniés, car ils constituent les supports de la vie divine de l'*âtman*, les seuls lieux de la transformation, les seuls instruments du déconditionnement. Pourtant, de l'être humain, ils ne représentent qu'une part, la plus visible, la moins significative. L'effort du sage porte moins sur eux que sur la dissolution des liens qui le retiennent à eux et au système des valeurs qu'ils représentent. C'est pourquoi l'ascèse tient une si grande place chez les maîtres des Upanishads. Elle produit à la longue l'indifférence aux biens matériels, le désintérêt du statut social dans une communauté fondée sur la caste, la distanciation de l'acte rituel qui conduit à en délaisser les fruits, le lâcher-prise de la volonté qui s'abandonne à plus vaste que soi. L'exercice principal porte sur le désir, cette force interne matrice de tous les attachements, même les plus subtils : le désir comme dynamique fondatrice de l'ego est un thème omniprésent dans la réflexion des spirituels de l'Inde à cette époque, comme en témoignent aussi les premières prédications attribuées au Bouddha. Yâjñavalkya, le brillant métaphysicien de la *Brihad Âranyaka*, l'exprime très bien, dans l'une de ses réponses victorieuses : « Quel est-il, Yâjñavalkya, cet *âtman* qui est en tout ? – Celui qui résiste à la faim et à la soif, à la souffrance, à l'erreur, à la vieillesse et à la mort. Quand ils connaissent cet *âtman*, les brahmanes cessant de désirer un fils, de désirer la richesse, de désirer aucun bien de ce monde, pratiquent la vie de moines mendiants » (III, 5).

La *Katha Upanishad* compare l'état du sage modelé par l'ascèse à un char bien dirigé, qui contraste avec l'état désordonné habituel. Yama, le dieu de la mort, affirme : « Sache que le Soi est le possesseur du char, et le corps le char ; sache encore que l'intuition est le conducteur, et la pensée les rênes. On dit que les sens sont les coursiers dont les objets sensibles sont le champ de course [...]. Mais l'homme sans discernement, à la pensée incontrôlée, ne gouverne pas plus ses sens que le conducteur de mauvais chevaux.

« En revanche, l'homme plein de discernement, à la pensée toujours contrôlée, gouverne ses sens comme le conducteur de bons chevaux. L'homme sans discernement, sans pensée, toujours impur, n'atteint pas le séjour suprême et retombe dans le cycle des renaissances.

« L'homme plein de discernement, toujours pur, atteint ce séjour d'où l'on ne revient pas. L'homme qui a pour conducteur le discernement, pour rênes la pensée, parvient à l'autre rive de [son] voyage, le suprême séjour de Vishnu » (III, 3-9).

Cette métaphore est très précieuse pour les traditions de spiritualité indiennes ; elle apparaît souvent lorsqu'il s'agit de faire sentir la saveur particulière d'une ascèse bien menée. Elle dit que, contrairement à ce que nous pensons souvent, il n'y a rien de triste ou de mesquin dans ce travail sur soi, mais une recherche de puissante énergie, d'équilibre dynamique qui permet d'avancer sur la voie. Bel exemple d'un transfert de significations dans un contexte où une partie de l'aristocratie guerrière s'intéresse à la sagesse ! Le verbe *yam-*, « maîtriser un cheval, lui imposer sa volonté », s'applique alors au contrôle de soi, de ses propres forces internes pour les dompter, et il donne le mot *yama*, qui désigne les observances auxquelles on se soumet par libre choix, les comportements que l'on adopte avec fermeté pour obtenir la transformation. Le thème réapparaît dans la *Bhagavad Gîtâ*, qui est une histoire de guerriers en quête du sens ultime de la vie, et dans le yoga, qui fait des *yamas* la première marche d'un effort de libération de tous les liens empiriques. Loin de demander à l'être humain qu'il se mutile ou s'anéantisse, l'exigence fondamentale est de savoir que le Soi, et non le moi, dirige le composé psychosomatique, lui confère sa cohérence, et d'en reconnaître la primauté.

Dans cette perspective, le corps a une valeur éminente puisqu'il donne un siège à l'*âtman* : le Soi, non-né et immortel, n'est pas *du* corps, mais, tant qu'il y a vie, il est *dans* le corps. La chair mortelle, dense et obscure, est évidée en son centre ; elle porte le secret d'une présence invisible : « Dans cette forteresse du *brahman* qu'est le corps, un petit lotus forme une demeure à l'intérieur de laquelle règne un petit espace. » Là, dans ce lotus du cœur, repose « l'*âtman* pur de toute tache, qui ne connaît ni la vieillesse, ni la mort, ni la peine, ni la faim, ni la soif », proclame la *Chândogya Upanishad* (VIII, I, 1-5). « C'est à l'intérieur de ce cœur, auquel aboutissent, comme les rayons d'une roue de chariot, tous les canaux du corps, que se trouve le Soi [...]. Ce Soi réside dans l'espace à l'intérieur de la ville lumineuse du *brahman* [...] le Soi brillant et pur à l'intérieur du corps [...] il est là, dans la cavité du cœur », reprend en écho la *Mundaka Upanishad*, moins ancienne (II, 2, 6-7 ; III, 1, 5 et 7).

Libération et quête d'immortalité

« L'homme sans discernement retombe dans le cycle des renaissances », dit la *Katha Upanishad*, tandis que « l'homme plein de discernement atteint ce séjour d'où l'on ne revient pas » : ces quelques mots résument une nébuleuse d'idées nouvelles sur la vie, la mort et l'au-delà. On ne sait pas bien quand sont nées ces idées, qui ne semblent pas védiques, mais qui peuvent très bien avoir été tirées du Veda par certaines exégèses ; on constate que les Upanishads les plus anciennes, la *Brihad Âranyaka* et la *Chândogya*, ne s'y réfèrent pas, mais qu'elles apparaissent couramment dans le groupe plus récent, composé autour du IVe siècle : la *Katha*, la *Mundaka*, la *Mahâ Nârâyana*, etc. En tout cas, au milieu du Ier millénaire avant notre ère, elles forment déjà un socle sur lequel les sages des Upanishads aussi bien que les bouddhistes ou les jaïns pourront s'appuyer. Ce socle pourrait se résumer en trois mots sanskrits, lourds de signification : *samsâra*, « le temps cyclique », *karman*, « l'acte et ses effets », *moksha*, « la libération ».

Tout d'abord, l'ego au sens où l'entend notre tradition intellectuelle occidentale n'est pas seul en cause dans le fait de se voir séparé, différent du *brahman*. Il est pris dans une « situation », un nœud de forces qui le dépassent, dont les Upanishads commencent à présenter les grands traits et qui va devenir l'horizon commun de l'anthropologie hindoue. Les processus qui conditionnent l'univers sensible et les êtres humains sont désignés par le terme général de *samsâra*. Formé sur le verbe « couler », ce mot offre l'image d'un écoulement perpétuel qui fait retour : *samsâra-cakra* ou *mandala*, « la roue des existences », *samsâra-samudra*, « l'océan des existences ». Cette circularité qui emprisonne produit une grande souffrance : *samsâra-duhkha*, « la douleur des existences ». Or on explique la permanence du *samsâra* par la loi des actes ou *karman*. Toute action, ainsi que l'intention qui y préside, porte un « fruit », bon ou mauvais. Le terme de « fruit » ne vise pas tant le résultat concret que l'énergie mentale et affective mise en branle et dont les effets subtils se prolongent au-delà de l'existence, posant les germes d'une future incarnation. Agir – et comment vivre sans agir ? – alimente donc le *samsâra*. L'*âtman*, éternel et impassible, est prisonnier d'un enfermement qui dépasse très largement la responsabilité de l'ego, ou plutôt des egos qui constituent les moments successifs de sa transmigration. Les grandes voies de sagesse vont donc se donner comme finalité *moksha*, la « délivrance », la rupture de l'enchaînement entre l'acteur, l'acte et ses effets.

Dans la *Katha Upanishad*, Naciketas commence par demander à Yama : est-ce que les défunts continuent d'exister ou non ? Dans sa réponse, le dieu de la mort distingue l'attirance pour les choses de ce monde, qu'il nomme *avidyâ*, le non-savoir, et cette espèce particulière de désir qui est une insatisfaction d'ordre spirituel, et qu'il appelle une aspiration à *vidyâ*, la « connaissance », une prise de conscience intuitive, libératrice : « Quand on a compris [...] quand on sait [...] alors on se libère de la gueule de la mort » (II, 15). Aussi la question initiale se transforme-t-elle progressivement, abandonnant le terrain précaire de l'espérance en un au-delà pour se centrer sur la recherche d'un enseignement qui dévoile l'immortalité dans la vie : qu'est-ce qui, ici et maintenant, au sein même de l'individualité empirique, est *amritam*, « non-mort » ? C'est évidemment l'*âtman* « plus ténu que l'atome » dans la grotte du cœur humain, « plus vaste que l'univers » dans son identité au *brahman*, ce qui signifie que, d'un point de vue essentiel, la mort n'existe pas. Pour réaliser cette vérité, il faut en quelque sorte remonter à rebours du mouvement de la création, qui étend sans cesse le domaine du sensible : « C'est vers l'extérieur que le Créateur-né-de-lui-même a percé les ouvertures, c'est pourquoi on voit au-dehors, et non pas en soi-même. Un jour, un sage a scruté son âme, le regard tourné en lui-même, à la recherche de ce qui ne meurt pas » (IV, 1). Et il a découvert l'*âtman* qui est « permanent parmi les impermanents », « conscience parmi les consciences », « unique parmi les multiples » (V, 12-13-14). Cela correspond à la très ancienne définition, védique, de la création comme une extériorisation, une dispersion du principe, qui exige un recentrage, une reconstitution. La création est du côté de l'alternance entre la vie et la mort, l'intériorisation du côté de l'immortalité. De même, les désirs, élans de vie, sont du côté de la mort, excepté le désir d'immortalité, moteur du processus de compréhension et d'ascèse.

En elle-même, cette révélation intérieure qui retourne l'âme en son fonds constitue la libération. Mais on aurait tort de la voir de manière irénique ou abstraite : c'est une crise majeure où paradoxalement le sage, à l'instant où il découvre en lui « ce qui ne meurt pas », meurt à lui-même en tant qu'individu séparé, perd son enveloppe désormais considérée comme passagère et, dénudé de ce qui faisait son identité, fusionne avec le *brahman*, le neutre absolu. Il a atteint l'état que l'Inde appellera *jîvan-mukta*, « libéré-vivant », ou « libéré dans la vie ».

Que sont devenus les dieux ?

Le *brahman*, on l'aura compris, n'est pas une divinité personnelle à qui l'être humain adresserait des prières, avec laquelle il entretiendrait des relations, des sentiments d'amour, un colloque intime. Sans attributs, il constitue le substrat silencieux de tous les vivants qui se trouvent immergés en lui, surgissant et disparaissant comme les vagues d'un unique océan. Cette mystique de l'Un qui anime la plupart des grandes Upanishads est-elle une religion ? les dieux sont-ils nécessaires à la forme de délivrance qu'elle prône ?

Certains courants philosophiques héritiers des Upanishads ont répondu par la négative : pour eux, les divinités ne sont que les produits d'un mental qui ne peut vivre sans se donner des représentations, des images érigées en transcendance par une conscience collective qui se renforce de génération en génération. La dévotion serait ainsi une forme de spiritualité inférieure à l'intuition illuminatrice de la sagesse renoncée. Nos esprits cartésiens ne se sentent pas déroutés par une telle distinction, qui rejoindrait en quelque sorte la grande coupure qui s'est instaurée chez nous entre religion et philosophie. Or l'histoire spirituelle de l'Inde montre une réalité différente : même les adeptes les plus convaincus de la doctrine de la non-dualité ont prié et honoré ces dieux comme des manifestations individualisées du *brahman* neutre. Ils ont cru en leur fonction salutaire et médiatrice, même si au plus profond de leur expérience ils ont rejoint le « sans forme », « Cela qui n'a pas de nom », « le Un sans second ». En cela, ils ont été fidèles à l'une des lignes de force qui s'épanouit dans les Upanishads dévotionnelles composées autour du IVe siècle avant l'ère, qui fondent ce que nous appelons l'hindouisme *stricto sensu* sur la dévotion envers de grandes divinités. Ces textes sont aux origines du shivaïsme et du vishnouisme, du culte de la déesse et de figures majeures comme Ganesha. On en retiendra deux : la *Mahâ Nârâyana*, à la gloire de Vishnu, et la *Shvetâshvatara*, à celle de Shiva.

Le grand poème (v. 201 à 260) qui occupe le centre de la *Mahâ Nârâyana Upanishad*[6] et qui lui a valu son nom est dédié à Vishnu Nârâyana comme personnification de l'Âme du monde qui réside au cœur de l'homme. « Homme » se dit en effet *nara* en sanskrit. Savoir que le Dieu s'incarne au plus intime de l'être humain est un « secret » réservé aux ascètes renonçants, qui les délivre de la mort. Cela ne diminue en rien sa grandeur : Vishnu se manifeste comme le Suprême, « au-delà » – c'est le sens du mot sanskrit *para* (*paramam*) qui ne revient pas moins de dix fois en quelques vers. Le lotus du cœur est son siège ; le son primordial (le monosyllabe *OM*) exprime son essence, lui qui est la Suprême Parole. En Nârâyana, transcendance et immanence se joignent, comme les deux faces indissociables d'un même mystère. Or c'est aussi ce que dira la *Bhagavad Gîtâ* : que le Seigneur du cosmos réside au cœur des êtres. Pour la dévotion, il y a ainsi deux manières de s'approcher du divin : ou bien sortir de soi et s'oublier dans l'amour de Dieu, des êtres et de la nature ; ou bien entrer en soi, et par une très profonde introspection, découvrir que le grand Autre est aussi l'ultime pointe de l'âme. Ces deux orientations peuvent parfois se combattre ou donner naissance à des doctrines différentes, mais chez les très grands spirituels, elles convergent. Dès lors, l'ancien système sacrificiel – qui maintenait des divinités extérieures à l'être humain et réclamait leur part de « nourriture » sous la forme de sacrifices –, n'a plus lieu d'être. L'ascète accomplit le « sacrifice mental » (*mânasâ yajña*), dans lequel il n'y a plus de victime ou de substance matérielle : « Celui par qui tout ici-bas a été tissé, lorsque tu l'auras ainsi reconnu, avec ton esprit, avec ton cœur, tu seras sauvé de la mort » (v. 536-537). Cette connaissance ne peut cependant se cristalliser que dans un cœur « clarifié » par l'ascèse et le feu intérieur.

Le cœur purifié et brûlant d'amour, se substituant à l'autel du sacrifice autour duquel s'installaient les dieux dans le rite védique, devient alors l'espace intérieur où réside Vishnu qui est l'*âtman*.

Composée à la même époque, la *Shvetâshvatara Upanishad*[7] est vouée à l'exaltation de Shiva comme divinité suprême. Toutes les réponses à l'énigme de l'existence (« Le *brahman* est-il cause ? D'où sommes-nous nés ? », etc.) sont d'emblée rapportées à la divinité comme instance originaire et ultime des phénomènes : « Ceux qui ont pratiqué la méditation et le Yoga ont vu le pouvoir personnel du Dieu caché dans ses propres modes ; c'est lui qui gouverne toutes ces causes depuis le temps jusqu'au Soi » (I, 3). Dans le large mouvement qui fait naître en Inde l'hindouisme, Shiva, comme Vishnu, s'élève au rang d'Être suprême, pourvu de puissance autonome et libre, objet d'amour et de vénération, pôle d'une relation réciproque dans laquelle il accorde sa grâce plénière à l'homme qui s'abandonne à lui. Dans ce texte assez hétérogène, c'est l'inspiration théiste qui fusionne les spéculations diverses sur l'âme, les dieux, le principe neutre (*brahman*), dans la figure du gracieux Seigneur, omniprésent dans l'univers et bienveillant, même si le divin, lorsqu'on l'expérimente dans une grande proximité, présente une dangereuse ambivalence : « Ta forme qui est bienfaisante, celle qui n'est pas terrible, celle qui ne rayonne pas le mal, avec ta forme apaisée, considère-nous ! » (III, 5). Au plus intime de l'individu, « Il est caché au tréfonds de tous les êtres » (III, 11), « le Soi intérieur qui siège à jamais dans le cœur des créatures » (III, 13). Et « ceux qui par le cœur, par le sens interne, le connaissent ainsi comme siégeant dans le cœur, deviennent immortels » (IV, 20). L'insistance sur l'intimité pourrait mettre en danger la transcendance, la rabaisser par une démarche trop anthropomorphique. Les auteurs ne souhaitent pas tomber dans ce piège et usent de la négation pour prévenir toute tentative de comparaison ou de réduction. Shiva, en tant qu'absolu, est *nirguna*, « sans modes », *nishkala*, « sans parties » ; *nishkriya*, « sans activité » ; « quand il n'y a pas de ténèbres, qu'il n'y a ni jour ni nuit, ni être ni non-être, c'est alors Shiva absolu » (IV, 18).

Avec ces textes qui annoncent la *Bhagavad Gîtâ*, la spiritualité indienne « fait un bond » : la religion se libère de la tyrannie du système rituel pour mûrir et s'épanouir en une expérience intime, « amoureuse », qui est à la fois connaissance de soi et abandon à Dieu. C'est là ce que l'on appellera la *bhakti*, et qui constitue, avec les systèmes issus des Upanishads non dualistes, une contribution majeure à la genèse de l'hindouisme.

CHAPITRE 3

Ce qu'on appelle « hindouisme »

Contrairement au bouddhisme et au jaïnisme, l'hindouisme est une religion sans fondateur, ni date de fondation, même imprécise. Il n'empêche que sa genèse est liée à des faits nouveaux qui concourent à désigner les IVe-IIIe siècles avant notre ère comme le commencement d'une période majeure d'élaboration spirituelle, philosophique, rituelle où s'inventent les principes qui guident la sociabilité hindoue.

Un millénaire décisif

Le premier grand empire que le sous-continent ait connu, celui des Mauryas, a eu un impact important sur ces évolutions. Peu renseignés sur son fondateur, Chandragupta, nous le sommes plus sur son petit-fils, Ashoka, qui a régné de – 270 à – 232. Le fait le plus marquant est qu'après sa campagne particulièrement sanglante contre le Kalinga (l'actuel Orissa), il revendique officiellement sa conversion au bouddhisme et fait graver dans les grandes provinces de son empire des édits qui proclament sa volonté de respecter et de faire respecter une éthique nouvelle : non-violence envers les êtres et dans le cadre du rite (ce qui implique l'abandon des sacrifices sanglants), respect des brahmanes et des shramanes (*shramana* : ascète enseignant une doctrine), déférence envers les parents, justice et patience du roi pour ses sujets qui sont ses « enfants »... Certes, ce prince est devenu bouddhiste, mais les brahmanes, qui ont toujours conseillé les rois, conservent une influence prépondérante, qui va grandir encore après la chute de l'empire maurya, dans les royaumes successeurs. Si l'on suit la thèse actuelle de l'une de nos plus grandes indianistes, Madeleine Biardeau [1], ils en ont même pleinement profité pour contrer l'enseignement bouddhiste par un travail énorme et multiforme de synthèse et de réinvention, qui donne naissance à une puissante littérature épique – le *Mahâbhârata* et le *Râmâyana* – et mythologique – les Purânas.

Lorsque l'empire gupta naît, au début du IVe siècle après notre ère, l'effervescence doctrinale a trouvé son équilibre et donné son cadre à l'hindouisme antique et médiéval. Elle a défini les critères qui font la sacralité d'un texte, généralisé le principe hiérarchique des degrés de pureté qui régissent la société de castes, énuméré les devoirs qui incombent à chaque âge de la vie, établi les canons de la liturgie et des arts sacrés qui concourent à son accomplissement, structuré les disciplines philosophiques. Mais l'effort normatif est englobé dans un phénomène religieux d'importance considérable qui répond au nom de *bhakti*. Ce terme désigne la dévotion inconditionnelle envers une divinité suprême liée d'amour personnel avec ses adeptes – un amour qui les sauve et les libère du malheur de l'existence. Vishnu, Shiva, la Déesse deviennent les destinataires principaux de cette grande et durable mutation, dont la force a été d'élargir et de renouveler le fonds védique en intégrant des cultes locaux dans la culture sanskrite.

L'ascension de l'Inde du Sud sur la scène politique et religieuse y a largement participé. Le pays tamoul avait développé au début du Ier millénaire de notre ère des cultes et une riche littérature de sensibilité très différente de celle de l'Inde védique et brahmanique du Nord. Deux divinités s'y partageaient la ferveur populaire : Murukan, régent de la montagne et de la nature sauvage, toujours jeune, protégeant l'amour ; Korravei, déesse de la guerre et de la victoire. Le *velan*, prêtre de Murukan, se livrait à des danses rituelles, qui le conduisaient à l'extase et à la frénésie. La guerre était conçue comme un sacrifice, et la quête des pouvoirs constituait l'une des finalités de la religion. Des écoles de poésie raffinées célébraient l'amour avec une richesse d'expression étonnante et, sous le nom de *sangam*, elles ont constitué l'une des sources du mysticisme méridional. Les anciennes cultures dravidiennes ont commencé d'avoir rayonnement et influence lorsque des dynasties locales furent assez puissantes pour subventionner des pôles spirituels, littéraires, artistiques. Dès la fin de l'empire maurya, une tribu appelée Andhra avait dominé le sud-est du Deccan et des bouddhistes avaient fondé une dynastie à Sri Lanka, celle des Sinhalas. Mais c'est au VIe siècle de notre ère que deux puissants royaumes naissent aux deux bords du plateau du Deccan : celui des Châlukyas à l'ouest – l'actuel Karnataka en représenterait aujourd'hui le centre – et celui des Pallavas au sud-est – correspondant à peu près à la moitié nord du Tamil Nadu. Leurs princes ont patronné les cultes et couvert de temples leurs royaumes : à Badami, Aihole,

Pattadakal – pour les Châlukyas –, à Kâñcipuram ou Mahabalipuram – pour les Pallavas – la splendeur des vestiges conservés malgré les injures du climat et de l'histoire témoigne de leur richesse et de leur intérêt pour les religions et pour tous ceux, groupes ou individus, qui les transmettaient. Les Pallavas patronnèrent les anciennes académies poétiques qui servirent d'appui à la diffusion d'une dévotion transfigurée par des accents émotifs et extatiques[2] ; les valeurs védiques et post-védiques, définitivement intégrées, ne furent pas remises en cause, mais le brahmanisme dut composer avec les cultes locaux.

L'Inde méridionale va devenir au cours du Ier millénaire une terre privilégiée pour de nombreuses traditions spirituelles ou philosophiques. Le vishnouisme et le shivaïsme vont se développer conjointement, se concurrencer, s'influencer en une polyphonie très riche. Le bouddhisme, après une belle floraison dans le nord du Deccan, va presque disparaître – sauf sur l'île de Sri Lanka qui devient son bastion. Le jaïnisme, au contraire, restera très vivant à l'époque médiévale, et ses maîtres auront de nombreuses controverses avec les grands penseurs de l'hindouisme. Les lignées spirituelles, quelles qu'elles soient, vont bénéficier d'une aura exceptionnelle et les recueils de biographies ou d'anthologies de saints fleurissent à partir du IXe siècle. Finalement, cette effervescence spirituelle, en une sorte de mouvement inverse de celui qui avait vu la sanskritisation et la brahmanisation du Sud, aura à partir du XIIIe siècle un effet de revivification et de renouveau sur le Nord.

Une nouvelle conception du divin : la *bhakti*

Un processus historique de très vaste ampleur s'est développé à partir des IVe-IIIe siècles avant notre ère, celui de croyances qui se cristallisent autour d'un grand Dieu, qu'elles définissent comme Être suprême au-dessus des autres dieux, indépendant du cosmos, responsable de sa périodicité cyclique et des mondes successifs qu'il crée, soutient et défait. Dans la *Bhagavad Gîtâ*, Arjuna, fasciné par la vision que lui confère Vishnu, s'exclame : « En toi il faut reconnaître l'Être indestructible, suprême ; tu es le suprême support de l'univers ; tu es, je le sais, l'impérissable gardien de l'ordre permanent, l'éternel *Purusha*[3]. » Les premières traditions shivaïtes contiennent des affirmations identiques, qui sont solidaires d'un remaniement de la conception même du divin.

À ce nouveau paradigme répond le terme *bhakti*, qui va devenir l'équivalent le plus courant de ce que nous entendons par « religion ». Il est formé sur le verbe sanskrit *BHAJ-* « partager, distribuer, répartir, partager avec quelqu'un » ; à la voix moyenne, « recevoir en partage, posséder, jouir (charnellement), servir, révérer, adorer ». Sur le même verbe ou la même racine, on a *bhakta-*, « dévot, fidèle, adepte », *bhaga-* « bonne fortune, chance, bonheur (notamment en amour) », *bhagavant-* « bienheureux, révéré, saint », qui va couramment désigner le Dieu suprême, en tant qu'il donne sa grâce en partage. La *bhakti*, c'est donc une participation heureuse à la nature divine, qui est rendue possible par le Bhagavant, le divin en tant qu'il accepte de se laisser partager. Tous ces termes montrent que l'origine des grands cultes hindous tient à une transformation fondamentale, qui tend à fonder la religion sur le lien avec une divinité personnelle.

Loin de prôner l'égalité entre le dévot et son dieu, la *bhakti* maintient une différence incommensurable entre un être humain souffrant dans le *samsâra* et un Être divin autonome au-delà de toute réalité. C'est pourquoi elle est souvent qualifiée de « dualisme » (*dvaita*) par les théologiens, qui l'opposent aux systèmes philosophiques « monistes » issus des Upanishads de la non-dualité (*advaita*). Si elle offre, à la faveur d'une extase fusionnelle, un sentiment inexprimable de participation, elle n'arrache pas pour autant de manière définitive à la condition humaine, et ces moments de joie intense que suivent de longues périodes de déréliction sont tout au plus la marque d'une Providence généreuse ou le prélude à un salut qui ne viendra qu'après la mort. Comme réponse à la souffrance, elle donne une espérance, car le Dieu suprême peut permettre, par la libre disposition de sa volonté, une sortie définitive du cercle des existences, mais Il ne bouleverse pas la nature cyclique du temps qui demeure le substrat incontesté de l'anthropologie hindoue. S'Il promet la libération, c'est en fonction du mérite de son adepte acquis par l'intensité de sa ferveur, brûlant les scories d'actions qui l'entravent. En cela, la *bhakti* apparaît moins comme une révolution que comme une lente mutation à partir de sensibilités religieuses différentes de celle des sages upanishadiques, mutation à laquelle il est impossible d'assigner une date précise, mais qui est peut-être fort ancienne.

La religion védique n'a pas élaboré d'images de culte, et si les dieux sont largement présents dans les hymnes et les rites, on ne les représente pas. Les mouvements de *bhakti* vont au contraire développer une théorie et une pratique de l'image qui en font un élément majeur de la religion.

Cela se comprend : le dieu est senti comme plus proche, requis d'intervenir dans la vie des hommes, de leur apparaître, de leur parler, et dès la *Bhagavad Gîtâ*, Vishnu fait à Arjuna la grâce insigne de se montrer dans toute sa gloire. L'hindouisme est étroitement solidaire du développement du culte des images divines : « La représentation du dieu par l'image est au cœur de l'hindouisme quotidien[4]. » Toute *pûjâ*, tout rite d'adoration, suppose la représentation précise, mentale ou matérielle, de son destinataire. La confection de l'idole, dans divers matériaux subissant chacun une consécration au moment de son utilisation, est suivie de l'installation, en elle, de la *shakti*, de l'énergie-puissance sans laquelle elle reste un objet inerte, incapable de devenir le pôle de la relation vivante qu'implique la *bhakti*. Les desservants de temple ont, entre autres, pour fonction de veiller au « bien-être » de certaines catégories de statues, mobiles, auxquelles ils dessillent les yeux, qu'ils lavent, habillent et maquillent. D'autres effigies servent aux processions, elles sont promenées sur leurs chars et provoquent la liesse des dévots : c'est le dieu qui sort à la rencontre de ses fidèles, et dont le *darshan*, la « vision », est une grâce qui s'étend alors même sur ceux qui, du fait de leur statut inférieur, n'ont pas le droit d'entrer dans les temples. Il y aura ainsi toutes sortes d'images d'un même dieu, des statues de pierre fixes dans les sanctuaires aux supports en matériaux périssables, des représentations anthropomorphiques aux blocs informes découverts dans la terre et qui manifestent aussi le divin. Cette dramaturgie rituelle est bien faite pour attirer les grandes foules dans les immenses sanctuaires qui vont se développer à l'époque médiévale, et elle est toujours aussi vivante aujourd'hui.

La *bhakti* demande que le culte s'accompagne d'une attitude intérieure de dévotion : *manasâ pûjâ*, le « culte en esprit ». Les différentes images de la divinité sont alors intégrées mentalement dans tous leurs détails et servent de support à la méditation. Lorsqu'il est totalement absorbé et habité par l'icône mentale qu'il a recréée sur la scène de sa psyché, le *bhakta* devient lui-même une *mûrti*, une « forme » du dieu qu'il vénère. Le fidèle se fait temple, autel et statue vivants, sa personne permet à la Personne divine d'exister dans un espace et un temps concrets. Il se l'incorpore tout en lui donnant corps : dans ce double mouvement, le divin et l'humain se touchent.

L'Inde médiévale aimera se voir comme le mandala des dieux, leur terre de prédilection. La *bhakti* vient leur donner chair, présence, proximité, en un étonnant foisonnement. Elle admet sans contradiction apparente le point de vue général de la pluralité des dieux et le point de vue particulier de la singularité de la divinité d'élection. Elle orchestre une coexistence de « religions à l'intérieur de la religion ».

La littérature religieuse

Textes révélés et textes traditionnels

Les théologiens ont été amenés à répartir les textes sacrés en deux grands « moments », celui de la révélation – *shruti*, « ce qui a été entendu » – et celui de la tradition – *smriti*, « ce dont on se souvient » (de la même racine qui nous a donné « mémoire »). L'ensemble Vedas/ Brâhmanas/ Âranyakas/ Upanishads bénéficie pour eux d'une antériorité ontologique qui s'origine dans la transcendance de la Parole et ils en ont fait un corpus intangible : la Parole védique et upanishadique fonde le « vrai » (*satya*, qui vient de *sat*, « ce qui est »).

Les littératures ultérieures lui sont soumises comme à la source dont elles dépendent ; elles doivent en respecter la lettre, en assurer la transmission et l'actualisation par d'incessants commentaires qui font ressortir son éminente sacralité. Mais la *smriti* n'est pas seulement du côté de la fixation inerte d'une mémoire ; elle instaure le champ des interprétations et médiatise les vérités principielles au sens où, sans elle, les individus n'auraient pas la possibilité de mettre en acte les contenus de celles-ci. Loin d'être monolithique ou intemporelle, elle se signale par son épaisseur et sa complexité. Aussi, plutôt que d'une Tradition hindoue – comme ont trop souvent tendance à le faire aujourd'hui des courants identitaires –, faut-il parler d'un jaillissement successif de traditions secondes, chacune se devant de démontrer à la fois sa fidélité à l'origine et sa créativité.

D'ailleurs, la coupure, ou la différence de statut entre *shruti* et *smriti* n'a rien d'évident. De nombreux textes qui n'appartiennent en principe pas à la révélation sont considérés comme dictés par des divinités à leurs auteurs humains, qui n'en assurent que l'humble transmission. L'exemple le plus flagrant en est fourni par la *Bhagavad Gîtâ*, qui fait partie d'une épopée, mais qui est souvent qualifiée d'Upanishad. Certains groupes ont contesté la clôture de la *shruti*, en affirmant que leurs traditions littéraires constituaient une sorte de « cinquième Veda » : c'est ainsi que le vishnouisme méridional qualifie le *Bhâgavata Purâna*, une œuvre majeure du IXe siècle, dont nous aurons à reparler.

Il faut voir là le symptôme d'une certaine conception du temps qui se forge à cette époque. Sans aborder l'extraordinaire complexité des spéculations cosmologiques qui sont solidaires de la genèse de l'hindouisme, disons au moins ceci : le cosmos, éternel, est soumis à une périodicité de création, de déploiement, de destruction et de recréation ; dans une construction vertigineuse, les Purânas proposeront un modèle sans commencement ni fin, où se succèdent des myriades d'univers découlant les uns des autres, chacun d'eux passant d'un « âge d'or » (*krita yuga*) à un « âge sombre » (*kali yuga*). L'époque védique, perçue comme « parfaite » – c'est le sens du mot *krita* – précède une dégradation qui affecte aussi bien la qualité de l'existence humaine que la proximité avec les dieux et l'intelligibilité du texte révélé. Le *kali yuga*, dans lequel se déploie l'histoire actuelle, nécessite donc d'autres voies vers la délivrance, plus pragmatiques.

Le rapport au texte, oral et transmis oralement, même si on connaît l'écriture, passe par la relation du maître qui sait au disciple qui reçoit : on l'appelle *guruparampara*, de *para-*, « l'autre », *parampara* signifiant aussi « réciproquement ». Cette réciprocité implique des individus qui échangent, et assure la continuité ininterrompue des savoirs et des expériences. Le brahmanisme élabore à cette époque un modèle social dans lequel le premier âge de la vie de l'hindou est consacré à la réception de la culture védique de la bouche d'un ancien *. Mais il a existé de nombreuses autres formes de transmission, moins institutionnalisées : nous avons vu que les maîtres philosophes des Upanishads avaient des disciples, comme en auront les intellectuels védantins ; dans les courants dévotionnels, de nombreux saints font fonction d'instructeurs ; les yogis, les poètes, les iconographes, les architectes, les musiciens, les danseuses, n'accèdent à leur art que par une longue initiation auprès d'un guru ; et ceux qui s'affilient à des « sectes » plus ou moins marginales ont leurs propres maîtres, aux méthodes de libération souvent déconcertantes.

* Voir *infra*, p. 166-167.

Aphorismes, commentaires et traités

Un premier type de textes, les *sûtras*, naît de certaines exégèses du texte védique[5]. Du sanskrit *SU-* (que l'on retrouve dans l'anglais *to sew*, « coudre », ou dans le français « suture »), le *sûtra* est le « fil directeur » d'un rituel ou d'une doctrine, qui se présente généralement comme un recueil d'aphorismes. Du culte védique (*Kalpa Sûtras*), ces manuels vont garder la distinction entre sacrifice solennel et pratiques domestiques, qui se retrouve dans l'hindouisme avec d'une part les consécrations royales ou les grandes cérémonies communautaires, et d'autre part les rites de passage qui émaillent l'existence individuelle et la sacralisent. Ils conservent aussi le ton de l'injonction, positive ou négative, qui implique la conformité à un code – conduite du rite plus que conduite morale au sens où nous l'entendons aujourd'hui. De là, lorsque les brahmanes vont s'attacher à mettre en ordre et à hiérarchiser la société, à la période qui nous occupe, on voit apparaître des *Dharma Sûtras*, des aphorismes qui disent quelle est la manière exacte, pour chacun, de se comporter en fonction de sa place dans le tissu social pour collaborer au mieux à l'ordre des choses : le mot *dharma* ici a pris précisément le sens de Loi religieuse, de norme transcendante, et cette rigueur croissante aura pour conséquence la création d'un « modèle brahmanique * ». Dans la première moitié du Ier millénaire, d'autres types de *sûtras* sont produits dans le domaine philosophique et les disciplines de salut, comme le Vedânta ou le Yoga. Ils résument une doctrine par une série de versets qui s'enchaînent les uns à la suite des autres

* Voir plus loin, chapitre 7.

et que les commentateurs comparent à un collier précieux de perles enfilées sur un fil d'or.

Ce style est évidemment l'un des procédés les plus courants d'une transmission orale des contenus traditionnels appris par cœur, même s'il est transposé ensuite dans un contexte savant d'écriture. Des problèmes d'intelligibilité se posaient à l'étudiant brahmanique qui se formait à son ministère, des divergences d'interprétation rendaient ardus les débats philosophiques. Aussi le genre du commentaire, ou *bhâshya*, fut-il considéré comme la conséquence et le complément indispensable des aphorismes. Il propose des méthodes diverses d'approche du texte – ce qui offre en même temps une marge conséquente de liberté et de discussion. Par exemple, à partir des *Yoga Sûtras*, l'hindouisme possède une série de traités canoniques aux orientations différentes : celui des brahmanes Vyâsa au VIIe siècle et Vâcaspati Mishra au IXe, ou celui de Bhoja, roi du Malwa (l'actuelle région de Bhopal), au XIe. Ces commentaires sont essentiellement philosophiques, mais il faut compter aussi avec tous les enseignements oraux des gurus de yoga qui permettaient à leurs disciples d'entrer dans sa pratique vivante, et dont nous avons perdu les traces sauf pour une époque récente.

Les *shâstras*, eux aussi voués à l'exposé d'une théorie, d'une discipline, d'un art impliquent l'idée d'autorité ou de référence, mais ils n'ont pas la concision des *sûtras*. Ainsi les *Dharma Shâstras* traitent de l'ordre avec une précision obsessionnelle, recensant chaque cas possible d'infraction aux règles brahmaniques ; les plus connus sont les *Manava Dharma Shâstras*, les *Lois de Manu*. D'autres régissent l'art de gouverner, de maintenir l'équilibre du monde par les faveurs et les châtiments, de contenir la violence inhérente aux sociétés humaines : ce sont les *Artha*

Shâstras, que les brahmanes composent pour les rois, et dont les futurs princes doivent connaître la teneur. Mais il existera aussi des *Shilpa Shâstras*, à l'usage des artisans qui fabriquent les images sacrées : ils définissent les canons classiques, qui reposent sur des proportions soigneusement calculées, des arrangements de gestes, d'attitudes et de traits des visages divins qui trouvent leurs références dans la mythologie. Ils concernent également les architectes chargés de construire les temples à partir d'une conception très précise de l'espace sacré et de la dramaturgie rituelle. On connaîtra encore des *Natya Shâstras*, un traité du théâtre, que la tradition donne à Bharata, un auteur qui aurait vécu au IIᵉ siècle de notre ère, et qui a composé une remarquable spéculation sur l'œuvre, la scène, l'auteur et l'auditeur. Tous ces *shâstras* veulent qu'un dieu, le plus souvent Brahmâ, soit l'inventeur de la doctrine exposée, généralement dans le but de remédier à l'*adharma*, au désordre du monde : où nous voyons que ces traités, pour techniques qu'ils soient, prétendent à une certaine sacralité, et expriment le désir d'ordonnancement parfait, d'action accomplie, qui anime le milieu brahmanique.

Les épopées et les Purânas

Avec les épopées et les Purânas, nous quittons le terrain de l'exposé et de l'exégèse pour entrer dans le monde du récit : univers à première vue plus abordable, avec ses personnages et ses péripéties, mais qui se révèle extraordinairement complexe à mesure que l'on y pénètre. L'imaginaire indien n'a cessé de se nourrir à leur source, les images peintes et sculptées des temples sont incompréhensibles sans eux, la poésie et le théâtre les supposent...

On pense que c'est autour des IVᵉ-IIIᵉ siècles avant notre

ère qu'a pris forme le *Mahâbhârata*, l'œuvre majeure de l'hindouisme naissant, reconnue par tous. Il se compose de plus de 100 000 stances réparties en dix-huit chapitres, et la tradition lui donne un seul auteur, inspiré, Vyâsa, dont on ne sait rien d'historique ; sa structure présente les caractéristiques d'un style oral aristocratique. À l'intérieur d'un récit-cadre, viennent s'emboîter des récits plus circonstanciés ou des dialogues entre protagonistes, mais aussi des enseignements spirituels ou des exposés philosophiques. L'intrigue de départ a trait au conflit qui surgit entre descendants de Bharata *, roi de Hastinâpura, une principauté gangétique ; parmi eux, les cinq Pândava (fils de Pându) représentent, pour des raisons qu'il serait bien trop long d'expliquer ici, le parti du *dharma*. Car le véritable enjeu de cette guerre fratricide, et qui donne toute sa valeur au texte, c'est l'équilibre du monde : la répartition du pouvoir entre les princes et les brahmanes y est la clé de la permanence de l'ordre socio-religieux, et la guerre humaine se double d'une concurrence entre les divinités. Des thèmes centraux de la culture hindoue y sont mis en scène : la malédiction, le vœu et la dette contractés d'une génération à une autre, comme un destin ; la méditation sur le caractère cyclique du temps, qui fait passer le cosmos par des crises apocalyptiques ; la quête de la délivrance exigeant ascèse, renoncement au désir, accomplissement du devoir dévolu à la naissance ; l'incarnation de divinités qui, pour sauver les êtres, prennent forme de héros guerriers ou de maîtres spirituels – ainsi en est-il d'Arjuna, fils d'Indra, et de Krishna, *avatâra* de Vishnu. Dans certaines parties de l'épopée, une synthèse s'opère entre les données plus anciennes que sont le rite, le sacrifice, la

* Le nom de l'Inde moderne – Bharat – vient de celui de ce roi, qui est l'ancêtre commun de tous les héros de l'épopée.

connaissance, et des concepts nouveaux autour du sens de l'action humaine : la *Bhagavad Gîtâ*, nous le verrons, est le produit de ce bouillonnement spéculatif.

Le *Râmâyana* doit être légèrement plus récent ; si Krishna a une place majeure dans le *Mahâbharata*, ici c'est l'autre grand *avatâra* humain de Vishnu, Râma, prince d'Ayodhya, qui a la vedette. L'intrigue du récit est relativement simple : Râma a été injustement contraint à l'exil vers les espaces sauvages et inexplorés du Sud, imaginés comme le règne des « démons », c'est-à-dire de l'*adharma*, de l'absence de cet ordre qui est l'essence de la culture humaine. Son épouse Sîtâ – l'archétype de la femme dont la religion est le « devoir de l'épouse » (*strîdharma*) – et son frère l'accompagnent. Sîtâ est enlevée par Râvana, le roi démoniaque de l'île de Lanka ; Râma, aidé par Hanuman, le roi des singes, qui est une des figures du parfait dévot, la libère et finit par récupérer son trône, non sans nouvelles péripéties. Ces choses sont si célèbres qu'on ne s'y attardera pas. Râma n'a rien du grand métaphysicien qu'est le Krishna de la *Bhagavad Gîtâ*, mais dans la synthèse vishnouite qui s'est sûrement constituée en intégrant des héros locaux non âryas, il joue le rôle central du prince juste et le récit, qui l'emmène toujours plus au sud, témoigne de l'hindouisation progressive du Deccan.

Quant aux Purânas, littéralement les « Antiques », ce sont d'énormes corpus de mythes qui donnent forme, à partir de la période épique et pendant tout le Ier millénaire de notre ère, aux croyances concernant les grands dieux. On les considère comme des expressions secondes des Vedas, mais qui ne s'adressent pas seulement aux « deux-fois-nés » : tous, femmes et *shûdras* compris, ont le droit de les entendre, de les apprendre, de les réciter. La tradition distingue dix-huit Purânas majeurs, qui se conforment à un modèle littéraire précis, en cinq parties : récit de la création (*sarga*) du monde ; histoire de sa dissolution (*pratisarga*) et de sa recréation à partir d'un « reste » (*shesha*) ; théogonie et généalogie (*vamsha*) des sages des premiers temps ; description des différents cycles cosmiques et de l'état du *dharma* pendant ces périodes ; recension de la partie de l'histoire humaine à laquelle chaque Purâna est dédié, et qui concerne l'une ou l'autre lignée dynastique, d'origine semi-divine. Ce sont eux qui nous renseignent sur les dix avatars de Vishnu ou sur les péripéties du mariage de Shiva et de la Déesse. Comme les épopées, ils illustrent une continuité ininterrompue entre l'aventure du cosmos et celle des hommes, soutenue par la présence sous-jacente du *dharma*, toujours agissant même dans les périodes d'occultation.

Les traditions « sectaires »

Ces divers monuments littéraires constituent le socle commun de la culture hindoue. Vont s'y ajouter, au fil des siècles, des textes qui formeront les corpus particuliers de certains groupes ou mouvements soucieux d'établir et de garder leur particularité à l'intérieur de l'hindouisme – dévots de telle forme d'une divinité, disciples d'un mystique à la source d'une école régionale de poésie dévotionnelle, traditions ésotériques – ou même en dehors, quand il s'agira de cercles tantriques dont la littérature justifiera les pratiques transgressives. Les indianistes parlent volontiers d'« hindouisme sectaire » pour marquer cette diversité à l'œuvre dans l'unité, un processus qui prend son essor dans le courant du Ier millénaire de notre ère. Mieux vaut se référer aux termes sanskrits désignant un processus incessant de segmentation qui ne menace pourtant pas l'unité de l'ensemble : *mata*, « doctrine », *mârga* ou *panthan*, « voie », *sam-*

pradâya, « lignée, transmission ». Il faut revenir à l'intensité du rapport entre maître et disciple pour en comprendre la dynamique d'ailleurs fluctuante : « Une secte prend forme le jour où, après le passage d'une personnalité éminente, commentateur ou prédicateur, le noyau des disciples éprouve le besoin de manifester son unité à travers la masse religieuse indifférenciée [...]. À la base de cette fragmentation religieuse, il n'y a aucun rempart dogmatique, aucune Église. La secte reflète les conditions traditionnelles du brahmanisme ancien [...]. La coexistence des sectes n'a pu se faire sans une vaste tolérance[6]. »

Essayer de citer tous les textes de ces groupes est une tâche impossible, car il y en aurait plusieurs milliers ! D'ailleurs, ils n'ont jamais fait l'objet de recensions complètes et beaucoup se répètent les uns les autres et n'ont d'intérêt que pour une recherche très spécialisée... En revanche, quelques informations sont indispensables à la suite du propos.

On a, par exemple, un type de célébrations, les Mâhâtmyas (de *mahât-*, « grand »), qui exaltent une divinité, un lieu sacré, un saint homme, en les assimilant aux manifestations de l'Absolu même, du *brahman* neutre inaccessible. Ces compositions poétiques accompagnaient des cultes locaux d'importance variable ; en sanskrit ou en langues vernaculaires, elles ont rencontré des fortunes diverses. Les plus appréciées ont été intégrées dans des Purânas, comme celles qui célèbrent les villes saintes de Gayâ, Mathurâ ou Prayâg, ou le *Devî Mâhâtmya*, « L'exaltation de la Déesse », qui a été transmis comme une partie du *Mârkandeya Purâna*, l'un des plus anciens cycles vishnouites (vers le IVe siècle de notre ère ?).

D'autres textes, beaucoup plus ésotériques, appelés *tantras* (« trame », d'où doctrine) ont retravaillé le legs védique, surtout celui de l'*Atharva Veda*, dans un sens tout différent du brahmanisme. Les idées qu'ils véhiculent ont diffusé aussi bien dans le bouddhisme que dans l'hindouisme, selon un processus difficile à retracer et à dater ; il se peut que les plus anciens *tantras* aient été composés vers le Ve siècle, et plutôt dans le Nord et le Nord-Est du sous-continent ; il se peut aussi qu'ils aient fait droit à des doctrines non âryas qui n'avaient pas trouvé place dans le brahmanisme. Bon nombre d'entre eux ont été groupés en corpus sectaires, les Âgamas, donnés comme révélés par Shiva, bien qu'il en existe un petit nombre sous le patronage de Vishnu. En principe, ils traitent de quatre sujets : *jñâna*, la connaissance du divin ; *yoga*, les moyens pour obtenir la concentration ; *kriyâ*, les pratiques rituelles (qui accordent une grande attention aux supports sonores et imagés) ; *caryâ*, les devoirs. Très divers, ils appartiennent à des cercles fermés d'initiés qui rejettent généralement les distinctions de castes et les prescriptions sur la pureté. Mais ils ont inspiré les rituels des grands temples et les spéculations d'écoles philosophiques ou mystiques majeures. Le shivaïsme tamoul, dans sa version médiévale connue sous le nom de doctrine du Shaiva-siddhânta *, s'est constitué un corpus particulier de vingt-huit Âgamas. Dans le Nord, un corpus qui s'est organisé autour de Bhairava, une forme redoutable de Shiva, a eu une certaine influence sur les écoles mystiques du Cachemire, et ces *Bhairavâgamas* sont encore étudiés aujourd'hui par des ascètes nâths ou aghoris. Un autre ensemble se reconnaît dans la priorité donnée à la notion de *shakti* (d'où leur nom de *shaktas*), l'énergie féminine vénérée dans la figure de la Grande Déesse.

---

* Voir p. 145 et suiv.

Philosophie et religion : les *darshanas*

Philosopher en Inde ne consiste pas tant à critiquer la religion – sauf lorsque les dévots sont trop dévots – qu'à tenter d'en comprendre les fondements, et beaucoup de grands philosophes ont été aussi des hommes à la foi ardente en Shiva ou en Vishnu. Mais par ignorance et par préjugé colonialiste, on n'a pris que lentement conscience de la rationalité et de la puissance dialectique qu'ils mettaient en œuvre.

Le mot *darshana*, formé sur le verbe *DRISH-*, « voir, contempler », désigne six systèmes de pensée qui ont participé à la formation de l'hindouisme, leur élaboration étant contemporaine de celle des grands mouvements de *bhakti*. Certaines Upanishads tardives ou la *Bhagavad Gîtâ* utilisent leurs concepts, car pour exercer leurs talents contre les mouvements qui prenaient leur autonomie vis-à-vis du tronc védique comme le bouddhisme, leurs savants ont produit des *sûtras* ou des *kârikâs* * qui conservent la mémoire des anciennes exégèses védiques tout en les renouvelant. Au cours du Ier millénaire, un classement en trois paires apparaît (en grande partie dû à la volonté d'organisation de Shankara) : Nyâya et Vaisheshika, Mîmâmsâ et Vedânta, Sâmkhya et Yoga. Le Nyâya ou « analyse » se consacre à la logique et au langage, définit les opérations mentales et fonde une théorie de la connaissance déductive. Le Vaisheshika (de *vishesha*, la « particularité ») sonde la nature de l'univers, classe les substances et les qualités en catégories, construit une théorie des combinaisons élémentaires, et évoque un *adrishta*, un « invisible », qui serait produit par les âmes et

* Un autre mot pour désigner des aphorismes.

soutiendrait l'ordre cosmique et le déroulement de la création. La Mîmâmsâ, « exégèse fondée sur la mémoire », est souvent opposée au Vedânta, comme la lettre à l'esprit, la répétition à la métaphysique. Elle s'appuie sur la fidélité au texte fondateur, établissant un lien univoque entre le mot et sa signification, centrant son analyse sur une structure formelle, l'injonction védique, qui fonde l'observance rituelle.

Du Vedânta, du Sâmkhya et du Yoga, on retrouve sans cesse des éléments en filigrane de l'histoire culturelle du sous-continent et ils sont seuls à garder une vitalité aujourd'hui. Le Vedânta se veut l'artisan de la clôture de la révélation et prétend en transmettre la quintessence *. Dès les débuts de notre ère, Bâdarayâna, dans ses *Brahma Sûtras* ou *Vedânta Sûtras*, reprend le grand thème des Upanishads non dualistes – l'identité entre le *brahman* et l'*âtman*, entre l'absolu et le Soi. Au VIIe siècle, Gaudapâda, commentant la *Mândûkya Upanishad* qui avait distingué quatre états de conscience du plus extérieur au plus profond, donne à la notion de *mâyâ*, d'illusion cosmique, une place majeure, qu'elle va garder dans la pensée de Shankara, le grand philosophe védantin, né au Kerala à la fin du VIIIe siècle, qui va marquer de son empreinte tous les systèmes de son temps. Il n'entre pas dans le propos de ce livre de résumer sa pensée, qui atteint les cimes de la spéculation ; disons simplement qu'elle est représentative d'un monde qui ne sépare pas philosophie, théologie et sotériologie. L'explicitation de la nondualité doit conduire à sa réalisation, à l'obtention de l'unité plénière du Soi incarné avec l'absolu indéfinissable, à la béatitude. À cette fin, le maître védantin doit aider son disciple

* Le mot *anta* a le même double sens que le mot fin en français : le Vedânta (veda-*anta*), c'est à la fois le terme temporel du Veda et la compréhension de sa finalité.

à identifier en lui-même l'*avidyâ*, la « nescience » qui fait prendre le reflet pour la réalité, le relatif pour l'absolu, le passager pour le définitif. Source de toute souffrance, *avidyâ* fabrique un moi fait d'idées fausses et d'identifications continuelles aux émotions, et ce moi voile le Soi en se surimposant à lui : « Le Soi est une réalité constamment présente, mais l'ignorance le transforme en un but à atteindre. Quand l'ignorance est détruite, le Soi apparaît comme n'ayant jamais été absent, tel le collier que l'on porte à son cou et que l'on croit avoir perdu [7]. » Nous verrons bientôt que Shankara a eu aussi d'importants engagements religieux et que son non-dualisme radical a été critiqué au XIe siècle par Râmânuja, le grand saint du vishnouisme tamoul, qui élabore une synthèse entre Vedânta et *bhakti*.

L'objectif du Sâmkhya, beaucoup plus didactique que mystique, est formalisé dans les *Sâmkhya Kârikâs* [8], composés par Îshvarakrishna, sans doute dans le courant du IVe siècle – même si des notions sâmkhyas sont déjà utilisées par la *Bhagavad Gîtâ* plusieurs siècles auparavant. Son souci est de concevoir les rapports entre des esprits (*purushas*) purs, libres et inactifs, et une nature (*prakriti*) évoluante et responsable de la création au niveau individuel et cosmique. Le mot sanskrit *sâmkhya* signifie « énumération » ; ce système dénombre en effet les grands « principes » (*tattvas*) constitutifs de la connaissance et de l'expérience de la réalité, afin que l'esprit, en comprenant leur dynamique, puisse prendre conscience de son autonomie foncière vis-à-vis de la nature, et se libérer.

Quant au Yoga, il est placé sous le signe de Patañjali, l'auteur des *Yoga Sûtras*, un traité qui peut aussi bien dater d'avant notre ère que du IVe siècle. Mais les systèmes que l'Inde nomme *yoga* sont extrêmement nombreux et divers, puisque ce terme a pris très tôt le sens général de « discipline, ascèse, toute action propre à se libérer, moyen d'y parvenir ». L'étymologie met cependant sur la piste d'une nuance plus précise : *yoga* vient d'un verbe *YUJ-*, « unir, atteler ensemble », une racine que nous retrouvons dans « joug, jonction » : il s'agit d'abord d'unifier les énergies en les contrôlant. Loin d'être un manuel de postures, les *Yoga Sûtras* présentent un modèle théorique dont différeront profondément les approches tantriques. Ils tracent une épure où la pratique est progressive, « par étapes », et semble pouvoir s'adresser aussi bien aux maîtres de maison qu'aux renonçants, même si, à ses degrés les plus élevés, elle suppose un mode de vie ascétique. Ils analysent les causes de la souffrance, *duhkham*, un terme que le bouddhisme avait largement diffusé, et développent le remède qu'ils proposent, une discipline à médiation corporelle qui culmine dans l'état de *samâdhi*, une absorption profonde dans la béatitude, au-delà de laquelle il n'y a plus qu'une autonomie absolue du principe spirituel (*kaivalya*). Le traité de Patañjali donnera lieu, lui aussi, à des interprétations, très diverses, plus philosophiques ou plus dévotionnelles, plus spéculatives ou plus pratiques[9].

Synthèses et institutionnalisation

Au sens strict, la religion dont se réclament aujourd'hui presque un milliard d'hindous s'est formée autour des IVe-IIIe siècles avant l'ère commune et a trouvé sa pleine maturité au milieu de notre Ier millénaire, pour continuer à se transformer jusqu'à nos jours. À partir du socle védique et brahmanique, en réaction à la critique bouddhiste, elle a intégré à la fois les exégèses upanishadiques et de nombreuses traditions locales – pour certaines, autochtones et antérieures à l'apport ârya. Au cours de cette longue évolution, elle se stabilise autour d'une tradition textuelle complexe, elle élabore des codes de vie et structure les savoirs sacrés, elle se répand du nord vers le sud, elle se subdivise en une multitude de groupes aux croyances et aux pratiques diverses, qui conservent entre eux une unité de fond. Le souci de maintenir l'équilibre de cette unité plurielle s'est exprimé de plusieurs manières à l'orée de l'époque médiévale, c'est-à-dire entre les Vᵉ et IXᵉ siècles.

Tout d'abord, des métaphysiciens ont ressenti le besoin d'équilibrer des tendances centrifuges et de produire une synthèse intellectuelle capable d'encadrer les grands courants de *bhakti*. Ils vont formaliser religieusement l'idée de cycle, en construisant une triade, la *Trimûrti*, littéralement la « triple forme ». Le dieu Brahmâ, figure personnelle du *brahman* neutre, y représente la genèse de la réalité phénoménale, Vishnu la conservation et le déploiement dans la durée, Shiva la destruction et la transformation. La *Trimûrti*, en assemblant ces caractéristiques, qui deviennent relatives l'une à l'autre, exprime visuellement la notion abstraite de temps cyclique, dans lequel se déploie l'histoire humaine : naissance, permanence, mort et re-naissance, indéfiniment. Elle offre ainsi une refonte et une actualisation du polythéisme par un mouvement intégrateur qui aura son importance surtout dans les milieux savants.

Par ailleurs, une synthèse se forme chez les brahmanes, à partir de leurs préoccupations propres, qui tournent autour du culte ; on l'appelle l'hindouisme *smârta*, « traditionnel » – de la même étymologie que *smriti*, la « tradition ». Elle désigne cinq grands destinataires de la dévotion : Vishnu, Shiva, Durgâ (la Déesse), Sûrya (le Soleil), Ganesha (le dieu à tête d'éléphant), et éventuellement un sixième, Kumâra (le fils de Shiva). Elle reconnaît l'ensemble du corpus textuel, mais choisit à l'intérieur les œuvres qui s'adressent plus particulièrement à ces divinités, des Upanishads dévotionnelles, qui ne font pas partie de la prestigieuse tradition de la non-dualité et qui sont plus tardives. Les brahmanes *smârtas* sont très attentifs au culte familial et ils ont contribué jusqu'à aujourd'hui au maintien de la dévotion privée, mais ils ne se distinguent en rien des croyances partagées.

Shankara était très proche d'eux, mais son action réformatrice partait d'une ambition beaucoup plus vaste, celle d'encadrer le foisonnement désordonné de cultes et de croyances dont son époque donnait le spectacle. On peut dire, avec le recul de l'histoire, que sans lui l'hindouisme ne serait pas devenu ce qu'il est. Il a su maintenir l'idéologie brahmanique et sa conception du renoncement comme un axe central, contre d'autres visions, bouddhistes, jaïnes ou tantriques. Ses controverses philosophiques sont restées célèbres, et l'interprétation non dualiste du Vedânta qu'il a élaborée est devenue le point de référence incontournable auquel se sont rattachées ou confrontées les doctrines ultérieures. On lui prête la fondation de dix ordres d'ascètes, les Dashanâmîs, qui semblent avoir été au départ recrutés uniquement parmi des brahmanes. Son œuvre d'institutionnalisation a surtout permis que naisse une vie monastique structurée, en des lieux qui soient consacrés à la fois à la vie spirituelle en communauté et à l'acquisition des savoirs religieux, les *mâthas*. De son vivant, il aurait fondé les quatre principaux, aux quatre points cardinaux du sous-continent : Shringeri au sud (Karnataka), Dwârka à l'ouest (Gujarat), Badrinâth au nord (Himalaya), Puri à l'est (Orissa), et aurait placé à leur tête ses quatre disciples les plus proches. Pourtant le *mâtha* de Kâñcipuram au Tamil Nadu prétend à une origine aussi prestigieuse, puisque

Shankara y serait mort. Quoi qu'il en soit, ces « monastères » sont restés des phares de la culture hindoue et leurs chefs, les *jagadgurus* (« gurus de l'univers ») ont joui d'un charisme qui dépassait largement le cadre de leurs institutions respectives. Ils ont participé, au cours de l'histoire, aux principales entreprises de restauration d'un hindouisme traditionnel qui se voulait le représentant d'une autorité morale au-dessus des diverses « sectes » et le porteur d'une identité face aux autres religions, bouddhisme, jaïnisme, islam, christianisme. Les longues tournées de prédication qui faisaient partie de leur mission leur permettaient de connaître les différentes communautés et de diffuser un message de fidélité au *sanatana dharma*, à « l'ordre éternel ». Le *mâtha* de Shringeri, en particulier, a acquis une puissance politique et socio-économique prééminente entre le XIVe et le XVIe siècle sous les souverains de Vijayanagar. Les Dashanâmîs shankariens occupent aujourd'hui une place importante dans le paysage religieux ; au cours de l'histoire, ils se sont ouverts aux non-brahmanes et aux femmes ; la plupart des ascètes en robe orange, d'obédience shivaïte, s'y rattachent. Les *mâthas* remplissent des fonctions rituelles et enseignantes importantes.

Doctrines et pratiques tantriques

Le tantrisme n'est en aucune manière une religion distincte de l'hindouisme et qui se serait érigée en contre-modèle (même si l'adjectif *tantrika* s'oppose à *vaidika* pour définir une position hétérodoxe face aux doctrines et aux rites védiques). L'ésotérisme, la fragmentation en groupes très autonomes le rendent difficile à saisir, mais, comme nous le verrons à plusieurs reprises dans les chapitres qui suivent, il est présent tout au long du développement historique de l'hindouisme, particulièrement shivaïte. Sa métaphysique et ses rites se sont diffusés pendant l'époque médiévale à l'intérieur même du brahmanisme ; ainsi la *pûjâ*, telle que nous la voyons dans les temples actuels, avec ses offrandes de fleurs, de fruits et de parfums à des images divines, faisant une large place à la parole et à la gestuelle, est-elle le résultat d'une importante influence tantrique.

Pour ceux qui adhèrent aux enseignements des Tantras, toute réalité est polarisée, au niveau divin comme au niveau phénoménal. Le divin est masculin et féminin, Un seul sous deux aspects : le pôle Être, masculin, inactif, immobile en soi, et le pôle Énergie (*shakti*), féminin, créateur. Le couple Shiva/Shakti en offre la représentation mythologique : on rencontre là la version tantrique de la non-dualité, avec des conséquences particulières. La sexualité humaine reflète ce principe d'une polarité qui se résout en unité, et en obtenir la maîtrise, c'est acquérir une puissance grâce à laquelle l'être humain accède à une forme de divinisation. Aussi les tantriques ne respectent-ils pas les conduites de séparation et de pureté que le brahmanisme instaure dans les relations entre les sexes : « Ce qui mène l'homme ordinaire à sa perte, disent divers Tantras, mène l'adepte au salut ; le *tantrika* ne doit pas suivre les prescriptions brahmaniques, mais les transcender ou les transgresser en les inversant ; d'où l'efficacité reconnue aux joies des sens pour s'ouvrir au divin ; d'où l'usage rituel d'alcool ou parfois de la pulsion sexuelle à des fins rituelles ou d'ascèse ; d'où aussi le rejet, dans le domaine religieux, des distinctions de sexe et de caste et des règles de pureté orthodoxes [10]. »

Beaucoup de spéculations ont trait à la parenté entre l'individu et le monde, entre le macrocosme et le microcosme. L'organisme individué et les constituants de la nature sont tissés des mêmes « souffles » (*prânas*) qui se prolongent de l'un à l'autre dans une osmose énergétique. Ce qui fait qu'en explorant son propre corps, le tantrique explore le cosmos ; en manipulant les flux internes, il a barre sur des forces qui le dépassent et il a accès à une puissance de transformation qui le divinise. Le corps devient une carte du monde, le lieu où le destin minuscule de l'individu rejoint le plan divin. L'adepte le renforce, l'éveille, le transforme grâce à des exercices de yoga qui jouent largement sur les sens, l'énergie, l'effort, et qui sont regroupés sous le terme de *hatha yoga*. Nous verrons que les Nâths, une importante secte shivaïte, ont produit des traités qui en exposent la pratique.

Les groupes tantriques se séparent sur l'usage de la sexualité. Pour les « sectes de main droite », la pratique, purement mentale, repose sur une ascèse solitaire qui maîtrise la pulsion sexuelle par des procédés de sublimation. Pour les « sectes de main gauche », plus transgressives, l'union sexuelle et l'échange des énergies avec une partenaire sont recommandés ; les émissions corporelles, que l'ensemble de l'hindouisme considère comme dangereusement impures, y sont au contraire manipulées et valorisées. Quelles que soient les divergences, la béatitude est procurée par un état de conscience transcendée, réputé au-delà du désir charnel, de l'attirance commune d'un sexe pour l'autre. Quand cet état devient stable et habituel, le tantrique est parvenu à l'état de *siddha*, d'« homme-dieu », ou mieux encore de *self-made god*[11].

Il faut une qualification particulière pour faire partie d'un « cercle » (*kula*) d'initiés, et elle est conférée par le guru, qui joue un grand rôle, car c'est lui qui impulse l'énergie indispensable à la transformation, conçue comme une opération dangereuse. Dans les pratiques régulières des *kulas*, une large place est donnée à la méditation sur des diagrammes figuratifs ou abstraits, les mandalas, qui expriment l'essence invisible de la divinité dans une forme visible. À la dimension visuelle, s'ajoute une dimension sonore : l'usage répété de mantras, ces paroles-puissances héritées du védisme, que l'on doit adorer comme de véritables divinités.

Les tantriques ont la réputation d'être transgressifs : ils font ce que jamais un homme de caste ne ferait, mangent des nourritures interdites, ne tiennent pas compte des différences de naissance, errent sur ces lieux en marge que sont les champs de crémation, où on les soupçonne d'avoir commerce avec des âmes errantes devenues démoniaques. Cette peinture conventionnelle mérite évidemment critique et nuances, émanant d'un milieu traditionnel qui se considère comme le centre organisateur de l'ordre social. Néanmoins elle enregistre la distance qui sépare la vision tantrique du *dharma* brahmanique.

Ainsi « l'hindouisme » n'a-t-il rien d'un corps de doctrines reposant sur un ensemble de données canoniques. Certes des modèles normatifs se sont élaborés dans les cercles brahmaniques, ils ont fonctionné comme références savantes parce que les brahmanes avaient l'apanage de la culture sanskrite, mais, de manière générale, un grand pluralisme est de mise : conceptions du divin, exégèses, voies spirituelles sont en concurrence et en complémentarité. Les repères les plus importants s'exprimaient en termes de filiation ou de transmission : on se sentait d'abord membre de telle caste, de tel courant religieux, de telle école philosophique, et le souci de se désigner par un vocable unique, de se définir comme « hindou », si important aujourd'hui, était inexistant.

DEUXIÈME PARTIE

Les dieux et leurs adeptes

CHAPITRE 4

Grandes divinités : Vishnu, Shiva, la Déesse

Le foisonnement des formes auxquelles les hindous rendent hommage est au premier abord déconcertant, et le sous-continent porte bien son titre de « mandala des trente-trois millions de dieux ». Pourtant, transcendant cette diversité à travers un processus de mutation sans ruptures, trois Êtres suprêmes occupent une position exceptionnelle depuis deux mille ans : Vishnu, Shiva, la Déesse, qui drainent vers eux la quasi-totalité des croyances et des rites des hindous.

L'héritage védique

On peut se demander ce qui a permis à Vishnu et à Shiva, qui ne tiennent pas une place importante dans l'hymnaire védique, de « faire carrière » au détriment de Varuna ou de bien d'autres. M. Biardeau répond à cette énigme en « posant comme hypothèse que c'est leur rapport au sacrifice qui a déterminé leur promotion comme dieux suprêmes [1] ». Dans le Veda, Vishnu se trouve lié à l'espace, à l'extension qui enveloppe, à la vastitude qui met en relation l'univers humain et le « séjour suprême » dont il a la garde. En trois enjambées, il couvre le cosmos, et « tous les êtres résident en lui [2] ». Il en est déjà le *gopala* – un mot qui vient de *go-* « la vache » – qui désigne sa fonction protectrice et qui reviendra sans cesse dans le vishnouisme ; dès le départ il est lié au maintien du *dharma* par l'action sacrificielle.

On connaît, surtout dans l'*Atharva Veda* et les traditions qui s'y rattachent, un dieu Rudra, « le Rouge », « le Seigneur des Larmes », « Celui qui tue », « la Mort », « le Démon » [3]. Armé de son arc et de ses flèches, il hante les montagnes et les jungles, vagabondant avec les bandits, mais aussi coiffé du chignon tressé qui sera l'un des emblèmes des ascètes shivaïtes. Du sacrifice védique, il représente l'aspect dangereux et terrible, en lien avec la mise à mort de la victime et le feu dévorant. Son titre de *pashupati*, « maître des animaux », doit s'entendre au sens de « maître des victimes sacrificielles ». Une idée reçue voudrait qu'il provienne d'une culture non aryenne et témoigne d'une strate plus ancienne, voire archaïque, de religiosité qui aurait été, tant bien que mal, « védisée », puis « hindouisée ». Certes, Rudra, puis Shiva et le shivaïsme se construisent, tout au long de l'histoire, autour des aspects les plus variés de l'altérité, en particulier face au *dharma* brahmanique. Mais cette dimension d'étrangeté semble inhérente à la logique initiale du système védique : « Le personnage de Rudra [...] est clairement antinomique de celui de Vishnu ; il en est la contrepartie nécessaire, celui qui permet, par les rites appropriés, de maîtriser tous les maux menaçant de l'extérieur le sacrifice et la prospérité qu'il crée, et tous les dangers inhérents au sacrifice lui-même [4]. »

L'Inde, avant les Indo-Aryens, a pu connaître des cultes de déesses, soit sur l'Indus, soit sur le plateau dravidien. Le *Rig Veda* a fait de la parole sacrée, *Vac*, la « mère des dieux » et l'épouse du poète-voyant qui la conquiert pour gagner les compétitions. Elle est la puissance (*shakti*), dans une métaphysique où nommer les choses, c'est leur donner existence. Plus tard, dans la synthèse que les brahmanes réalisent sous le nom de *Trimûrti* *, chaque dieu sera pourvu d'une *shakti*, une figure féminine destinée à symboliser la faculté créatrice du dieu, sa capacité de relation avec le cosmos et les êtres, son mouvement d'extériorisation, sa mobilité : Brahmâ aura Sarasvatî, Vishnu aura Shrî-Lakshmî ; Shiva aura Satî ou Pârvatî. Mais on verra aussi la Grande Déesse régner seule, et sa colère faire trembler les mondes : elle est Kalî, la *shakti* par excellence.

Vishnu, le dieu aux avatars

La révélation de la « Bhagavad Gîtâ »

Composée probablement à partir du IVe siècle avant notre ère, elle occupe les chants XXV à XLII du livre VI du *Mahâbhârata*[5]. Le drame que décrit l'épopée a atteint son point culminant, et les princes apparentés vont se ruer les uns contre les autres en une lutte fratricide. L'action se suspend alors pour laisser place à un dialogue, dans le droit-fil de l'échange upanishadique, entre Arjuna et Krishna, deux cousins germains, du moins au regard des généalogies humaines. Arjuna, qui incarne la noblesse de l'éthique guerrière et royale, ne pouvant se résoudre à tuer les siens, « laissa tomber arc et flèches et s'assit au fond de son char, l'esprit égaré par le chagrin » (I, 28-30 et 47). Krishna, qui est en réalité l'incarnation du dieu Vishnu,

* Voir *supra*, p. 86.

commence par utiliser, pour le convaincre de ne pas abandonner le combat, un argument déroutant : il y a une œuvre de mort à accomplir, elle doit être dénuée de tout sentimentalisme, car elle s'inscrit dans un plan suprahumain. Le prince qui en accepte l'augure fait ce pour quoi il est né sur cette terre : « Considère ton devoir personnel (*svadharma*) et tu ne reculeras pas ; car rien pour le *kshatriya* ne passe avant un combat légitime » (II, 31). Le texte défend ainsi le système global hérité de l'époque védique, dans lequel la classe des guerriers a le devoir propre (*svadharma*) de se charger de la violence et de collaborer au maintien de « l'ordre des mondes ».

Mais lorsque les circonstances imposent d'accomplir son *svadharma* en contradiction flagrante avec les lois les plus élémentaires de la vie, le respect de la parenté, la dévotion envers le guru, comment s'y prend-on ? À cette question, Krishna apporte une réponse nouvelle : celle de l'acte posé sans attachement ni haine, accompli sans désir de fruits, sans pulsions égocentriques. Prenant le contre-pied des doctrines du renoncement, il démontre que le retrait complet du monde ne peut en aucun cas assurer le succès du non-agir et mettre à l'abri de la violence : « Celui qui, sans s'attacher au fruit de l'acte, accomplit l'action lui incombant, c'est lui le renonçant, lui l'ascète unifié, non celui qui néglige le feu sacrificiel et délaisse l'action » (VI, 1). La seule voie possible est donc le *karma-yoga* ou *karma-marga*, « discipline » ou « voie de l'action », dominée par une attitude intérieure d'équanimité, d'égalité pacifiée entre les contraires : « L'âme égale dans le succès et l'insuccès, l'équanimité, voilà ce qu'on appelle la discipline » (II, 48) ; « dépris de tout, rencontrant heur ou malheur, n'éprouvant ni joie ni haine » (57), le *karma-yogin* pratique le rassemblement des sens (*samâdhi*). Krishna, en mettant le *karma-yoga* directement en concurrence avec la voie prestigieuse de la non-dualité upanishadique, ne cherche pas un compromis pragmatique, il propose une doctrine qui se conforme au modèle même de l'action divine envers le monde : « Je ne cesse d'agir », dit Krishna (III, 22), « Les mondes s'effondreraient si Je n'accomplissais mon œuvre » (III, 24), « Mes actions ne Me souillent pas, car Je ne convoite pas leur fruit » (IV, 14), « Les actes ne Me lient pas » (IX, 9). Cette action désintéressée ne signifie ni indifférence ni insensibilité : c'est toujours pour un bien que la divinité agit, et de même, « les sages prennent leur joie dans le bien de tous les êtres » (V, 25).

Le dieu qui se révèle ainsi comme archétype de tous les comportements humains, le dieu qui parle à la première personne, c'est le Bhagavant, le Seigneur de la *bhakti* : *karma-marga* et *bhakti-marga* sont fondamentalement intriqués et indissociables dans la *Bhagavad Gîtâ*.

Le verbe *ava-TRI-*, qui donnera *avatâra*, désigne le fait, pour l'Être suprême, de descendre dans le monde pour le sauver : « Encore que Je sois l'*âtman* sans commencement, impérissable, encore que Je sois le Seigneur des êtres, Je nais par mon pouvoir, en vertu de ma nature propre. Toutes les fois que l'ordre (*dharma*) chancelle, que le désordre (*adharma*) se dresse, Je me produis moi-même. D'âge en âge (*yuga*), Je nais pour la protection des bons et la perte des méchants, pour le triomphe de l'ordre » (IV, 6-8). Au chant XI, Arjuna, qui a demandé à Vishnu de se révéler « tel qu'en lui-même », plonge dans la profondeur abyssale du mystère divin, dans ce corps cosmique qui enveloppe tout, les dieux, la nature, les créatures, et cette vision produit en lui une déflagration analogue à « la lumière de mille soleils » (XI, 12). À travers cette théophanie, il devient un *bhakta* et il est initié à la dimension cachée du grand Vishnu, de la divinité inconcevable ; il fait l'expérience de la promesse de Krishna au chant IV : « Par la connaissance, tu verras tous les êtres [...] dans le Soi, c'est-à-dire en Moi » (IV, 35). Cette connaissance n'a rien d'un savoir, toujours impermanent ou partiel, elle dérive d'un contact intime, transformant, et elle s'épanouit en une confiance nouvelle : le Bhagavant ne peut faire défaut à son *bhakta*, car « celui qui me voit partout et qui voit tout en moi, je ne suis [jamais] perdu pour lui, il n'est [jamais] perdu pour moi » (VI, 30). « Je suis le but, le soutien, le seigneur, le témoin, la demeure, le refuge, l'ami, l'origine, la dissolution, la permanence, le réceptacle, le germe, l'immuable... » (IX, 18).

La *bhakti* « retire promptement de l'océan de la transmigration et de la mort » (XII, 6-7) et elle revendique une vocation à l'universalité, par opposition au culte védique, réservé aux « deux-fois-nés » et à la gnose des Upanishads, difficile affaire de philosophes : « Ceux qui ont pris en moi leur refuge, quand même ils auraient une mauvaise naissance, seraient femmes, artisans ou même serviteurs, ils arrivent au but suprême » (IX, 32). Le contexte princier dans lequel s'inscrit ce texte relativise évidemment la portée d'une telle affirmation, mais dans cette ouverture novatrice, certains grands saints vishnouites trouveront de quoi concilier la dévotion, le salut pour tous, et les devoirs de la caste.

Krishna le bouvier :
le « Harivamsha », évangile de l'enfance

Le *Harivamsha*, « [récit] sur la lignée de Hari » – l'un des noms de Vishnu – est un long ouvrage mythologique ajouté au *Mahâbhârata*. Élaboré dans la région de Mathura, une importante principauté gangétique, il raconte les origines du héros Krishna, les malheurs de sa famille détrônée par un oncle injuste présenté comme une incarnation du mal, sa naissance merveilleuse, son éducation dans une famille d'adoption qui le soustrait à la vengeance de l'oncle, ses jeux en compagnie de son frère Samkarshana et ses actions miraculeuses au milieu des bouviers de la région de Vrindâvana, dont il partage la vie itinérante. Lorsque Krishna devient adolescent, il retourne en sa ville de Mathurâ et tue l'usurpateur. Quand commence la guerre entre les Pândava et les Kaurava, Krishna, prince cousin des deux camps, prend part au conflit. Il s'installe ensuite dans la ville de Dvârakâ, mais un chasseur du nom de Jarâ (« vieillesse ») le confond avec une antilope et le tue d'une flèche au talon. Dvârakâ est alors submergée par les eaux, cataclysme qui marque le début du dernier âge de ce cycle cosmique, l'âge sombre, *kali yuga*.

Maître des troupeaux qui sont sous la responsabilité des bouviers, mais qui appartiennent au roi, Krishna gère une richesse sacrée, dont les vaches ont toujours été les détentrices depuis le Veda : « Les vaches du Vrindâvana sont [...] des vaches divines capables de satisfaire tous les désirs. Ce sont en fait les sources mêmes de toute activité sacrificielle. Le lait et le beurre symbolisent toute offrande aux dieux. Les vaches du roi représentent donc en quelque sorte sa capacité de don, sa capacité de sacrifier, d'instaurer un ordre qui repose sur l'offrande sacrificielle [6]. » Tandis que Shiva sera le Seigneur des animaux sauvages et de la jungle inviolée, la spiritualité incarnée par Krishna est doublement ordonnée à la conservation du *dharma*, puisque d'un côté l'épopée traite de la restauration de la lignée royale à travers des princes justes, et de l'autre le mythe évoque un monde pastoral qui entretient la permanence du *rita*.

Le problème de savoir si le Krishna guerrier et le

Krishna bouvier sont un même être, appartiennent à une mythologie unifiée de Vishnu le Bhagavant, est irrésolu, et peut-être insoluble. Il est possible qu'à partir de quatre constellations primitives très diverses : le Vishnu védique, le Nârâyana upanishadique, le Krishna de la *Gîtâ* et le Krishna Gopala, une dévotion envers un grand dieu protecteur de l'univers, avec ses *avatâras*, soit née et se soit diffusée progressivement dans toute l'Inde comme religion de salut.

Râma, ou la royauté au service du dharma

L'*avatâra* de Vishnu dont la mythologie occupe le *Râmâyâna* a incarné un autre modèle du roi juste, capable de s'incliner devant les coups du destin, capable aussi de combattre les démons, figures du désordre et de l'ailleurs. Il aime passionnément son épouse Sîtâ, archétype de la femme idéale, et Lakshmana, son frère cadet, le sert comme un dévot sert son dieu. Selon l'épopée, Râma, fils aîné du prince d'Ayodhya, est écarté du trône par son père Dasharatha au profit du fils de sa seconde épouse, et réduit à s'exiler dans la jungle, accompagné de Sîtâ et Lakshmana qui refusent de l'abandonner. Tous trois s'enfoncent vers le sud, région sauvage, inexplorée, vivant toutes sortes d'expériences fantastiques, rétablissant la sécurité dans les ermitages où des renonçants mariés vivent avec leurs familles, menacés par les animaux sauvages et les puissances démoniaques. Au moment le plus dramatique du récit, Sîtâ, en l'absence des deux frères partis chasser, est enlevée par le prince des démons, Râvana, qui la désire et l'emmène dans sa ville de Lanka, en laquelle on reconnaît l'île de Ceylan. Aidé par Hanuman, le roi des singes, Râma va, en une bataille surhumaine, vaincre et tuer Râvana, récupérer Sîtâ et finalement, après bien d'autres péripéties, monter sur le trône d'Ayodhya.

Cette histoire a nourri l'imaginaire indien et continue de le faire. Elle peut évidemment être lue à différents niveaux. Elle met en scène, dans une grandiose fresque littéraire, les réminiscences de la descente de certaines tribus âryas qui ont dû commencer, au milieu du Ier millénaire avant l'ère, à franchir la rivière Nârmada vers le Deccan. Elle évoque leur rencontre avec des ethnies autochtones, non encore « civilisées » par l'ordre social d'origine védique. Mais l'épopée donne à cette confrontation historique un sens religieux, quasi « messianique » : c'est l'éternel combat du *dharma* contre l'*adharma* auquel Râma, en tant qu'avatar de Vishnu, assisté par Sîtâ, Lakshmana et Hanuman, offre une issue victorieuse. La dévotion envers Râma s'est doublée dans certains milieux d'une exaltation des vertus combattantes. En s'identifiant avec le héros qui n'esquive pas l'exercice de la violence lorsque l'ordre cosmique est en question, ces groupes ont légitimé leurs guerres grâce à la *bhakti*. Aujourd'hui encore, certains partisans agressifs d'une Inde hindoue où les autres communautés religieuses, particulièrement les musulmans, auraient une place secondaire trouvent en lui le symbole d'une identité forte, exclusive et sûre d'elle-même. C'est pourquoi nous aurons à reparler d'Ayodhya et de la revendication d'un « royaume de Râma » en ce début de XXIe siècle...

La fixation de la mythologie vishnouite : les dix avatars dans les Purânas

Le dieu, maître du temps cosmique, qui émet les mondes et les résorbe en lui-même, est inconnaissable. Mais par grâce, il se révèle aux êtres humains, et, pour leur salut, il les attache à lui par l'intime lien de la *bhakti*. Le corpus vishnouite, vaste et divers, évoque toutes sortes de manifestations sous forme de mythes qui n'étaient pas tous au départ corrélés à Vishnu, mais qui vont s'ordonner en une vulgate diffusée par les grands Purânas du Ier millénaire. Fusionnant des sources védiques et extra-védiques, appuyée sur la maturation des pratiques dévotionnelles et de la théologie, cette synthèse retient dix *avatâras*, que je ne ferai que nommer ici : le Poisson (Matsya), la Tortue (Kûrma), le Sanglier (Varâha), l'Homme Lion (Nârasimha), le Nain (Vâmana), Râma-à-la-hache (Parashurâma), Râma, Krishna, le Bouddha et Kalki. Si, curieusement, le Bouddha fait partie de la liste, c'est probablement en raison d'une tentative audacieuse et tardive de s'annexer le bouddhisme. Quant à Kalki, il n'est pas encore venu, et sa manifestation donnera le branle à la fin du *kali yuga* et aux convulsions qui précéderont un nouvel âge d'or.

Le thème central de tous ces mythes concerne l'action de Vishnu pour le rétablissement du *dharma*, qui se manifeste par une restauration de l'harmonie hiérarchisée de la société. Mais il ne s'agit pas seulement d'illustrer de manière hyperbolique la puissance divine et de fournir aux artistes d'inépuisables sujets d'inspiration et à la religion des justifications de l'ordre traditionnel. Les mythes sont des enseignements, une initiation au sens de la vie et de la mort, du *samsâra* et de la libération, ils sont des objets de méditation tournés vers l'aspiration à s'unir au Seigneur suprême. En cela, ils ont puissamment irrigué la conscience collective des hindous et ils expriment leurs valeurs.

Shiva : les polarités du divin

Les cycles légendaires attachés à la figure de Shiva paraissent d'une extrême complexité à un regard occidental, peut-être parce qu'ils n'ont pas fait l'objet de la belle structure qui a organisé la mythologie vishnouite en dix avatars et masqué en partie la diversité de ses sources. Mais ils sont déroutants aussi parce que la divinité qu'ils célèbrent est paradoxale, qu'elle prend en charge le désordre du monde, l'imprévisible de la vie et de la mort, l'envers des constructions sociales grâce auxquelles les hommes s'efforcent d'imposer leurs hiérarchies de valeurs. Shiva, dieu des marges et des extrêmes, autorise ses adeptes à adopter des conduites transgressives, à l'encontre du *dharma* brahmanique. Sous son aspect démoniaque et destructeur, souvent appelé Bhairava, il patronne des cultes qui cherchent à capter la puissance divine à des fins de pouvoir et de divinisation. La dévotion y cède la place à la conception tantrique, surtout dans le nord et le nord-est de l'Inde.

En même temps, en tant que destinataire de la *bhakti*, il règne sur une communauté religieuse importante, faite de desservants de temples, de princes, de marchands – tout comme le vishnouisme –, c'est-à-dire de gens qui ont des familles, des métiers, des engagements dans le monde. Il y a donc dans le shivaïsme une tension constitutive, qui transparaît d'un bout à l'autre de son histoire, et jusqu'à aujourd'hui. Les sources mythologiques sont constituées par les principaux Purânas shivaïtes, auxquels s'ajoutent des épisodes ou des versions divergentes qui apparaissent dans le *Mahâbhârata* et dans des œuvres plus « sectaires » produites par des groupes de renonçants.

L'archétype des ascètes

Si Shiva hérite du Rudra védique une certaine forme de sauvagerie à la puissance dangereuse parce que incontrôlable, il va cependant y ajouter une composante qui en change considérablement la signification : une discipline d'une rigueur extrême. Il fait un usage immodéré des techniques ascétiques que l'on rencontre, sous une forme pondérée, chez les sages upanishadiques. Maigre, nu, les cheveux et les ongles non coupés, couvert de cendres, il est capable, quand il cesse d'errer ou de chasser, de méditer assis, dans un état d'immobilité absolue, totalement absorbé en lui-même, indifférent aux changements climatiques aussi bien qu'aux séductions du monde. Sous cet aspect, il est *mahâyogin*, le « Yogi suprême », qui pratique une forme radicale de méditation solitaire. Il fait monter en lui un « feu intérieur », *tapas*, du verbe *TAP-* « cuire », qui lui permet de donner à son corps un éclat insoutenable et une puissance surnaturelle. Son incandescence brûle tous les désirs, toutes les impuretés, mais elle menace l'équilibre de l'univers qu'elle échauffe dangereusement. Les dieux pensent que, s'ils n'y mettent pas bon ordre, Shiva à lui seul deviendra plus puissant qu'eux tous rassemblés. Ils décident donc de lui envoyer Kâma, le génie de l'éros, afin de le distraire par toutes les séductions et distractions dont il a le secret. Mais Kâma peut bien le titiller, le dieu n'en a cure et finit par le détruire d'un seul regard incendiaire (qu'on se rassure : le désir est immortel et Kâma renaîtra !). Entre l'ascèse et le désir, *tapas* et *kâma*, c'est feu contre feu : chaleur concentrée, produite par soi-même, ou chaleur attirée vers l'extérieur par la séduction de l'autre.

Ce thème, abondamment illustré par les Purânas, est l'héritage retravaillé de notions et d'expériences anciennes : déjà le Veda considérait la cosmogonie comme le résultat de l'échauffement d'un dieu créateur et il avait mis au centre du système sacrificiel le feu destructeur et fécond – ce feu auquel Rudra-Shiva conférait une dangereuse énergie. Et on sait aussi par de nombreux témoignages qu'en marge de la société védique, des ascètes errants s'exerçaient à une alchimie transformante, faite de pratiques psychocorporelles destinées à acquérir une sorte d'immortalité ou au moins de longévité supranaturelle. Mais cette histoire concerne aussi la question, récurrente dans les traditions indiennes, des pouvoirs obtenus par un genre de vie et des pratiques particulières. Ceux qui sont entièrement détachés des biens de ce monde, ou qui passent pour l'être, ont acquis une autonomie qui les autorise à se comporter sans égard aux normes, ce qui constitue en soi un pouvoir souverain dans une société régie par un *dharma* contraignant, qui dicte sa place à chacun[7]. Ces hommes libres ont développé des capacités au-dessus de la moyenne : ils échappent aux lois de la pesanteur, sont doués d'ubiquité, guérissent des maladies, ont la prescience d'événements, etc. Faiseurs de miracles, ils fascinent, déconcertent, valorisant souvent les épreuves mortifiantes et héroïques dans la perspective d'une quête de pouvoirs. Les dieux, au fond, sont comme les brahmanes : ils voient dans Shiva le renonçant un dangereux concurrent !

L'érotisme shivaïte

À Cidambaram, l'un des cinq sanctuaires majeurs de Shiva en pays tamoul, le dieu est sculpté dans les cent huit positions de la danse, étroitement codées, comme les magnifiques bronzes colas qui le montrent en équilibre sur une seule jambe, au centre d'un cercle de flammes. Ainsi le grand Ascète immobile est aussi le divin Danseur, celui qui impulse un rythme au cosmos, qui crée et détruit par un incessant mouvement d'expansion et de résorption, et que défie la terrible Kalî dans une excitation frénétique. Sa beauté, sa grâce ensorcellent les âmes qui se laissent prendre dans son tourbillon et disparaissent en lui...

Plus étonnant encore, le modèle des renonçants est aussi le maître de la jouissance : tel est le paradoxe sur lequel invite à réfléchir le discours mythologique qui le concerne. Ses exploits en la matière sont remarquables : « Shiva fit l'amour avec Pârvâtî durant mille ans sans s'arrêter[8]. » Sa sexualité dérangeante, excessive, qui peut prendre des formes extravagantes, trouble l'équilibre des choses et se situe à l'opposé du modèle brahmanique de la famille, qui repose sur un idéal de tempérance, garant de la lignée généalogique, de la pureté des épouses et des relations intercommunautaires.

Même s'il est aventureux de reconnaître Rudra-Shiva dans le personnage représenté sur un sceau de l'Indus en posture assise le sexe dressé, il ne fait pas de doute que les symboles auxquels ce dieu est corrélé sont explicitement phalliques dès la période ancienne. Les nombreuses allusions littéraires et les rares images des premiers siècles de l'hindouisme permettent d'appréhender une large gamme de significations dans lesquelles la référence sexuelle est à prendre à la fois de manière littérale et en une acception métaphorique. Shiva patronne la sphère du désir et des plaisirs sensuels, mais à travers cette fonction se dit aussi la verticalité axiale, la fécondité mâle, l'origine séminale, l'élan vital qui anime le cosmos. Le *linga*, son emblème principal, concentre toutes ces valeurs et ne peut être réduit, comme on le fait trop souvent en Occident, à un sexe surgissant d'une cavité circulaire assimilée à l'organe féminin, la *yoni*. En filigrane de cette fusion des polarités, se maintient le souvenir de l'association védique entre le poteau auquel sont liées les victimes et le foyer des sacrifices, c'est-à-dire la mémoire d'un complexe rituel qui présidait au maintien et à la régénération du monde. D'ailleurs le terme *linga*, loin de désigner seulement une réalité anatomique, est largement utilisé dans le champ philosophique et littéraire au sens abstrait de « marque, caractéristique, signe à interpréter comme une cause, genre grammatical ».

Pourtant, même en adoptant cette approche compréhensive, la logique d'une figure divine qui patronne à la fois l'ascèse la plus extrême et l'érotisme le plus flamboyant nous échappe, sauf si nous prenons en compte les doctrines et les pratiques de nombreuses sectes shivaïtes. Celui qui fait vœu de continence – ce qui n'est pas le cas de tous les renonçants – ne l'envisage pas dans une perspective de privation, mais comme un exercice héroïque de maîtrise qui lui permet d'acquérir une puissance supplémentaire. Ce dont il se refuse l'usage qu'en font les hommes dans le monde pour obtenir une progéniture sert un autre but, dans une forme de sublimation proprement indienne. Délié de la dette de vie que le maître de maison rembourse à ses ancêtres en ayant un fils *, il intériorise la pulsion sexuelle et la transforme en « chaleur ascétique ». Il gagne ainsi des pouvoirs et un accès privilégié à la délivrance.

* Voir p. 176.

La décapitation de Brahmâ

De nombreux mythes font référence à l'animosité existant depuis toujours entre Brahmâ et Shiva. On pourrait dire de cette opposition qu'elle est fonctionnelle, puisque Brahmâ est par excellence le représentant des valeurs brahmaniques... même si les histoires que l'on raconte sur lui contreviennent fortement à la morale commune. Ainsi un motif insistant veut que Brahmâ se soit rendu coupable d'inceste sur sa fille Samdhyâ, qui est à la fois l'aurore et le crépuscule, ces moments d'entre-deux où lumière et obscurité se côtoient. Les dieux, inquiets des conséquences de cette faute majeure sur l'ordre du monde, demandent à Shiva de châtier le coupable : « Brahmâ, comment peux-tu faire montre d'un tel désir ? Comment peux-tu avoir oublié la loi formulée par les Vedas, qui émane de ta propre bouche : "Il ne faut jamais porter un regard coupable sur sa mère, sa sœur, la femme de son frère ou sa fille ?"[9]. » Dans ce mythe tout à sa gloire, Shiva représente la conscience supérieure et lumineuse ; il peut alors se trouver du côté de l'interdit de l'inceste et châtier la transgression : il tranche l'une des cinq têtes de Brahmâ, mais devient du même coup « brahmanicide », le péché le plus grave qui soit au regard du droit hindou traditionnel. Ailleurs, la décapitation de Brahmâ vient en punition du désir qu'il éprouve à la vue de Satî, la déesse épouse de Shiva. Quoi qu'il en soit de ces différentes versions, cet épisode sert de légende fondatrice à une importante secte de renonçants, depuis longtemps disparue, mais qui a profondément marqué le shivaïsme : les Kâpâlikas, les « porteurs de crâne », que nous allons bientôt retrouver.

Les mariages de Shiva

De nombreuses légendes purâniques mettent en scène le dieu Daksha (« l'habile »), qui symbolise les techniques sacrificielles et la relation, établie par les rites, entre les dieux et les hommes. Il a pour fille Satî, qui devient l'épouse de Shiva. Or, lors d'une célébration à laquelle il a convié tous les dieux et les *rishis*, Daksha oublie volontairement Shiva, l'impur, le sauvage. Satî relève l'affront : « Parce que mon mari porte un crâne dans sa main en guise de bol de mendiant, nous n'avons pas été invités », et, de colère, elle se jette dans le foyer des offrandes, ou se brûle à la chaleur de son propre feu intérieur. Shiva saccage l'aire sacrée, puis, portant sur sa tête les restes de son épouse, il se met à errer en une danse frénétique, qui ébranle les fondements de l'univers. Les ossements de la déesse tombent, au fil de cette course folle, en des lieux divers de la terre, les *shaktapîthas* (« sièges de la *shakti* »), qui deviennent des centres de pèlerinage[10].

Satî se réincarne en Pârvatî, la « fille de la montagne ». La deuxième section (*Rudra Samhitâ*) du *Shiva Purâna* raconte comment elle réussit, avec la complicité de Kâma, à distraire Shiva de sa profonde méditation et à le séduire. Le dieu déclare alors : « Je ferai néanmoins ce que vous me demandez, pour le bien des mondes. Encore que la pratique du mariage ne me convienne pas, car je ne me satisfais que dans le *tapas*, je me marierai cependant au bénéfice de mes dévots. » À quoi Pârvatî répond : « Tu es le plus grand des yogis, mais par l'effet de ta pitié, tu es devenu ardent en amour[11]. » Par de tels récits mythologiques, la *bhakti* revendique sa capacité à résoudre la tension entre *tapas* et *kâma,* en introduisant le mouvement de la grâce divine compatissante qui s'adresse à un autre.

Les fils de Shiva et Pârvatî :
Ganesha et Skanda

On connaît dès le *Rig Veda* un dieu Ganapati, plus tard donné comme l'auteur véritable du *Mahâbhârata*, celui qui a inspiré son compositeur humain, Vyâsa. Patron des lettres et de l'enseignement, scribe et protecteur des savants, il est le dieu des commencements. On l'invoque au début d'un ouvrage, on place son effigie à l'entrée des maisons et des temples. Dans le mythe – ou plutôt l'un des mythes – rendant compte de sa naissance, il joue ce rôle de gardien de seuil. Selon le *Shiva Purâna*, Pârvatî l'aurait fabriqué à partir de sa sueur, ou de sa crasse, afin de garder sa porte contre les irruptions de Shiva pendant son bain. Comme il résistait au grand dieu, celui-ci le décapita, puis, cédant au désespoir de la déesse, lui rendit son intégrité avec la tête du premier animal venu, qui fut un éléphant[12]. Ganesha reste très aimé des Indiens aujourd'hui et on continue de croire qu'il lève les obstacles qui pourraient s'opposer à la mise en œuvre d'un projet.

Si Ganesha, bien que dénommé « fils de Shiva », est l'œuvre de la seule Pârvatî, à l'inverse Skanda fut conçu sans la participation de la déesse, mais c'est pourtant elle qui excita le désir de son divin époux en pleine ascèse. La semence brûlante de Shiva tomba dans la bouche d'Agni, qui la rejeta dans les eaux du Gange, où les Pléiades la recueillirent et surveillèrent la croissance de l'embryon jusqu'à sa naissance. Skanda est Kumâra, l'Adolescent éternellement jeune, d'une force extraordinaire, une figure qui a pu naître dans le cadre de rites réservés aux jeunes guerriers. Le grand poète Kâlidâsa (qui vécut selon toute probabilité à la cour d'un roi gupta) a composé une très célèbre épopée intitulée le *Kumârasambhava*, « La naissance de Kumâra », et aujourd'hui ce dieu a une place importante en pays tamoul, où il s'appelle Murukan.

La Déesse

Les épouses des dieux portent les valeurs d'une société où les rapports entre les sexes sont étroitement codés ; elles sont associées à leurs puissants conjoints dans une relation où entrent la soumission, la séduction, la fécondité et une certaine forme d'intrépidité. Une dimension plus mystérieuse, qui déborde les constructions théologiques et les médiations rationnelles, se laisse pourtant entrevoir en filigrane des mythes qui les mettent en scène ; elle est assumée par Kâlî, « la Noire ».

« Qui es-tu, Grande Déesse ? »

Dans le *Mahâbhârata*, l'aîné des cinq Pândava en exil invoque Durgâ, « celle qui fait traverser les passes difficiles » : « Salut à toi, donneuse de dons, vierge noire, qui vis chastement, tu as l'apparence du soleil levant, ton visage a l'éclat de la pleine lune, avec tes quatre bras et tes quatre visages, avec tes hanches et ta poitrine opulentes, des bracelets couleur queue-de-paon et des anneaux de bras, tu resplendis... » Elle est celle qui a tué le démon buffle, « Kâlî, grande Kâlî, toi qui aimes le vin, la chair et les sacrifices animaux[13] ». Elle est à nouveau invoquée au moment crucial qui précède la grande bataille : Krishna, avant de délivrer l'enseignement qui forme la *Bhagavad Gîtâ*, demande à Arjuna de prier Durgâ la Noire, que l'on connaît comme la sœur de Vishnu et l'épouse de Shiva, mais qui est aussi Mahâkâlî, la déesse vierge sous son aspect terrible, qui donne la victoire aux guerriers : « Que par ta grâce j'aie la victoire sur le champ de bataille. Tu demeures en permanence dans les forêts profondes, les lieux effrayants, les passes difficiles et partout où résident tes dévots. Dans les enfers, tu triomphes au combat des démons, tu es leur destructrice, tu les égares, tu es l'Illusion, mais tu es aussi la modestie et la splendeur [14]. »

L'hindouisme orthodoxe – celui qu'on appelle *smârta* – a reconnu la prééminence de la figure féminine. Dans la *Devî Upanishad*, les dieux s'interrogent : « Qui es-tu, Grande Déesse ? », ce qui lui donne l'occasion de répondre en une longue autocélébration où elle s'identifie au *brahman*, à l'univers, au Veda, où elle se dit l'origine de toute chose, le refuge et la Mère des êtres, Lakshmî l'Auspicieuse et Durgâ l'Inaccessible [15].

Mais c'est surtout le *Devî Mâhâtmya*, une célébration de la majesté de la Déesse incluse dans l'un des plus anciens Purânas, le *Mârkandeya*, qui invite à découvrir sa puissance comme ressource ultime contre les forces du désordre [16]. L'épisode central du texte concerne la mise à mort de Mahishâsura : le démon (*asura*) buffle (*mahisha*) avait réussi à se rendre maître des mondes ; Vishnu, Shiva et les autres dieux étaient alors entrés dans une colère impuissante jusqu'au moment où elle se transforma en une nuée flamboyante d'où surgit un être féminin : Chandikâ, « la Furieuse », affronta le démon et ses sbires, le perça de son trident et le décapita en une acmé de violence sanguinaire. Les dieux lui rendirent alors un hommage enthousiaste. Or on sait que, dès les premiers siècles de notre ère et peut-être avant, le drame rituel de la victoire sur Mahishâsura était joué dans de nombreuses régions du sous-continent, ce que confirment les témoignages iconographiques en pierre et en bronze. Avec une belle constance, il s'est maintenu jusqu'à nos jours, au Bengale et au Rajasthan notamment, lors des dix jours que dure la fête de Durgâ.

Ainsi la Déesse est-elle souvent terrible, bien qu'elle apparaisse aussi sous une forme profondément compatissante. On pourrait penser que cet aspect sombre est encore un effet de sa grâce, puisqu'il lui permet de détruire les menaces qui pèsent sur l'ordre humain. C'est bien ainsi que veulent le comprendre les textes brahmaniques et qu'ils acceptent sa violence. Mais elle sait nuire sans cette justification : comme le remarque Madeleine Biardeau, pour ceux qui croient aux explications traditionnelles, « aujourd'hui, dans le Nord comme dans le Sud, c'est toujours une déesse qui est responsable de la maladie, particulièrement des maladies épidémiques, des mauvaises fièvres [17] ». En fait, c'est quand elle est épouse qu'elle se manifeste sous son jour bienveillant (ce qui est généralement le cas de Shrî-Lakshmî, la parèdre de Vishnu), comme si cette fonction ne pouvait s'exercer qu'à travers une énergie canalisée, contrôlée par le masculin. Et c'est quand elle est « vierge » qu'elle devient guerrière ou dangereuse : « Où que tu ailles, tu es toujours seule », proclame la *Devî Upanishad*, 26. Sans masculin, ou pourvue d'un masculin affaibli, elle ne met aucune limite à sa puissance. Il n'est donc pas étonnant que ceux qui honorent la seule Déesse se recrutent aux marges de l'hindouisme, dans certains groupes tantriques radicaux, qui s'appellent *shaktas*, les « dévots de la *shakti* ».

Kâlî la Noire

La dévotion *shakta* touche au noyau irréductible de la vie sur fond de mort et de transformation, à une expérience abyssale du divin qui met en déroute l'intelligence et menace les frontières de l'individualité [18]. La plupart des religions instituées, qui expriment l'effort humain de protection, de sécurité, de continuité, ont refoulé cette dimension dans les profondeurs d'une inconscience où elle survit sous des formes archaïques bien que très puissantes. En Inde, le mot *dharma* et les valeurs qu'il résume expriment bien ce projet dont on peut dire qu'il est au fondement de la culture : la tentative de résister à la confrontation avec le non-sens du monde, d'en organiser la perception en instaurant des relations. La pensée brahmanique s'est vouée à cette tâche avec une incessante vigilance dont témoignent les constructions rituelles qui ont intégré beaucoup d'aspects « dionysiaques » de la *bhakti*. Néanmoins, peut-être parce que l'hindouisme n'a jamais été centralisé, certains de ses courants ont fait droit à la radicalité qui traverse toute existence humaine, et ont élaboré des pratiques qui répondent à ce qu'on pourrait appeler une « intuition du chaos ». Et ils l'ont fait principalement par le biais de la figure de la Grande Déesse.

Les premières références à la « Déesse sombre » – c'est là le sens de l'adjectif *kâlî* – la décrivent soit sur un champ de bataille soit dans des attitudes contraires aux codes sociaux hindous. Au VIIe siècle, le drame de Bânabhatta, *Kâdambarî,* en fait la maîtresse d'une tribu de chasseurs, les Shabaras, assoiffée de sang, et selon Vakpati (VIIe-VIIIe) elle recevait des sacrifices humains. Les *Mânasârashilpa Shâstras* (VIe-VIIIe) stipulent que les temples de Kâlî doivent être construits loin des villages et des villes, près des champs de crémation et des habitations des intouchables. Somadeva (XIe-XIIe) l'associe lui aussi à ces lieux sinistres. Dans le *Linga Purâna*, elle naît de la fureur de Pârvatî, à qui Shiva a demandé de vaincre le démon Dâruka, qui avait obtenu la faveur de ne pouvoir être tué que par une femme. De même, elle apparaît lorsque Satî est rendue furieuse par le refus de son père Daksha de l'inviter, ainsi que Shiva, au sacrifice. Associée à Shiva, Kâlî l'incite aux comportements dangereux et destructeurs. Dans le *Râmâyana*, même Sîtâ, de retour de sa captivité à Lanka, se transforme momentanément en Kâlî pour mettre en pièces un démon.

Divers Tantras (*Yoginî, Kâmâkhyâ, Niruttara*) proclament qu'elle constitue la plus haute manifestation de Mahâdevî, la Déesse Inconnaissable. Elle est l'interdit par excellence, la mort elle-même. Elle a tout du vampire ; on la nourrit d'offrandes sanglantes, alors que les divinités honorées par un culte brahmanique dans les grands temples sont « végétariennes » ; en réalité, elle avale les vivants. L'adepte doit l'affronter en usant de la transgression, en mangeant des nourritures dégoûtantes et en adoptant des comportements impurs, amoraux ou anormaux. Celui qui accepte de tenter cette expérience devient un *vîra*, un « héros ». Certains mythes et cultes autour des formes terribles de la Déesse, comme Kubjikâ, une sorte d'affreuse sorcière, sont à l'origine du tantrisme du Cachemire, mais ils ont été réinterprétés sous un jour plus orthodoxe par les grands mystiques de cette école[19].

Au Bengale, le *Mahâbhâgavata Purâna*, un texte médiéval tardif, mal daté, constitue la source majeure de la *bhakti* des poètes récents ; il fait de Kâlî la puissance suprême du cosmos. Elle se révèle comme l'essence véritable de toute divinité, et si elle apparaît sous son jour terrible, c'est pour faire subir à ses dévots l'épreuve qui les qualifie pour la libération qu'elle apporte. Shiva fonctionne alors comme leur modèle : il entre en *tapas* pour conquérir la déesse, et quand il y a réussi, se met sous ses pieds, en signe d'allégeance[20]. On est dans un registre différent de la terreur, de la violence et de l'érotisme des représentations *shaktas*. Chez le grand poète bengali Râmprasâd Sen (1818-1875), le dévot n'est pas un héros, mais un enfant sans défense devant une mère terrible : « Bien qu'elle le batte, l'enfant s'accroche à sa mère, criant : "Mère". » Pour le mystique Râmakrishna, qui a été le desservant du temple de Kâlî à Dakshineshwar, non loin de Calcutta, elle est tantôt une épouse divine jalouse qui exige le sacrifice de tous les désirs humains, tantôt une mère généreuse. Elle a intégré les déesses locales : Shashthî, qui protège les enfants, Shîtalâ, déesse de la variole, Manasâ, la déesse-serpent, Râdhâ, et même Krishna, qui est parfois considéré comme une de ses formes. C'est là une évolution propre au Bengale, où beaucoup de zamindars, les grands propriétaires terriens, ont patronné des temples de la Déesse. Le plus célèbre est Kâlîghât, où une synthèse s'est accomplie entre le vishnouisme traditionnel des brahmanes hâldârs qui le possèdent et le courant tantrique du shaktisme. Kâlî, à travers une iconographie peinte très originale, s'y montre en Mère universelle, surpuissante et parfois dangereuse, mais accessible à tous.

Significative est la remarque qu'un adepte d'un culte tantrique de l'Orissa fait en réponse à la question d'un ethnologue : « Les gens croient que Mâ [la Mère] est le suprême : même Brahmâ, Vishnu et Shiva sont ses serviteurs [...]. Même pour le plus confiant de ses dévots, les actes de Kâlî parfois n'ont pas de sens, mais la vie elle-même n'a souvent pas de sens, alors qu'est-ce qu'on peut dire[21] ? »

Pour les besoins de l'exposé, les deux chapitres suivants vont traiter séparément du vishnouisme et du shivaïsme. Cette distinction n'est pas artificielle : les communautés hindoues se sont elles-mêmes réparties entre membres de l'un et de l'autre, et continuent de le faire aujourd'hui. Les sensibilités apparaissent clairement différentes : plus attachées au respect du *dharma* chez les vishnouites, plus critiques et moins sourcilleuses sur la pureté et la caste chez les shivaïtes, parmi lesquels on trouve aussi les adeptes les plus nombreux de la Déesse. Pourtant, on ne comprendrait rien à l'hindouisme si l'on ne tenait pas compte de toutes les « transversalités » qui ont permis les échanges et forgé les ressemblances. Les formes de renoncement, les récits de sainteté, les traditions de lyrisme dévotionnel ne se sont pas seulement développés de manière parallèle, mais ils se sont profondément influencés, intriqués dans une culture commune qui a produit au niveau régional ce que nous appelons des « syncrétismes », mais qui sont avant tout l'expression d'un fonds commun de l'expérience religieuse hindoue. Nous verrons que c'est aussi cette labilité qui a produit les conditions favorables de rencontres avec certains courants de l'islam.

CHAPITRE 5

Le vishnouisme

Les communautés vishnouites au Ier millénaire

Les Bhâgavatas

Certains des textes auxquels nous avons fait référence témoignent indirectement de la naissance et de l'évolution de groupes pour lesquels Vishnu est déjà un dieu suprême, pourvu d'une mythologie organisée et de concepts théologiques. L'archéologie a permis de retrouver des inscriptions des IIe-Ier siècles avant notre ère – en particulier celle d'un ambassadeur grec de Taxila, Héliodore – évoquant des fondations religieuses dues à des Bhâgavatas et un culte du Bhagavant Vâsudeva, titre que lui donnait déjà la *Mahâ Nârâyana Upanishad.* Ces gens formaient-ils un groupe à part, une « secte » ? Ce n'est pas certain, car *bhâgavata* peut simplement vouloir dire « dévot de Vishnu ». Mais il est probable que, dès cette époque, ce nom désigne l'un des courants importants du vishnouisme, le plus visible sans doute, puisque c'est lui qui doit être à l'origine de la *Bhagavad Gîtâ* et des grands Purânas vishnouites, le *Vishnu Purâna* et le *Vishnu Dharma.* D'une manière générale, cette littérature définit un idéal de dévotion dans lequel le

Bhâgavata n'honore qu'un seul dieu, en restant intégré à la société, contrairement à d'autres groupes plus érémitiques ou plus contestataires ; appliquant le précepte de non-violence, il se doit de protéger la vie sous toutes ses formes. Les brahmanes, ou tout au moins la culture brahmanique, y tiennent une place dominante, mais ce sont des guildes de marchands qui assurent les fondations, en une époque où les régions du nord et de l'ouest du sous-continent voient un développement florissant des échanges commerciaux.

Les Pâñcarâtras

Le douzième livre du *Mahâbhârata* parle d'un tout autre groupe comme d'un courant sectaire déjà constitué : les Pâñcarâtras. À l'époque médiévale, ils seront considérés comme appartenant au tantrisme, et souvent plus proches dans leurs pratiques de certains groupes shivaïtes que de leurs coreligionnaires. Leur conception du divin fait en effet une large place à la notion de *shakti*, d'énergie divine créatrice et médiatrice, couplée au principe mâle qu'est le dieu suprême. Ils adorent Krishna Vasudeva, son frère Samkarshana (celui qui lui est étroitement lié dans le *Harivamsha*), son fils Pradyumna et son petit-fils Aniruddha : ce sont les quatre *vyûhas*, ou « expansions » de l'Absolu. « On dit qu'elles représentent respectivement l'*âtman* suprême, l'âme particulière, le mental et l'ego[1]. » Cette doctrine diffère sensiblement de celle des *avatâras*. Les Pâñcarâtras exigent, comme tous les groupes tantriques, une initiation particulière qui qualifie le candidat et lui confère des connaissances secrètes, ainsi qu'une puissance. Ils ont des livres qui présentent un modèle du culte qu'il faut rendre à Vishnu, avec des prescriptions précises, qui témoignent d'une réflexion élaborée. En Inde du Sud, où ils se sont beaucoup développés au début de notre ère, ils sont entrés en concurrence avec les Vaikhânasas pour la mainmise sur les grands temples, bien qu'ils aient une orientation plus ascétique, plus en marge du *dharma* social.

Les Vaikhânasas

À la différence des Pâñcarâtras, ils se prétendent de lignée directement védique, et il est vrai que le *Taittirîya Âranyaka*, le *Râmâyana*, le *Mahâbhârata* parlent d'ermites forestiers, descendants d'un maître fondateur, Vikhanas, qui aurait transmis à quatre sages son enseignement, un *Yajur Veda* antérieur au *Yajur Veda* classique retenu par le corpus védique, et deux recueils de *sûtras* concernant le rituel. Il se peut que cette revendication d'un lien avec l'antiquité fondatrice soit justifiée. Mais les *Smârta Sûtras* des Vaikhânasas datent au plus tôt du IVe siècle après l'ère, et la grande période de production de leurs textes liturgiques est celle où se structurent bien des doctrines en Inde du Sud : entre les IXe et XIIe siècles. Les *Smârta Sûtras* prescrivent l'installation d'une image de Vishnu, et le culte quotidien de celle-ci dans les maisons privées et dans les temples. Le dieu est considéré comme « l'être du sacrifice », et il faut l'honorer dans un esprit de *bhakti*, avec une attitude de désengagement, qui se caractérise moins par le renoncement au monde que par un détachement intérieur. Cette « définition mystique et philosophique de la délivrance » se superpose et s'oppose en partie à une définition plus « conventionnelle et quasi sociale » : « Sur ce plan empreint de religiosité et de subjectivité, s'exprime un quant-à-soi mystique, s'exerce une sorte de liberté spirituelle fondamentale de l'individu[2]. » Au cours du Ier millénaire, il semble qu'une lente transition se soit accomplie chez les Vaikhânasas, de leur état d'ermites en quête de délivrance à leur statut de desservants de temples, qui devient leur fonction principale en Inde du Sud où ils seront particulièrement bien représentés. Leur philosophie emprunte au Sâmkhya en l'orientant dans un sens théiste, où Vishnu Nârâyana est l'unique Esprit, tenant la Nature en sa dépendance. Tout en reconnaissant l'importance des avatars, leur théologie, proche en cela des mouvements concurrents, distingue des « formes », des « fractions, incarnations partielles » du Grand Dieu et cinq Héros, qui sont cinq aspects de Krishna. À ce foisonnement de niveaux correspond une grande richesse iconographique, avec des images debout, assises ou couchées, qui présentent des significations différentes. Tout cela augmenté des grandes déesses, Shrî-Lakshmî, la Prospérité, et Bhû, la Terre, dont on célèbre les noces avec Vishnu, et de tout un peuple d'assesseurs formé des autres divinités hindoues qui lui sont soumises. Chez les Vaikhânasas, contrairement à ce qui se produit dans les courants upanishadiques et védantins, on ne considère donc pas la dévotion envers l'image comme une forme inférieure de religiosité, bien au contraire elle complète la quête extra-mondaine d'un salut par une appréhension plus humaine, moins difficile, plus communautaire des bienfaits du rite : « Au support incomplet ou de forme indifférente correspond une visée désintéressée, une recherche de la délivrance spirituelle, alors qu'à l'image pleinement formée est associée une quête de prospérité ici-bas, qui ne contredit pas la délivrance au-delà[3]. » L'image est un être vivant, une part sensible de lui-même offerte par le grand Dieu afin que son dévot puisse le rejoindre : on l'éveille, on la lave, on l'habille, on lui parle par hommages et louanges, on lui offre de la nourriture et des cadeaux, comme à un roi, et à travers elle, le dieu jouit de ces différentes attentions, qui sont des marques d'amour. Cette construction liturgique, avec toutes les conséquences théoriques et pratiques qu'elle comporte, a entraîné un large courant de valorisation de l'art sacré, dont l'architecture et la sculpture de l'Inde tamoule et telugu sont particulièrement redevables.

Les Vaikhânasas, qui se déclarent *vaidikas*, traitent de sauvages les Pâñcarâtras, qui s'affirment *tantrikas*, et ils déconseillent de les fréquenter. Outre un rapport différent au corpus fondateur et une certaine agressivité vis-à-vis d'une secte sœur et concurrente, il faut relever ici un effet de la grande dichotomie entre ceux qui se préoccupent des buts mondains de la religion et ceux qui choisissent des formes de vie renoncée.

Les grands saints du Sud

Dans les puissants royaumes du Deccan (actuels États du Tamil Nadu, de l'Andhra Pradesh, du Karnataka et du Kerala), le vishnouisme, comme le shivaïsme, a connu à partir du VIe siècle une sorte d'âge d'or de la *bhakti*. Des maîtres spirituels, qui ont été tantôt d'humbles analphabètes reconnus pour la profondeur de leur expérience amoureuse de Dieu, tantôt de grands intellectuels, capables de synthèses théologiques audacieuses, ont puissamment irrigué la dévotion populaire et celle des princes. Les vishnouites emploient pour désigner les douze plus anciens le mot tamoul *âlvâr*, « celui qui plonge profondément », auquel se substitue ensuite le terme sanskrit courant *âcârya*, « le maître », évolution qui témoigne du prestige grandissant de la culture brahmanique. Des premiers, on ne sait rien d'autre d'historique que leurs noms – Poygai, Bûdata, Pêy et Tirumalisai – sur fond de légendes et de miracles. Leur succède Namâlvâr, qui a peut-être vécu au VIIIe siècle ; il passe pour avoir élevé le vishnouisme tamoul à la dignité de nouvelle révélation qui vient suppléer le Veda, en un temps obscur, celui de notre époque, le *kali yuga*, où les êtres humains, plus éloignés du divin et moins lucides, ont besoin d'enseignements adaptés. Tondiradippoli, Tiruppan et Tirumangai (VIIIe-IXe siècle) ont dû être des personnages très pittoresques, complètement en marge du milieu brahmanique. On connaît aussi Kulashekhara, un grand sage qui régna sur une partie de l'actuel Kerala dans la première moitié du IXe siècle ; un poète, Periyâlvâr, auteur du *Tiruppallandu* et du *Tirumoli*, et même une femme, Andâl, sa fille adoptive, vénérée comme une incarnation de la déesse Shrî-Lakshmî, et qui composa le *Tiruppâvai* que Râmânuja chantera souvent[4]. Les hagiographies plongent dans le merveilleux, mais un leitmotiv revient avec constance : « L'amour pour Dieu explique tout, justifie tout : il n'y a pas de péché possible pour celui qui aime foncièrement Vishnu[5]. »

Dans le courant du Xe siècle, le premier de ceux qui reçoivent le titre d'*âcârya*, Nâthamuni, rassemble les œuvres mystiques des douze *âlvârs* en un recueil, le *Nâlâyira Prabandham*, qui jouera un grand rôle dans la spiritualité tamoule et stimulera les vocations à la sainteté. Il les met aussi en musique, pour qu'elles soient chantées dans les temples. Son petit-fils Yâmunâcârya, après avoir exercé des fonctions princières, renonce au monde, s'intéresse particulièrement à la *Bhagavad Gîtâ* dont il compose un résumé, et accueille dans son cercle de disciples l'oncle de Râmânuja. On a ainsi, avec ces maîtres, une solide lignée historique qui constitue l'épine dorsale du vishnouisme du Sud.

Râmânuja et l'apogée du vishnouisme tamoul (XIe siècle)

Né à Srîperumbudur, au sud-ouest de l'actuelle Madras, le plus célèbre des saints tamouls eut d'abord pour guru Yâdavaprakâsha, qui avait un cercle de disciples à Kâñcîpuram, une des premières villes saintes du Tamil Nadu, que les princes et les marchands avaient couverte de temples. Ce maître avait été formé à l'école de Shankara, donc dans la pure tradition de la non-dualité upanishadique. Malgré le respect qu'il lui devait, Râmânuja passe pour avoir très vite contesté son enseignement sur le *brahman* neutre et sans attribut, déclarant qu'il réduisait ainsi l'être divin à une sorte de vacuité, qu'on ne pouvait aimer. Il cherche alors à rencontrer Yâmunâcârya, l'héritier de la sagesse des *âcâryas*, mais celui-ci meurt, non sans laisser des signes qui le désignent comme son véritable successeur. Marié, puis devenu renonçant très jeune, Râmânuja quitte le temple de Vishnu Varadarâja à Kâñcîpuram, pour celui de Vishnu Ranganâtha à Srîrangam, une île de la Kaveri en face de la ville de Tiruchirapoly (tous ces lieux méritent d'être cités car ils sont toujours en activité aujourd'hui et de nombreux pèlerins y vénèrent les souvenirs du « roi des renonçants »). Il devient chef de la communauté locale et se met à composer de nombreux traités exposant sa propre interprétation du Vedânta, et un grand commentaire, très célèbre, de la *Bhagavad Gîtâ*. Il entreprend une tournée de prédication jusqu'au Cachemire en passant par Bénarès, Ayodhya, Mathurâ, et fonde partout des communautés que l'on appelle Shrîvaishanavas, à cause de Shrî, l'épouse de Vishnu, qu'elles honorent largement. Il a séjourné quelque temps auprès du fondateur de l'empire hoysala (Karnataka), le roi jaïn Bittideva, qu'il gagne au vishnouisme. De retour à Srîrangam, il forme des disciples, tout en administrant le temple entre ses périodes de pérégrinations. Dans la dernière partie de sa vie, sa petite communauté est en butte aux persécutions d'un prince de la dynastie cola, shivaïte convaincu, d'où son exil jusqu'à la mort de ce prince. La tradition veut qu'il ait atteint l'âge de cent vingt ans et date son décès de 1137.

On connaît précisément sa doctrine, car ses ouvrages ont été pieusement conservés. Le *Vedântasamgraha* (le « résumé du Vedânta »), son premier traité, très polémique, s'oppose aux conceptions des Upanishads de la non-dualité dont s'inspirait Shankara, et au Sâmkhya, en proclamant la dépendance de la Nature envers l'Être suprême. Plutôt que le *brahman* impersonnel, Dieu est une Personne à la fois transcendante et immanente, pourvue de tous les attributs au degré infini. Il en distingue la Forme suprême, inaccessible, des manifestations par lesquelles Il offre une connaissance fragmentaire de Lui-même, ce qui n'exclut pas qu'Il se donne aussi et surtout comme *antaryâmin*, le Maître intérieur résidant dans le cœur humain. L'âme, *jîva*, distincte de Lui, est sous sa dépendance absolue. Éternelle, elle transmigre d'un corps à un autre jusqu'à ce qu'elle se fonde en Lui, mais mystérieusement sans s'y perdre tout à fait. Le monde matériel fonctionne par processions successives depuis la divinité et il est incréé : son mouvement pourtant ne se produit pas spontanément, mais avec l'assentiment du Seigneur. La *bhakti* est la voie de salut par excellence : elle se fonde sur l'amour mystique, dont l'extase est l'une des manifestations ; les deux moyens les plus sûrs d'y parvenir sont l'ascèse et l'abandon (*prapatti*), points sur lesquels vont se diviser les successeurs de Râmânuja.

À la mort du maître, les Shrîvaishnavites constituent une puissante communauté dans le paysage religieux du Sud. Ils ont ouvert des écoles religieuses qui forment le clergé destiné à officier dans les temples qu'ils tiennent. La vie des fidèles est soigneusement encadrée : un rituel d'initiation marque leur admission dans la secte, et ils sont soumis à des règles strictes concernant la nourriture et la pureté, qui témoignent de l'influence prépondérante des brahmanes, même si Râmânuja avait prôné l'ouverture aux autres castes.

Le développement de la religion krishnaïte (*Bhâgavata Purâna* et *Gîta Govinda*)

On pourrait, pour offrir une image parlante et familière de la présentation littéraire que fait la *Bhagavad Gîtâ* des relations entre Krishna et Vishnu, évoquer la technique cinématographique du fondu-enchaîné : le grand Dieu se révèle progressivement, dans une succession de passages, qui marquent autant de prises de conscience d'Arjuna. Krishna est le médiateur de cette révélation et du cheminement intérieur qu'elle engage. Mais il tend à s'effacer au profit d'une transcendance plus vaste, dans laquelle il se fond, entraînant son disciple, même s'ils restent tous deux présents et actifs comme personnages de l'épopée. Or certains courants de spiritualité vishnouites vont, au cours du Ier millénaire de notre ère, donner un accent différent aux relations entre Vishnu et son avatar. Krishna, initiateur irremplaçable et néanmoins subalterne, devient chez eux le Suprême Seigneur en sa plénitude d'absolu.

Cette mutation commence, ou du moins se perçoit dans sa maturité, avec le *Bhâgavata Purâna*. Ce grand texte, très certainement composé en Inde du Sud aux IXe-Xe siècles, fait de Krishna le centre de la dévotion vishnouite, celui qui apporte le salut et la libération par l'amour passionné qu'il porte à ses dévots et que ceux-ci lui rendent sur un mode très lyrique et affectif. Le vieux mythe du Krishna enfant, puis bouvier et protecteur des vaches, est largement transformé dans le sens d'une érotique mystique, qui semble propre au Sud tamoul. La religion qu'il promeut rompt avec la dévotion modérée qui s'intégrait dans le système brahmanique et elle a tendance à devenir un emportement total qui se marque par une tendresse ardente et par des conduites hors normes. Pour illustrer cet aspect nouveau, le *Bhâgavata Purâna* fait une plus large place aux femmes, les *gopîs* ou vachères, que l'adolescent divin charme et ensorcelle au son de sa flûte, et qui cherchent à le rejoindre de nuit pour des jeux érotiques, au mépris de leurs devoirs d'épouses. Le récit culmine dans le livre X, le plus célèbre, qui développe longuement ces jeux, dans un langage fleuri où la métaphore a une place privilégiée, suggérant que de telles distractions ont une signification plus profonde qu'il n'y paraît. Cette « Danse de la pleine lune » qui réunit Krishna et le cercle des paysannes inspirera de nombreux mystiques, sans parler des milliers de sculpteurs et de miniaturistes qui l'illustreront.

Car, pour ceux qui le méditent, le *Bhâgavata Purâna* est un « cinquième Veda » : disant cela, ils lui confèrent le statut de révélation pour une ère nouvelle, illuminant leur époque et leur contexte propres en quête d'une expression adaptée de la libération par la grâce divine. Les nuits pendant lesquelles Krishna apparaît et disparaît, ravissant et désespérant tour à tour les jeunes femmes, symbolisent la *lîlâ,* le « jeu » cosmique du Dieu suprême, dont le théâtre est à la fois l'univers, la nature vierge et le cœur humain, et sa *mâyâ*, la puissance d'illusion dont il fait preuve pour attirer à lui les êtres. Les *gopîs* deviendront alors, pour les grands saints vishnouites, les figures des âmes liées d'amour au dieu, qui languissent d'une union mystique à jamais stable et réalisée. Le *gopî-bhava*, « sentiment [analogue à celui] d'une *gopî* [pour Krishna] » désigne le sommet de la dévotion. Leur cercle, leur danse, leur communauté féminine, représentent l'humanité souffrante tournant dans le *samsâra*, qui attend du gracieux Seigneur sa joie imprenable. L'enseignement dispensé par le dieu revendique la suprématie de l'amour comme voie de salut sur toutes les prescriptions du *dharma* ; mais il s'agit d'un amour brûlant et désintéressé, qui fait des vachères les équivalents des plus grands yogis : « Ceux qui aiment qui les aime, ô amies, n'ont en vue que leur intérêt propre ; il n'y a là ni affection ni vertu ; c'est calcul égoïste et rien d'autre. Là où l'amour n'attend pas de retour, comme chez les êtres compatissants et chez ceux qui sont pères, là est le devoir parfait, là est l'affection vraie, ô toutes belles [...]. Je ne saurais, même en vous donnant de vivre autant que des dieux, reconnaître le mérite de votre attachement irréprochable, ô vous qui m'avez aimé jusqu'à briser les chaînes indestructibles des affections domestiques. Que votre conduite méritoire soit à elle-même sa récompense[6]. » Le *Bhâgavata Purâna* témoigne ainsi d'une évolution considérable, sous trois aspects : une modification de l'image du grand dieu suprême, plus proche des hommes ; une accentuation de la *bhakti* et une justification des aspects affectifs de la dévotion ; le développement du krishnaïsme comme spiritualité autonome.

Au début du IIe millénaire, particulièrement en Orissa et au Bengale, Râdhâ, la plus aimée des *gopîs*, la préférée de Krishna, mais qui, dans le *Bhâgavata Purâna*, demeurait au sein du groupe des vachères, s'en détache et prend son envol vers le statut de divinité. Amante de Krishna, elle forme avec lui une unité indissoluble, exprimant la plénitude essentielle du divin, selon le motif cher à l'Inde de la fusion masculin-féminin. Les amours de Râdhâ et Krishna, leurs séparations, leurs retrouvailles servent de thème à de nombreuses œuvres plus ou moins conventionnelles. Parmi les premières et les plus belles, le *Gîta Govinda* a pour auteur un poète de cour, Jayadeva, qui fut très influent au début du XIIIe siècle auprès du roi Lakshmanasena du Bengale. Son poème s'ouvre sur une grandiose évocation de Vishnu-Krishna, qui récapitule ses dix *avatâras*, les formes qu'il a prises au cours des cycles de l'histoire pour sauver le monde en péril. Vishnu y apparaît comme la grande Providence qui maintient le *dharma*, l'Ordre cosmique. Jayadeva reprend ensuite l'argument principal de la légende krishnaïte et développe un érotisme et un lyrisme exubérants, propres à frapper l'imagination des dévots. Il donne le ton de la littérature vishnouite ultérieure au Bengale, où Râdhâ est la figure de l'âme errante dans le monde de la transmigration, que le Seigneur Krishna comble et prive à la fois : il la comble de sa plénitude quand il est présent à elle, il la remplit de désespoir lorsqu'il s'absente. Certains mystiques iront jusqu'à s'identifier à elle, se féminisant dans leurs vêtements et leurs attitudes, se désignant comme les « amantes » ou les « épouses » du dieu et exprimant leur expérience en élans affectifs débordants. Le *Gîta Govinda* bénéficiera très vite d'une large diffusion populaire : des inscriptions de la fin du XIIIe siècle attestent qu'on en donnait des récitations au grand temple de Puri, sur le bord de la mer du Bengale, en Orissa. Or ce temple drainait (et draine toujours) des foules considérables, attirées par une curieuse figure de Vishnu en tant que « Seigneur des vivants », Jagannâth.

Le krishnaïsme jouira dans la région de Mathura d'un épanouissement croissant. Ce très ancien fief des Bhâgavatas, qui avait vu la naissance de l'épopée du Krishna bouvier dans le village de Vrindâvana (Brindaban), va connaître dans le courant du XVIe siècle fondations pieuses, fêtes et pèlerinages.

Ordres et écoles de spiritualité vishnouites (XIIe-XVIIe siècle)

Au cours des XIIe et XIIIe siècles, naissent dans le Deccan trois lignées concurrentes de celle de Râmânuja, qui n'auront jamais l'importance qu'a eue et a encore la sienne. Le Brahma-sampradâya se rattache à Madhva, le Sanakâdi-sampradâya à Nimbârka, le Rudra-sampradâya à Vishnu-svami. Des trois, Madhva est le plus connu par ses nombreux traités. Malgré leurs particularités – dont l'exposé supposerait des considérations assez techniques –, des préoccupations communes les unissent, qui étaient déjà celles de Râmânuja. Ils entendent repenser le Vedânta de Shankara à partir de l'expérience de la *bhakti*. La pure non-dualité, chez eux, laisse place à une différence plus ou moins accentuée entre la divinité, les âmes et le cosmos ; ils n'acceptent pas la doctrine de la *mâyâ*, de l'absence de réalité véritable ou de la nature illusoire des êtres et du monde. Ces divergences philosophiques justifient évidemment des conceptions différentes de la délivrance, où l'amour pour Dieu et la grâce divine jouent un rôle fondamental. Elles se doublent d'une volonté de structurer le vishnouisme, en un mouvement que Shankara avait suscité bien plus tôt dans le cadre du shivaïsme. Cet effort a permis que les anciens héritages bhâgavatas et pâñcarâtras soient repris et harmonisés avec le brahmanisme médiéval, et que puissent naître de véritables ordres d'ascètes vishnouites.

Quant aux Shrîvaishnavas de Râmânuja, ils se divisent dans le courant du XIIIe siècle en deux groupes distincts : les Tengalais, partisans de la « méthode du chat » – qui se laisse passivement attraper par la peau du cou par sa mère – et les Vadagalais, adeptes de la « méthode du singe » – le petit singe participant activement à son transport en s'accrochant à sa mère. Cette question de l'abandon (*prapatti*), très importante du point de vue de la spiritualité, n'est pas la seule différence : les Tengalais gardent leur culture tamoule et restent au sud, tandis que les Vadagalais, dont le grand maître est Vedântadeshika (XIVe siècle) migrent ou diffusent leurs doctrines vers le nord-est (Orissa, Bengale) et le nord-ouest (Maharashtra), employant aussi le véhicule de la culture sanskrite savante.

Au Maharashtra, une lignée de mystiques, les Sants, vénère une forme particulière de Vishnu, Vithobâ ou Vitthal-Krishna ; ils développent une *bhakti* très épurée, quasi monothéiste. Jñâneshvar ou Jñândev (fin du XIIIe siècle), Nâmdev (1270-1350), Eknâth (1533-1599), Tukârâm (1598-1650), Râmdâs (1608-1681) sont les grands noms de ce mouvement. Nâmdev eut un maître qui le détourna du culte de l'image pour l'orienter vers une dévotion plus abstraite, purement intérieure, plus apte à percevoir les aspects subtils de la présence de Dieu. Eknâth est réputé pour avoir voulu ouvrir le vishnouisme aux basses castes. Quant à Tukârâm, il est le type du saint de basse caste, analphabète, mais reconnu comme inspiré ; ses *Psaumes du Pèlerin*[7] sont toujours récités aujourd'hui, particulièrement sur les chemins de pèlerinages.

Plus au nord, Râmânanda (1400-1470) développe une dévotion centrée sur le nom de Râma. Né à Allahabad (l'ancienne Prayâg), dans un environnement où l'islam est très présent, il prêche pour l'ouverture de l'hindouisme aux hors-castes et aux femmes, et même aux musulmans. Lui et ses successeurs abandonnent le sanskrit pour être mieux compris du peuple. Le grand poète renonçant Tulsî Dâs, né vers 1532, qui a surtout vécu à Ayodhya, se situe dans cette mouvance : il est célèbre pour avoir rédigé un *Râmâyana* en hindi, sur l'ordre de Râma lui-même, qu'il aurait reçu en rêve[8].

Parmi ces mystiques, une princesse rajasthani, qui n'a pas fait école, mais dont les poèmes ont eu une large diffusion : Mîrâbâî (v. 1498-v. 1546). La légende veut qu'un saint ascète lui ait offert dans son enfance une statuette de Krishna, et qu'elle soit tombée aussitôt amoureuse du dieu. Veuve au bout de cinq ans du râja de Mewâr, elle connut une existence malheureuse, fervente vishnouite dans une belle-famille shivaïte ; elle s'exila et la fin de sa vie est assez obscure. Mîrâbâî baignait dans l'atmosphère d'une tradition orale très sophistiquée, qui maîtrisait les sons, les rythmes, l'expression des sentiments. Elle a chanté de manière poignante *viraha*, la « séparation », une nostalgie teintée à la fois d'angoisse et d'espoir, sentiment spécifiquement mystique, qui envahit l'âme lorsque le divin Seigneur se retire, souffrance qui la creuse et la rend plus profonde, donc plus apte à recevoir à nouveau la Présence divine.

Vallabha (1479-1530), dont la famille était originaire

d'Andhra Pradesh, est né à Bénarès. Sa dévotion fut essentiellement tournée vers le Krishna du *Bhâgavata Purâna*. Visitant la région de Mathura, il y aurait reçu la révélation du mantra qui constituera le support principal de l'initiation à sa secte, le Vallabha-sampradâya, que l'on appelle aussi *pushthi-mârga*, la « voie de l'abondance », parce qu'il insiste sur le fait que Krishna, généreux et débordant, assure le bien-être matériel et spirituel de ses dévots.

De son côté, le Bengale avait reçu du Tamil Nadu, par le biais de l'Orissa, cette même dévotion krishnaïte, aux accents plus affectifs encore, et qui va trouver son sommet avec Caitanya (1485-1533). Né dans une famille de brahmanes bengalis, ce maître à l'éducation vishnouite très stricte se marie, devient un pandit renommé, gagnant de nombreuses joutes oratoires. Lors d'un pèlerinage à Gayâ, il reçoit une illumination, rejoint un groupe de *bhaktas* errants, chantant sans cesse l'amour de Krishna et de Râdhâ, devient *samnyâsin* et pérégrine dans toute l'Inde (en particulier au Tamil Nadu), prêchant l'amour extatique et faisant des miracles. Il séjourne à Vrindâvana et finit par s'établir à Puri, la ville sainte de Vishnu Jagannâth. Il serait mort de l'infection d'une blessure au pied qu'il se serait faite en dansant pour le Seigneur. De nombreuses hagiographies nous renseignent sur sa vie, ou ce qu'on en a transmis dans une ambiance très lyrique : le *Caitanya Bhâgavata* et le *Caitanya Caritamrita* sont aujourd'hui encore célèbres. Chez lui, Râdhâ prend une place éminente : symbole de l'âme, elle est un modèle de *prema bhakti*, de don inconditionnel de soi et d'attachement passionné au dieu comme amant. Caitanya s'identifie à elle, dans un mouvement de nostalgie teintée d'érotisation, que l'on retrouve avec des accents différents chez Râmakrishna au XIXe siècle. Les six Gosvâmis, ses disciples, vont établir après sa mort leur siège à Vrindâvana, qui deviendra le centre de la secte issue de Caitanya (Gaudîya-vaishnava-sampradâya). Aujourd'hui, le mouvement garde une vitalité importante au Bengale, en Orissa et en Assam.

Après avoir été très détruite par des invasions musulmanes successives au début du IIe millénaire, la région de Mathura commença à revivre à la fin du XVe siècle. Le règne de l'empereur moghol Akbar (1542-1605) lui fut particulièrement favorable. Elle devint un lieu de pèlerinage majeur, centré sur le village de Vrindâvana et le mont Govardhana, où le *Harivamsha* situait l'enfance et l'adolescence de Krishna. Les diverses sectes vishnouites, dans une belle émulation, y construisirent des temples, des monastères, des hospices pour les renonçants et les laïcs. Haridâsa (1480-1575) et Hitaharivamsha (1502-1552) y fondent les deux ordres les plus récents, le Râdhâvallabha et le Sakhî-sampradâya, centrés sur la dévotion envers Râdhâ, élevée au rang de grande déesse.

L'évolution vers la modernité

On parle généralement peu dans les synthèses historiques de la période de trois siècles qui sépare Caitanya et Râmakrishna, comme si, entre eux, il ne s'était rien passé. Ce fut au contraire un temps de structuration très riche, où un ensemble d'évolutions montre comment le vishnouisme va aborder la « modernité ».

Il faut d'abord dire l'importance de la littérature spirituelle en langue vernaculaire. Certes les savants, surtout s'ils sont brahmanes, continuent de composer de grandes œuvres en sanskrit. Mais sous l'influence de la *bhakti*, des chants religieux locaux accompagnaient les rites réguliers et les grandes fêtes, tandis que les saints se sont attachés à être compris dans leurs contextes respectifs. Ce sont les créations du lyrisme communautaire qui donnent leurs lettres de noblesse aux langues modernes – rajasthani, marathi ou bengali –, plus souples, mieux adaptées à l'expression de l'intimité. Cette mutation considérable rencontre sa légende justificatrice quand le dieu Râma en personne réclame la composition d'un récit inspiré du *Râmâyana* qui puisse être compris de tous : Tulsî Dâs, répondant à son injonction, utilise l'avadhî, une variété du hindi. Vrindâvana et Mathura étaient au centre de l'aire de locution du braj, qui appartient à la même famille : grâce à l'immense popularité de la geste krishnaïte, cette langue devint celle de grands poètes dévots, en particulier chez les Vallabhîs, dont les hymnes furent intégrés au rituel des temples. Elle fut aussi le véhicule d'un théâtre sacré, le *râs-lîlâ*, encore vivant aujourd'hui.

Une autre dynamique nouvelle s'appuie sur le besoin d'organisation que suscite le nombre important de nouvelles sectes, et leur encadrement. Les quatre grandes traditions du Sud, soucieuses d'affirmer leur antériorité, avaient peu à peu élaboré une forme d'orthodoxie. Leurs fondateurs, Râmânuja, Madhva, Nimbârka et Vishnusvami furent célébrés comme les quatre manifestations de Vishnu pour le *kali yuga*, l'âge sombre. Or les maîtres des XVe-XVIe siècles – Râmânanda, Vallabha, Caitanya, Haridâsa, Hitaharivamsha – fondèrent des mouvements aux sensibilités différentes. Ils ne s'appuyaient plus sur l'analyse philosophique héritée du Vedânta, mais sur le mysticisme extatique issu du *Bhâgavata Purâna*. La dévotion prenait chez eux des formes à la fois plus débordantes et plus individuelles. Leur ascétisme tendait à se détacher du strict respect du *dharma* brahmanique et relativisait la hiérarchie des castes. Vint donc un moment où la nécessité se fit sentir d'une redéfinition et d'un recentrement.

Il semble que l'occasion en ait été fournie par une convergence d'intérêts entre ceux qui représentaient l'orthodoxie et Savâî Jai Singh II, roi d'Amber, une puissante principauté du Rajasthan. Dans cette région, les disciples de Nimbârka étaient bien introduits auprès des princes, mais les disciples de Caitanya, nombreux au Bengale et au Braj, venaient leur faire concurrence et semaient quelque trouble par leurs dévotions excessives. Vers 1743, le roi patronna une assemblée dont les sessions avaient pour objet d'entendre les tenants des diverses doctrines, et d'amener les plus récents à se rattacher aux plus anciens. Naturellement, les transactions ne portaient pas seulement sur la théologie et l'expérience religieuse, mais aussi sur le pouvoir temporel de mouvements qui possédaient des soutiens laïcs importants, des temples et des lieux de pèlerinages.

Cet épisode peu connu présente un grand intérêt historique : la réorganisation à laquelle il préside articule les anciennes sectes, caractérisées par leur passé prestigieux et leur attachement à l'idéologie brahmanique, avec les sectes récentes, plus populaires et plus vivantes, mais qui ont besoin de cadres institutionnels et de reconnaissance[9]. On y voit s'exprimer sur le vif les tensions, et la manière de les résoudre par une recherche d'équilibre entre tradition et nouveauté.

Au début du XIXe siècle, Svâmî Nârâyana fonde un mouvement au Gujarat ; il entend contrer le prosélytisme chrétien et purifier le vishnouisme d'influences qu'il estime pernicieuses, comme certaines dévotions tantriques envers les figures féminines. Il donne à ses ascètes des règles intransigeantes : pour lui, les hindous doivent revenir à leurs observances plurimillénaires et respecter plus scrupuleusement les tabous de castes, mais dans un esprit de non-violence. Ces préoccupations sont communes à la plupart des réformateurs modernes.

Enfin, dans la mouvance krishnaïte du Bengale, naît une secte qui deviendra en 1966 l'Association internationale pour la conscience de Krishna (AICK). Bhaktivedanta Prabhupada (1896-1977), son troisième guru, diffuse aux États-Unis un enseignement fondé sur la *Bhagavad Gîtâ* et le *Bhâgavata Purâna*. Par un actif prosélytisme, il gagne de jeunes Occidentaux, acceptant que les plus convaincus deviennent brahmanes et même officiants réguliers dans le temple qu'il a ouvert à Vrindâvana. On se doute que cette innovation radicale est fortement contestée par les vishnouites orthodoxes ; elle symbolise les problématiques que suscite la situation contemporaine d'échanges, de bouleversements et de transactions inédites entre les cultures religieuses *.

---

* Voir chapitre 12.

CHAPITRE 6

Le shivaïsme

Les premières communautés shivaïtes

On entrevoit, aux origines de la dévotion envers Shiva, des groupes d'ascètes aux rites et aux doctrines originaux, vivant volontiers à l'écart des villages, dans un état de renoncement ou d'errance. Ce n'est que bien plus tard, vers le Ve siècle de notre ère, que la littérature théologique, les inscriptions princières et les vestiges archéologiques témoignent d'une religion constituée, avec ses temples, ses desservants et son peuple de croyants, et dans laquelle la protection des dynasties qui rivalisaient dans le Deccan a joué un rôle majeur. On assiste alors, spécialement du côté de la *bhakti* shivaïte, à une sorte d'effervescence religieuse que les brahmanes semblent avoir eu du mal à encadrer. Dans le courant du VIIIe siècle, Shankara, le grand philosophe védantin, fit œuvre d'organisation en offrant à l'hindouisme, pour la première fois dans son histoire, une structure de type monastique. Cette innovation eut une influence décisive, puisqu'elle permit de distinguer des mouvements « orthodoxes », qui respectent le *dharma* brahmanique, et des « sectes hétérodoxes », aux pratiques transgressives inspirées des Tantras et centrées sur les aspects terribles de la divinité, qu'il s'agisse de Shiva-Bhairava ou de la Déesse.

Pâshupatas, Kâlâmukhas, Kâpâlikas : les plus anciens ascètes

Les Pâshupatas, déjà mentionnés dans le livre XII du *Mahâbhârata*, existaient donc au moins vers le IIIe siècle avant notre ère. Leur divinité d'élection est la forme *pashupata* de Rudra-Shiva, le Maître des animaux. C'étaient, semble-t-il, des brahmanes qui, dans la dernière étape de leur existence, se fixaient sur les champs de crémation où, le corps enduit de cendres, ils attendaient la mort, conçue comme la libération définitive accordée par leur dieu. Certains se réclament d'un maître du IIe siècle (?), Lakulin (?) ou Lakulîsha, qui aurait vécu dans la région de Baroda ; des statues d'époque post-gupta le représentent, attestant d'un culte très vivant dans la vallée du Gange. Ils atteignent leur apogée en Inde du Sud au Xe siècle, puis s'éteignent progressivement à partir du XVIIe.

Les Kâlâmukhas semblent avoir été une secte sœur, ou une branche des Pâshupatas. Il se peut qu'ils aient été originaires du Cachemire et qu'ils aient migré vers le sud sous la pression des invasions musulmanes. Ils honorent aussi Lakulîsha, qui est peut-être en fait leur vrai fondateur. Les théologiens médiévaux, en particulier Râmânuja, les ont classés parmi ceux qui « ont des pratiques contraires au Veda ». Pourtant, au Karnataka, ils ont tenu des temples entre les XIe et XIIIe siècles, et ont servi des princes ; ils ont eu de grands saints, comme Someshvara ou Gautama.

Les Kâpâlikas, en revanche, sont des tantriques aux pratiques très transgressives. Ils honorent une forme terrible de Shiva, Bhairava, celle même qui a tranché la tête de Brahmâ. Leur nom vient d'ailleurs de *kapala*, « la tête, le crâne » ; ils assimilent leur ascèse extrême à une pénitence par laquelle ils participent à l'expiation du crime de brahmanicide dont s'est rendue coupable leur divinité ; ils l'appellent *mahâvrata*, « le grand vœu ». Ils se considèrent comme au-dessus de la polarité entre pur et impur qui structure la société de castes et n'ont donc aucune réticence vis-à-vis des coutumes polluantes. Errants, ils mendiaient leur nourriture dans un crâne de brahmane, pratiquaient des rites secrets sur les lieux de crémation, où ils récupéraient des ossements et des lambeaux de tissus dont ils se vêtaient. Ils considéraient la quête des pouvoirs (*siddhis*) comme un but légitime et autonome, et non comme une forme inférieure de satisfaction des désirs. C'étaient des adeptes de cultes sanglants, ils accomplissaient des immolations d'animaux et l'automutilation, et incluaient dans certaines de leurs cérémonies des unions sexuelles. Ils sont peut-être originaires d'Inde du Sud, où l'on trouve dès le VIe siècle de notre ère des cultes tantriques et des Kâpâlins à Kâñcipuram. On les rencontre en Orissa au VIIIe siècle. Au XIe, Râmânuja les considérait comme des adversaires non négligeables. Ils semblent s'être éteints au XIVe, non sans avoir influencé un certain nombre d'ordres ascétiques postérieurs qui se réclameront en partie des « porteurs de crâne », comme ces Kâpâlins qu'un Anglais rencontre à la fin du XIXe siècle et qu'il décrit « *extremely horrible in character*[1] », ou encore les Aghoris de l'Assam.

Le Deccan et le développement de la bhakti

Sur l'île d'Elephanta, face à Bombay, une grotte aux reliefs admirables, tout entiers dédiés à l'illustration des mythes shivaïtes, date peut-être de la fin de la période gupta. Dès le VIe siècle, les Chalukyas de Vatapi (Badami, dans l'actuel Karnataka) avaient fondé un très vaste empire, creusé des grottes et construit de nombreux temples, dont beaucoup étaient dédiés à Shiva. En pays tamoul, les Pallavas font de Shiva leur dieu tutélaire, comme l'atteste une inscription du temple du Kailashanâtha à Kâñcipuram : le deuxième roi de la dynastie, Narasimhavarman Ier (630-670), s'y proclame adepte du « pur shivaïsme ». Les Pallavas couvrent de sanctuaires leur royaume, patronnent tous les arts sacrés, et les *sangams*, ces anciennes académies de poésie, qui deviennent des centres intellectuels au large rayonnement, font la synthèse entre culture tamoule et culture sanskrite. Vers 850, les Colas prennent le pouvoir ; shivaïtes convaincus, ils édifient les temples de Tanjore (leur capitale), Cidambaram, Gangaikondacholapuram, Kumbakonam, Darasuram, Tiruvarur, le long de la vallée de la Kaveri. Plus au nord, à environ 250 km, au pied de la montagne sacrée d'Arunâchala, qui abritait des ascètes dans ses grottes depuis plusieurs siècles, est construit le magnifique sanctuaire de Tiruvannamalai, qui est toujours aujourd'hui un lieu de pèlerinage vers lequel convergent de nombreux renonçants. Cette architecture sacrée, qui évolue vers le gigantisme, montre une religion à son apogée : richement dotés par les princes, fréquentés par des foules de dévots, soutenus par les marchands et les artisans des villes, ces temples sont de puissantes institutions qui possèdent leur corps de desservants et des écoles liturgiques, leurs métaphysiciens, leurs iconographes, leurs astrologues, leurs musiciens, danseuses et acteurs...

Les pivots de la *bhakti* shivaïte, appelés *nâyanmârs*, sont presque toujours des renonçants, souvent errants, initiés par un maître ou par la réception directe de la Grâce, possédés par Shiva, esclaves de sa Volonté. Ils portent un simple pagne et le rosaire shivaïte, dansant frénétiquement au chant des hymnes ; leurs débordements font d'eux des « fous de Dieu », même s'ils connaissent le *tapas* mortifiant et sublimant. Les symptômes de cette folie mystique sont souvent décrits par les textes : rires, pleurs, comportements agités, absences, dissolution des repères habituels, absorption profonde et surtout abandon.

Cekkilâr a rassemblé au XIIe siècle dans le *Periya Purâ-nam* les biographies légendaires des soixante-trois grands *nâyanmârs*. Fait notable, le premier nom est celui d'une femme, Kâraikkâlamaiyâr, dont les poèmes ont été compilés par Nambi seulement à la fin du Xe ou au début du XIe. Appar, qui a dû vivre au tournant du VIe et du VIIe siècle, passe pour avoir servi un roi jaïn, avant de se convertir ou d'être revenu au shivaïsme ; il est l'auteur de trois cent treize poèmes, dont certains évoquent des événements autobiographiques, mais la plupart reflètent son expérience mystique. Errance et mendicité ont été son style de vie, choisi pour l'amour de Shiva. À Appar et à deux autres *bhaktas*, Campantâr et Cuntarâr (début du VIIe siècle) est attribué un genre très particulier de poésie religieuse, les *patikams*, rassemblés dans le recueil du *Têvâram*, hymnes composés pour célébrer les grands sanctuaires de l'Inde du Sud et de Sri Lanka, dont environ deux cent soixante sont encore identifiables. Leur composition est très conventionnelle (nom du sanctuaire, formules, références à la mythologie, énoncés théologiques relativement stéréotypés). Sur le plan de l'histoire religieuse, une telle littérature témoigne remarquablement de l'organisation du shivaïsme, avec ses grands centres, et de l'uniformisation dans les représentations du dieu suprême, ressenti par ses dévots comme indissolublement lié à leur sol et à leur civilisation. À la fin du IXe siècle, a vécu Mânikkâvacakar, ascète né près de Madurai et qui mena une vie errante et enseignante autour de Cidambaram. Il avait une culture brahmanique, qu'il révisa à la lumière de l'expérience bhaktique, de la mythologie des Purânas et du folklore tamoul. Ce fut un très grand mystique et subtil connaisseur des états de l'âme humaine. Quant à Nambi, on sait, par une inscription de Tanjore, que les poèmes qu'il avait collectés étaient chantés dans le temple, usage encore vivant aujourd'hui.

La *bhakti* qui fleurit ainsi, pour débordante qu'elle soit, n'en a pas moins une armature théologique précise. Carl Keller, qui s'est livré à une analyse de vocabulaire, relève qu'à travers les termes tamouls choisis pour exprimer leur position envers le dieu, les dévots ont montré une intention très claire : ils se disent *atiyars,* « ce qui est tout en bas », de *ati,* « le pied » ; *tontar,* de *tontu,* « service » ; *anpar,* de *anpu,* « amour »[2]. Manière de préserver la transcendance absolue, l'affirmation de la position inférieure de l'individu est aussi manière de se distinguer des tenants de la position moniste pour laquelle la plus haute réalisation est la fusion, par identification, de l'*âtman* dans le *brahman.* À partir du moment où se diffuse la philosophie de Shankara, les *bhaktas* considéreront les moines qui la transmettent comme leurs adversaires personnels, et Mânikkâvacakar parlera des « terribles *mâyâvâdins* », tenants de l'*advaita* shankarien.

Le Shaiva-siddhânta

Le terme *siddhânta* désigne une doctrine admise, une opinion démontrée ; on le traduit souvent par « orthodoxie », ce qui ne convient pas entièrement à la conception indienne, mais contient bien une forme de vérité en ce sens qu'il s'oppose aux groupes ascétiques transgressifs. La « voie du pur shivaïsme » a opéré un choix de sources qui reflète bien son ambition d'incarner une culture religieuse élargie : Vedas, Upanishads, épopées et Purânas y tiennent une place importante, mais tout ce qui ressort de la liturgie et des pratiques se rattache au corpus des vingt-huit Âgamas, choisis dans le vaste réservoir des Tantras *.

Le dieu est vénéré sous sa forme paisible (*Sadâshiva*), avec une déesse épouse en position subordonnée, et les théologiens ont pris des positions franchement antishankariennes, dites « dualistes », en affirmant la distinction de trois réalités éternelles : Shiva, les âmes, et *pâsham*, le « lien ». Le dieu est le « Seigneur » (*pati*), manifesté par sa *shakti* et défini comme Être-Conscience-Béatitude (*sat-chit-ânanda*) – une formule qui appartenait déjà à l'*advaita* shankarien. Les âmes (*pashus*) sont soumises au « lien » formé de la « triple souillure », qui est faite de l'ignorance, du poids du *karman*, et de la *mâyâ* ; leur venue au monde a pour seul but de les purifier et de les libérer définitivement. L'individu ne peut faire son salut par lui-même : c'est le dieu qui produit la rupture du lien, fait fondre l'être empirique durci par l'expérience sensible, clarifie l'intelligence subtile obscurcie par l'adhérence de la « triple souillure ». L'instrument de l'action divine est la *dîkshâ*, l'initiation : « C'est au moyen seul de l'initiation qui est une activité du Seigneur que les âmes peuvent atteindre à la délivrance, et non au moyen du yoga, de la connaissance ou de l'ascèse, parce que le lien de l'impureté est une substance matérielle, comme une cataracte qui enveloppe l'œil, et il est donc impossible que ces moyens soient susceptibles de

* Voir *supra*, p. 82.

l'enlever[3]. » Cependant, l'être humain a le devoir de se perfectionner par les pratiques dévotionnelles d'adoration des images divines et de répétition des mantras.

La doctrine semble être née à partir du VIIe siècle dans le nord et le nord-est de l'Inde, chez certains tantriques du Bengale et de l'Assam, et elle forme le socle ancien de l'école mystique du Cachemire, sur laquelle nous allons revenir.

Elle a diffusé dans le Deccan, sans doute vers les IXe-Xe siècles, pour s'y épanouir et constituer jusqu'à nos jours la forme communautaire la plus courante du shivaïsme. La langue tamoule y tient une place de choix, et le grand maître du XIIIe siècle, Meykandadevar, en usa pour composer le *Shivañanâbodam*, le traité fondateur de la version méridionale du Shaiva-siddhânta. Ce texte, constamment commenté par la suite, témoigne des évolutions qui ont permis une large ouverture de l'ésotérisme initial et assuré son succès populaire : reprise de l'héritage de l'antique *sangam* tamoul et de la *bhakti* des *nâyanmârs*, mais aussi intégration du Vedânta non dualiste de Shankara, qui avait un énorme prestige. Au XVIe siècle, un maître originaire de Ceylan, Jñânaprakâsha, qui fonda un monastère à Cidambaram, commenta les Âgamas dans la perspective non dualiste : l'union à Shiva aboutit à une identification complète quand la triple souillure a été dissoute. Dans le *Shiva-yoga-ratna*, le « Joyau du yoga shivaïte », il expose une voie spirituelle qui s'appuie sur des techniques de respiration et de concentration reprises du yoga classique.

Les rites des adeptes (*saiddhântikas*), qui étaient originellement destinés à l'obtention du salut personnel de l'initié, prirent une dimension « publique » et formèrent le noyau de la liturgie des grands temples, florissants grâce au patronage des pouvoirs politiques et des castes riches. Des écoles théologiques, toujours vivantes aujourd'hui, se formèrent en monastères qui recrutaient parmi les non-brahmanes ; leurs supérieurs, les *mahânts*, ont assuré le rayonnement de la doctrine et sa cohésion par des tournées de prédication auprès des communautés locales. À la fin du XIXe siècle et dans la première moitié du XXe, les mouvements de réforme de l'hindouisme, qui ont pris au Tamil Nadu une orientation franchement antibrahmane, ont trouvé un support dans le Shaiva-siddhânta, qui apparut alors comme l'expression shivaïte de l'esprit dravidien.

L'école du Cachemire

Dans le nord, le Shaiva-siddhânta avait évolué différemment. Au début du IXe siècle, de puissantes traditions tantriques, centrées sur la figure de Bhairava, ont rencontré la philosophie de Shankara (dont les biographes racontent qu'il a fait une tournée de prédication du côté de Srinagar). De la conjonction de ces apports est né le Trika, « l'école de la Triade[4] », ainsi nommée parce qu'on y distingue trois pôles : Shiva, le Suprême ; Shakti, son énergie, personnifiée ou non comme déesse ; l'univers et les âmes individuelles, en tant qu'ils sont les aboutissements de la manifestation.

Le Trika débute, ou au moins se déploie, avec Vasugupta, qui a vécu dans la première moitié du IXe siècle ; il est l'auteur probable des *Spandakârikâs* (les « Aphorismes du Spanda »), à moins que ce ne soit son disciple Bhatta Kallata, au milieu du IXe siècle. Bhattanârâyana, dans la seconde moitié de ce même siècle, compose le *Stavacintâmani*, le « Joyau à la louange de Siva ». Somanânda, au début du Xe, est l'auteur du *Shivadrishti*, un texte qui fonde la voie *pratyabhijñâ*, une branche du Trika qui est plus orientée sur le cœur, l'immédiateté et le caractère subit de l'illumination. Utpaladeva (environ 880-950) fut un très grand mystique et son œuvre constitue le sommet de la pensée dans cette branche. On voit, à cette énumération, que l'école cachemirienne a eu une puissance intellectuelle considérable.

Le nom le plus célèbre du Trika est Abhinavagupta (v. 950-1015). D'une famille de brahmanes proche des rois du Cachemire et fixée à Srinagar, il reçut une éducation raffinée et encyclopédique, ainsi qu'une très large instruction spirituelle, puisant à de nombreuses sources. Il fut grammairien, poète, auteur de traités d'esthétique et de dramaturgie qui ont structuré une grande partie des arts indiens. Son vocabulaire, ses modes de raisonnement, sa manière d'aborder la psychologie de l'être humain dans l'expérience religieuse dénotent une connaissance approfondie de toutes les grandes doctrines indiennes, bouddhisme compris. Abhinavagupta s'inscrit dans la prestigieuse voie de la non-dualité, qui plonge ses racines dans les Upanishads et a été réinterprétée par le Vedânta. Mais au *brahman*, à l'absolu neutre et indifférencié de Shankara, il oppose une divinité suprême, Shiva, qui se déploie et se donne à connaître par la libre disposition de sa nature gracieuse. Une source importante, quoique plus difficilement identifiable, de sa pensée provient d'écoles tantriques du Nord, des traditions dites kaulas, héritières des Kâpâlikas, qui avaient des pratiques transgressives, vénéraient des formes terribles de Shiva et de la Déesse, accomplissaient des rites secrets (dont la connaissance était délivrée par initiation) et valorisaient l'extase et les pouvoirs. Il semble qu'Abhinavagupta surtout, mais des maîtres cachemiriens avant lui déjà, aient en quelque sorte

« brahmanisé », ou rendu acceptable par des brahmanes, ce substrat tantrique : ils ont recueilli les puissantes pratiques de transformation et les spéculations fondées sur la notion d'énergie, tout en euphémisant l'aspect extrême des dévotions. Les rites transgressifs deviennent matière à métaphore et, alors qu'ils avaient principalement pour objet la quête des pouvoirs par des renonçants, ils vont désormais servir la libération des hommes dans le monde. Cette évolution « traduit un mouvement général qui est à la fois celui de l'adaptation du tantrisme au monde orthodoxe et celui de la pénétration de l'orthodoxie par le tantrisme : orthodoxie et hétérodoxie se retrouvent dans une orthodoxie qui a phagocyté l'élément hétérodoxe, mais ce dernier est toujours présent en elle, où il tendra à représenter le fonds secret, ésotérique, de la doctrine et des pratiques, celui où se cachent les forces dangereuses, les plus grandes, celles qui peut-être font la force des divinités que célèbre le culte exotérique[5] ». Abhinavagupta accomplit cette synthèse dans son immense *Tantrâloka* (la « Lumière des Tantras ») qu'il a lui-même résumé (*Tantrasâra*, l'« Essence des Tantras »).

Maheshvarânanda, qui a dû vivre au XIIe ou XIIIe siècle, a diffusé le shivaïsme cachemirien dans le Deccan, en particulier en pays tamoul. Au XIVe siècle, le shivaïsme du Nord a rencontré le soufisme : un type analogue, sinon identique, d'expérience spirituelle les a rapprochés en dépit de théologies différentes *. Lallâ, ou Lalleshvarî, une grande poétesse qui a vécu entre 1350 et 1400, en témoigne ; elle est contemporaine du soufi Sayyid 'Ali Hamadâni, venu s'installer au Cachemire dans les années 1380. Après elle, les maîtres sont moins connus, il semble que le

* Voir chapitre 9, p. 212 et suivantes.

mouvement ait perdu son intensité et sa créativité, même si aujourd'hui il connaît une certaine renaissance.

Le concept fondamental des Cachemiriens s'exprime par le terme *spanda,* « vibration, énergie vibratoire » : l'idée est celle d'une onde continue qui unit au Principe initiateur les réalités sensibles, dans une cascade dynamique où la lumière incréée s'occulte dans l'épaisseur des formes et des facultés conditionnées. *Spanda* est à la fois énergie et conscience. Cette notion est si importante qu'à la suite de Vasugupta l'école se dénomme elle-même *spanda*. Volonté, Intelligence et Activité, qui marquent les trois niveaux de l'Énergie, une et indifférenciée, fondent les trois voies de l'expérience mystique, qu'Abhinavagupta a clairement formulées dans son *Tantrâloka,* en insistant sur le fait que chacune conduit par elle-même à la libération.

La « voie de l'individualité », fondée sur l'énergie de l'Activité, donne lieu à une illumination passagère, à une identification instable, et nécessite des supports différenciés : « L'absorption due à la récitation, à l'activité des organes, à la méditation, aux phonèmes, à la concentration sur des points vitaux[6] », précise Abhinavagupta. Autrement dit, elle comporte, pour être efficace, des techniques, des exercices spirituels, un yoga. La « voie de l'énergie », fondée sur l'Intelligence, apprend à reconnaître dans les objets différenciés, les pensées, les sentiments, des manifestations énergétiques du Sujet divin ; la dualité disparaît progressivement dans l'intuition que « tout est Shiva » ; ici, les techniques perdent progressivement leur utilité, et seule demeure l'adoration. La « voie divine », fondée sur l'énergie de la Volonté, est la plus haute ; le mystique qui l'emprunte a définitivement laissé derrière lui toutes les formes de la dualité, en lui et dans les choses ; il a abandonné son moi comme distinct, c'est pourquoi on parle de cette voie comme « indifférenciée ». Enfin, quelques très rares êtres connaissent la « non-voie » (*anupâya*), rejoignent d'emblée la pure Conscience divine ; les hommes qui se tiennent en cet état peuvent conférer la même grâce immédiate à un disciple au cœur très pur : il s'agit là d'un cas de transmission directe, qui n'a rien à voir avec les initiations habituelles.

Pour le Trika, l'univers et les âmes dépendent entièrement de la pure liberté du dieu, de son autonomie plénière et jubilatoire : « Le Soi dont la merveilleuse essence est Lumière, Shiva souverainement libre, par le jeu impétueux de sa liberté, masque d'abord sa propre essence puis la révèle à nouveau en sa plénitude, d'un seul coup ou par degrés. Et cette grâce est entièrement indépendante[7]. » La réalité sensible et les facultés psychosomatiques constituent le dernier degré de cristallisation, de conditionnement pour l'énergie divine. Dans cette descente, la divinité, oublieuse d'elle-même, se perd : « Il n'y a ni Toi, ni moi, ni contemplé, ni contemplation, mais seulement le créateur de l'univers qui s'est perdu dans l'oubli de lui-même[8] », dit Lalla. À ce thème profondément mystique de l'oubli, va répondre celui de la découverte et de la réminiscence continue de la divinité dans le cœur du dévot purifié de tout égocentrisme : « Le monde matériel s'est flétri en moi ; du feu de l'amour, j'ai consumé mon cœur comme un homme grille le grain. C'est alors que j'ai trouvé Shiva [...]. Quand je Le contemplai et [sus] qu'il était près de moi, je vis que tout était Lui et que je n'étais rien[9]. » Alors, non seulement il n'est pas nécessaire de se séparer du monde pour être libéré, mais il est même possible d'en jouir pleinement, puisque tout est Shiva : « Séparé de Toi, ce cosmos est à rejeter intégralement, identique à Toi, c'est lui, en vérité, qu'il faut obtenir[10]. » C'est sans doute dans cette synthèse entre la non-dualité, ou l'unité essentielle de la réalité, et la dévotion intense envers une divinité libératrice qu'il faut chercher les causes de la belle floraison de l'école cachemirienne.

Les Lingâyats

Revenons au Deccan : au début de notre IIe millénaire, les jaïns étaient très bien implantés au Maharashtra et au Karnataka actuels ; leur puissance suscita une réaction de la part de certains ascètes shivaïtes. L'un d'entre eux, Basava (1130 ?-1168), né près de Bijapur, eut un guru kâlâmukha ; il devint le premier ministre de Bijjala, roi de la principauté de Kalyâna. Cette position lui permit de mener un mouvement de reconquête shivaïte et de fonder une nouvelle « secte », celle des « porteurs du linga » (Lingâyats) ou « shivaïtes héroïques » (Vîrashaivas). Toute une tradition orale en kannada, la langue locale, se réclame des « dits » (*vacanas*) de Basava. Il semble avoir rejeté le système des castes, la validité des rites brahmaniques et leur obsession de la pureté, la pratique des sacrifices et des pèlerinages, l'interdiction pour les veuves de se remarier. Il a pourtant établi une stricte hiérarchie entre les prêtres héréditaires, appelés *jangamas*, qui reçoivent des initiations particulières et vivent en monastère – un trait emprunté aux jaïns – et les autres adeptes. À travers cette distinction, érigée en principe héréditaire, se sont recréées des stratifications internes qui se manifestent par un plus ou moins haut statut, finalement calculé en degrés relatifs de pureté[11]. Les petits monastères locaux sont tous rattachés à l'un des cinq *mâthas* principaux, dont les chefs originels passent pour être descendus des cinq têtes de Shiva. Au XVe siècle,

Mâyideva a systématisé leur philosophie dans un ouvrage difficile, l'*Anubhava Sûtra*, le « sûtra de l'expérience directe ».

Aujourd'hui, concentrés surtout dans la région de Mysore, les Lingâyats gardent une influence considérable, les *jangamas* fonctionnant comme gurus des laïcs. Ils insistent sur la présence de Shiva au cœur de l'être humain ; c'est cette présence personnelle du dieu qu'ils symbolisent par le port constant du linga et qu'ils reconnaissent dans l'autorité du *jangama*, considéré comme un « linga vivant » ou « ambulant ». Le dieu, par sa puissance autogène, appelée *shakti*, a produit la dynamique interne du mouvement de création, d'où émanent le cosmos et les êtres individués. Il se soucie de son dévot, qu'il libère des entraves par la voie de la *bhakti*, car la dévotion opère un mouvement de retour, de reconversion vers Shiva, grâce à laquelle l'âme individuelle trouvera son salut après la mort, s'unissant à lui sans se fondre totalement en lui.

Les Nâths

Les Nâths ou Kânphata Yogis, les « yogis aux oreilles fendues », ainsi appelés à cause des lourds anneaux dont on leur traverse le cartilage de l'oreille lors de l'initiation, s'inscrivent dans l'héritage des Kâlâmukhas. Ils semblent être nés aux alentours du Xe siècle ; ils ont tenu des temples au Panjab et au Népal, qui ont été florissants surtout pendant les XIIIe-XVe siècles, et aujourd'hui, particulièrement au Népal, la secte possède encore des monastères [12]. Trois figures divines se partagent les hommages des Nâths : Gorakhnâth, dont les mythes font une incarnation de Shiva et qui a dû être leur fondateur ; la Déesse, sous la forme terrible de Durgâ et sous la forme gracieuse de Tripurâ Sundarî ; Bhairava, qui assure, en assumant l'aspect démoniaque de Shiva, la protection du culte. Ils ont fait aussi une large place à des saints composites, comme Ratannâth, tantôt roi-renonçant, tantôt sage protégeant un roi à condition que celui-ci lui rende un culte, à la fois yogi et *pîr* (maître soufi), à la limite entre le tantrisme shivaïte et les confréries musulmanes, attestant d'échanges et de compétitions entre les deux grandes religions qui se sont partagé le nord de l'Inde. L'initiation à la secte, comme dans tous les groupes tantriques, double l'initiation brahmanique classique, en ouvrant l'accès au sens ésotérique et le don du mantra par le guru y tient une place importante.

Les Nâths sont connus pour avoir été de grands spécialistes du *hatha yoga*, une forme tantrique du yoga classique * ; la *Hatha Yoga Pradîpikâ* [13], la *Gheranda Samhitâ* [14], la *Shiva Samhitâ* détaillent un certain nombre de postures, des méthodes de contrôle du souffle, des techniques de purification du corps, des visualisations d'images intérieures, des exercices sur la vibration sonore. Ces pratiques mettent en œuvre la *shakti*, l'énergie individuelle qui est une part de l'énergie divine. La chair opaque enveloppe un corps interne constitué de flux (*nâdîs*) et de centres vibratoires (*cakras*). Les *nâdîs* (« rivières ») sont les passages où circulent les différents « souffles », et les *cakras* (« roues »), les carrefours où ils s'accumulent et d'où ils se déchargent. Les énergies mises en branle, réorganisées, intensifiées produisent des effets puissants et exigent une précision sans faille. Ces yogis tantriques, en véritables explorateurs, ont dessiné des schémas du « corps subtil » et

* Voir chapitre 3, p. 90.

ont ainsi mémorisé une connaissance expérimentale qui sert à régénérer, rééquilibrer l'être empirique pour lui permettre d'accéder à une libération dans la vie même et, après la mort, à l'union avec Shiva. Ils ont souhaité créer une discipline psychosomatique adaptée à l'homme du *kali yuga*, de « l'âge sombre », qui ne peut pas satisfaire aux exigences spirituelles qui caractérisaient l'ère lumineuse des maîtres anciens. La *bhakti* tient chez les Nâths une place secondaire, car l'accent porte plus sur les efforts de l'individu pour s'élever et connaître le *samâdhi*, que sur la grâce divine rédemptrice.

Les Nâths ont été en contact avec tous les courants dévotionnels et philosophiques qui ont traversé l'Inde pendant le IIe millénaire, et leur pensée a largement diffusé, au point d'influencer certains exégètes des Upanishads, alors qu'eux-mêmes étaient assez peu respectueux du passé védique et brahmanique[15].

Les *shaktas*, adeptes de la Déesse

La figure de la Grande Déesse représente une certaine tonalité de l'expérience religieuse qui ne pouvait s'épanouir pleinement que dans la sphère du shivaïsme. Cependant bien des shivaïtes n'en ont pas accepté la prééminence ; le Shaiva-siddhânta a mis la déesse en position d'épouse, et peu nombreux sont les groupes qui ont fait d'elle l'unique objet de leur vénération. Ces *shâktas* ne se laissent pas facilement cerner, à la fois parce qu'ils ont vécu à la marge de la société religieuse (sauf en Orissa et au Bengale) et parce que leurs conceptions s'expriment dans un ésotérisme complexe ; de plus, la plupart de leurs textes sont encore inédits.

Des pratiques reposant sur la transgression, notamment sexuelle, et recherchant les pouvoirs magiques se sont développées au cours du Ier millénaire sous le patronage d'entités féminines extrêmement dangereuses, Yoginîs (au sens de « magiciennes »), Mâtrikâs (des « Mères » terribles). Elles sont à relier au fonds tantrique kâpâlika qui cherchait la maîtrise de forces obscures que les rituels institutionnalisés ne prennent pas en charge. On les appelle « de main gauche » pour stigmatiser leur impureté.

Une tradition, le *kula*, a tenu une place importante, ou en tout cas mieux établie que les autres. Elle semble avoir constitué le fonds commun des cultes *shaktas* médiévaux : « Dans la mesure où ces traditions – qu'elles aient disparu ou qu'elles se soient maintenues – ont évolué en gardant cette attache commune, le *kula* peut en outre apparaître comme ce qui a fait passer le shivaïsme-shaktisme d'une origine vrâtya-kâpâlika radicalement non orthodoxe vers des formes progressivement plus modérées, acceptables par l'orthodoxie. Sa place est donc à tous égards essentielle[16]. » Les maîtres cachemiriens, en particulier Abhinavagupta, ont adopté certains de ses enseignements, qu'ils ont conformés aux exigences « orthodoxes » des brahmanes maîtres de maison.

Le *kula* est également la source du culte de Kâmeshvarî, la déesse de l'amour, du désir et du plaisir. Ici aussi, l'érotisme magique, destiné à obtenir des pouvoirs, a dû évoluer vers une forme plus largement acceptable, qui s'est diffusée dans la dévotion envers Tripurâ Sundarî. Un texte célèbre, le *Tripurâ Râhasya*, « La doctrine secrète de la déesse Tripurâ », qui date peut-être du XIVe siècle, a circulé dans le Deccan où il a reçu la caution des Shankariens[17]. Certains des rites que ce culte préconise, comme la confection du mandala de la Déesse, le *shrîcakra*, ou la récitation de son mantra, le *shrîvidyâ*, continuent aujourd'hui d'être d'usage commun. Peut-être faut-il chercher la raison de ce succès dans la conciliation réussie entre une conception largement admise de la délivrance par l'ascèse et les rites, et une vision plus ésotérique de la libération par l'expérience intense du monde sensible. Dans cette perspective, *moksha* et *bhoga* (la jouissance), loin d'être opposés, s'articulent l'un à l'autre.

En définitive, même si certains groupes *shaktas* sont restés très marginaux, les doctrines autour de la notion de *shakti* expriment des aspects centraux de l'hindouisme : énergie, conscience et puissance y forment une constellation qui constitue une des clés de la perception indienne de la réalité phénoménale et spirituelle. Il n'est qu'à lire le fameux roman de Bankim Chatterji (1838-1894), *Ânandamâth*, « Le monastère de la félicité ». L'écrivain bengali y met en scène de manière dramatique l'identification de la Déesse et de la terre de l'Inde en puisant dans l'iconographie *shakta*, relativement répandue dans les hautes castes, et facilement compréhensible car elle avait une large audience populaire dans la province de Calcutta, avec les grandes fêtes de Durgâ et de Kâlî[18]. Ce conte aux accents nationalistes, qui révèle la capacité visionnaire de son auteur, fait de la Grande Déesse l'Énergie primordiale, la Conscience divine qui inspire vision lucide et actions efficaces à son adepte, celle qui confère la force et la victoire, et qui exige en retour le sacrifice de soi le plus extrême. Autant de valeurs fortes dans le shivaïsme, mais qui, à des degrés divers, imprègnent toutes les traditions de l'hindouisme.

TROISIÈME PARTIE

La société traditionnelle

CHAPITRE 7

Le modèle brahmanique

Nous allons nous intéresser, dans ce chapitre, aux grands archétypes qui ont forgé la conscience collective hindoue à travers les textes de *dharma*, des documents qu'il faut manier avec précaution, car ils proposent un tableau idéal – même s'il a été réellement mis en œuvre dans certains milieux – et ils reflètent les préoccupations du microcosme brahmanique, qui ne représente qu'un fragment de la culture. L'historien moderne pourrait donc décider de ne pas se laisser imposer leur point de vue, mais ce serait méconnaître qu'il sert de référence à tous les autres, même ceux qu'il exclut, même ceux qui en font la critique.

La société de castes

Le sanskrit a deux mots pour désigner un groupe social déterminé : *varna*, « couleur, catégorie, espèce », et *jâti*, « la naissance ». Le premier remonte à l'époque védique, avec ses quatre classes fonctionnelles, dont on trouve des parallèles dans l'ensemble du monde indo-européen. Brahmanes, guerriers (*kshatriyas*) et producteurs (*vaishyas*) s'opposent aux serviteurs (*shûdras*), qui ne sont pas des

« deux-fois-nés » mais pas non plus des esclaves. La prêtrise et la royauté sont soigneusement distinguées et reliées : dans l'absolu, le pouvoir est subordonné au sacerdoce, tandis que dans les faits la prêtrise est soumise au pouvoir : cette interdépendance donne au couple du prince et du *purohita*, son brahmane conseiller, une place culminante ; par la suite, ce sera une caractéristique du système hindou que la distinction entre le statut religieux et le pouvoir politique, l'un du côté de la pureté et de la non-violence, l'autre du côté de la force et de la gestion souvent polluante du monde.

Les auteurs des *Lois de Manu* [1], en bons brahmanes, vont commencer par se rattacher à l'hymne X, 90 du *Rig Veda*, en rappelant que la hiérarchie des *varnas* est centrée sur l'idéologie sacrificielle : le brahmane est au sommet parce qu'il est le seul à pouvoir accomplir le sacrifice, alors que les autres sacrifient par son intermédiaire ; mais sans le *kshatriya*, particulièrement le prince, pas de prospérité et donc pas de sacrifices. De manière complémentaire, seul le brahmane a le devoir d'étudier et d'enseigner le Veda, les deuxième et troisième classes ayant seulement celui de l'étudier. Quant à la quatrième, celle des serviteurs, elle semble exclue et du *rita* et de la connaissance – d'ailleurs c'est une faute grave que de réciter le Veda à voix haute près d'un *shûdra*. Or on sait que l'hymne du *Purusha* auquel les *Lois de Manu* se réfèrent est l'un des plus tardifs du *Rig Veda* ; sans pouvoir le dater, on se doute qu'il est déjà le fruit d'une réinterprétation qui considère comme nécessaire de réaffirmer un grand cadre intemporel, celui des quatre *varnas*.

Mais la réalité se forge progressivement autour de la caste au sens propre du terme, telle que la culture indienne l'a élaborée d'une manière unique au monde. Cette genèse est solidaire de la naissance de l'hindouisme et de la fixation des traités de *dharma*, mais elle est très difficile à reconstituer et de nombreuses hypothèses contradictoires, sur lesquelles il est impossible de s'étendre ici, tentent de l'expliquer. De manière globale, le terme *jâti* désigne un type de sociabilité nettement défini : formé sur le verbe « naître », il indique en effet que le statut de caste ne s'acquiert pas par une action individuelle, si vertueuse ou qualifiante soit-elle, mais qu'il est pré-donné, déterminé par la naissance. L'axe central qui domine tout consiste en l'opposition du pur et de l'impur. Les *Lois de Manu* développent les règles et tabous caractéristiques de la première classe : ils sont nombreux et exigeants, tous vont dans le sens de la pureté maximale, qu'il s'agisse du rapport à soi-même ou du rapport avec les autres. On est toujours plus pur ou moins pur que quelqu'un, donc d'un statut supérieur ou inférieur, et le groupe le plus pur a besoin d'un autre groupe d'hommes sur qui décharger son impureté. Ainsi fonctionne la logique qui a donné naissance à un processus d'exclusion, l'« intouchabilité », sur lequel nous allons revenir. Cet axe va structurer la société en répartissant la multitude des castes selon trois principes.

La séparation tout d'abord. Un *jâti* est endogame, c'est-à-dire que l'on s'y marie à l'intérieur des lignées qui le constituent, avec une personne de même statut ; les traités distinguent les unions *anulomas*, littéralement « dans le sens du poil », hypergamiques, dans lesquelles l'homme a un statut supérieur à celui de la femme, et les unions *pratilomas*, « à rebrousse-poil », hypogamiques, dans lesquelles l'inverse se produit ; ils préfèrent les premières aux secondes, mais font place aux exceptions en les intégrant au modèle, gommant la très grande complexité de la réalité indienne, qui connaît des systèmes de parenté différents.

Dans tous les cas, le mariage est une institution extrêmement protégée – indissolubilité, punition sévère de l'adultère, veuvage strict pour les femmes, n'excluant pas des remariages pour les hommes. On le comprend, puisqu'il est la clé de la naissance, et donc du degré de pureté. La séparation s'exprime aussi par de multiples tabous sur les contacts entre personnes de *jâtis* différents : nourriture, habitat, métiers, services font l'objet d'une codification rigoureuse qui cloisonne les us et coutumes du village.

La hiérarchie, ensuite. La société indienne se présente comme une échelle le long de laquelle sont placés des groupes de statut différents qui, eux-mêmes formés de sous-groupes, reproduisent à l'intérieur ce principe structurel. La notion de hiérarchie a été précisément définie par Louis Dumont : « Une gradation religieuse [...] commande un classement des êtres selon leur degré de dignité », « principe de gradation des éléments d'un ensemble par référence à l'ensemble, étant entendu que dans la plupart des sociétés, c'est la religion qui fournit la vue de l'ensemble[2] ». Donc, en théorie, la caste la plus pure est au sommet, mais dans la réalité, la participation d'un groupe au pouvoir le rend supérieur à d'autres *jâtis* qui normalement devraient se trouver au-dessus de lui. C'est souvent le cas dans le village indien où une caste dominante, parce qu'elle possède la terre, est souveraine dans les décisions prises par le conseil de castes.

L'interdépendance, enfin. Comme le corps du *Purusha* védique, comme dans la fable des membres et de l'estomac, qui est d'origine indienne, la société des êtres humains est un tout organique, un grand corps vivant. À l'intérieur du village qui était, et est encore, l'unité de base de la société indienne, les échanges de services entre professions se font selon la hiérarchie, mais ils sont étroitement articulés de manière à protéger la solidarité fondamentale de l'ensemble[3].

Les quatre grandes classes védiques, dont on ignore le poids proportionnel à l'origine, ont en tout cas évolué dans la société hindoue telle que nous la saisissons au début du Ier millénaire de notre ère. Le *varna* brahmanique garde une grande visibilité, puisque c'est lui qui détient et transmet les traditions savantes. Il se diversifie en *jâtis* aux coutumes plus ou moins rigoureuses, végétariennes ou non, exerçant des métiers qui sont loin de tous concerner la sphère rituelle, mais qui gardent une attache à la vocation intellectuelle de cette classe : l'administration, le droit et la justice, les sciences, la production littéraire. Le poids démographique des *kshatriyas* diminue, la guerre devenant l'apanage de populations enrôlées, tribus ou anciens envahisseurs acculturés ou immigrés. Et si certains princes revendiquent toujours cette étiquette et, souvent, se font introniser en exhumant des rituels royaux fossilisés et en se fabriquant des généalogies prestigieuses, c'est pour mieux asseoir leur respectabilité en masquant leurs origines inférieures. Quant aux *vaishyas*, ils ne constituent plus, à supposer qu'ils l'aient jamais fait, un groupe homogène ; les très nombreuses castes de marchands, artisans, propriétaires terriens forment une classe moyenne, plus ou moins aisée, analogue au « tiers état » de nos sociétés européennes d'avant les révolutions. Restent les *shûdras* : serviteurs, ils ont surtout des devoirs et presque aucun droit ; ils font les métiers les plus durs, mais pas forcément les plus polluants. Cependant, la limite entre ces basses castes et les groupes intouchables est flottante. Les métiers, presque toujours héréditaires, deviennent des caractéristiques majeures de la caste.

Ajoutons à ce tableau les indices fréquents d'une mobilité réelle que les textes, tout occupés à énoncer un ordre intemporel, occultent. Il s'agit très rarement d'ascension ou de dégradation individuelles – il faudra attendre l'époque moderne pour cela – mais d'un déplacement d'une caste ou d'un fragment de caste sur l'échelle hiérarchique. Un enrichissement ou un appauvrissement, un accès fortuit ou volontaire au pouvoir, une élévation ou une stagnation du niveau des connaissances ou des savoir-faire, l'adoption de coutumes socio-religieuses plus strictes, de meilleurs mariages constituent autant de facteurs de mouvement : d'un village, d'un royaume, d'un siècle à l'autre, l'équilibre des castes au sein de la société globale varie et requiert une description spécifique.

Les quatre « stades de la vie »

Le modèle de vie vertueuse proposé à tout « deux-fois-né » se découpe en quatre périodes (*âshramas*) où il remplit des fonctions socio-religieuses différentes. Le substantif *âshrama* vient du verbe *SHRAM-*, « s'exercer, faire effort », volontiers utilisé dans le cadre de l'ascétisme pour évoquer le travail de transformation.

D'abord, l'hindou est un *brahmacârin*, un « étudiant brahmanique ». Dans sa petite enfance, il a été assimilé à un *shûdra*, car il ne devient un « deux-fois-né » qu'à partir de la cérémonie d'initiation, qui a lieu vers sept ou huit ans. Les traités de *dharma* préconisent qu'entre huit et seize à dix-huit ans environ, il mène une vie très austère chez un guru – du moins en principe –, puisque, levé tôt, il accomplit des gestes nombreux et très stricts de pureté rituelle (bain, ablutions, etc.), il entretient le feu sacrificiel et rend tous les services qu'attend la maisonnée du maître.

Plusieurs heures par jour, il reçoit les enseignements, qu'il mémorise et récite, et qui sont avant tout constitués par un choix de textes védiques et de commentaires. Il est astreint à une stricte chasteté.

Il devient ensuite un « maître de maison », *grihastha*, en recevant son feu (ou ses trois feux, chez les très hautes castes) sur lequel il accomplira les prières domestiques, dont les cinq offrandes quotidiennes (aux dieux, aux ancêtres, aux esprits, aux hommes, au Veda). Se marier selon les règles et engendrer au moins un fils constituent les devoirs religieux caractéristiques de son état. On attend du fils qu'il accomplisse les rites funéraires pour ses parents, et continue la lignée. La charge de maître de maison est porteuse d'une dignité éminente, manifeste dans tous les textes normatifs : « C'est lui qui tient les trois mondes en place[4] », en perpétuant les générations, en alimentant par sa force économique le système rituel et en nourrissant les renonçants.

« Quand un maître de maison voit des rides sur sa peau, ses cheveux devenir gris, et quand il voit les fils de ses fils, il peut partir lui-même dans la forêt », disent les *Lois de Manu,* VI, 2. Il entre dans le troisième stade de son existence. Il est autorisé à prendre sa femme avec lui, menant alors une vie continente avec elle, ou il la laisse sous la protection de ses fils. Il emmène son feu, afin de continuer à accomplir les rites, et ayant distribué tous ses biens, il subsiste d'une nourriture végétale, constituée par les produits sauvages de la forêt ; d'ailleurs, sa consommation est étroitement réglée, et il ne mange qu'une fois par jour, ou même tous les deux ou trois jours ! Il prend le bain rituel trois fois par jour, porte un vêtement d'écorce, laisse pousser ses cheveux et ses ongles ; il habite une hutte où il dort à même la terre, ou vit sous un arbre, et doit supporter de manière égale la chaleur la plus extrême, le froid, les pluies diluviennes. Il continue de réciter le Veda et les Upanishads pour la pureté de son corps, l'accroissement de sa connaissance, la réalisation du *brahman*. Il passe la journée en postures de yoga et en méditation, et il meurt calmement et consciemment. Telle est la figure idéale de cet ermite forestier[5] que l'on rencontre très fréquemment dans la littérature indienne, et qui a popularisé le sens spatial du mot *ashram*, comme un lieu solitaire, à l'écart, à l'opposé du village centré autour du « maître de maison ».

Quant au quatrième stade de vie, celui de renonçant, ou *samnyâsin*, il apparaît comme une radicalisation du précédent, entièrement orienté vers la libération définitive, et plus seulement vers une bonne renaissance. Il y a une rupture entre cet état et les précédents. Le *samnyâsin* est un solitaire, menant une existence à la limite de la sauvagerie, subsistant uniquement de nourriture crue ou mendiée, habitué aux jeûnes les plus extrêmes, ne résidant pas plus de quelques nuits au même endroit, accumulant des pouvoirs extraordinaires par la puissance de sa chaleur ascétique. D'ailleurs, il n'a plus que ce feu du dedans, puisqu'il a éteint son feu sacrificiel : on dit qu'il l'a « avalé » pour mieux montrer la forme radicalement nouvelle de son lien avec le sacrifice, dans laquelle il est lui-même l'acteur et l'offrande. Dans l'Inde ancienne, un *samnyâsin* n'était jamais incinéré après son décès, car on considérait que son ascèse l'avait entièrement « cuit » du dedans, si bien qu'il se trouvait toujours à l'écart du système rituel, et cela jusqu'à sa mort.

Cette synthèse rigidifie un lent processus historique dont nous pouvons peut-être saisir certaines étapes. Le mot *âshrama* n'apparaît pas dans les Vedas et les Brâhmanas ; en revanche, les stades d'étudiant brahmanique, maître de maison et diverses catégories d'ascètes forestiers sont identifiés. C'est dans la *Jabala Upanishad* que la liste des quatre *âshramas* semble pour la première fois constituée[6]. Les théoriciens hindous ont fini par distinguer : un modèle ascendant, dans lequel chaque stade manifeste un approfondissement de la vie religieuse ; un modèle optionnel, dans lequel il est possible de passer directement du stade d'étudiant à celui de renonçant, ainsi que l'ont fait beaucoup de grands sages, mais que les *Lois de Manu* déconseillent fortement, estimant qu'il faut d'abord rendre son dû à la société avant de renoncer ; et un modèle centré sur le deuxième état, considéré comme le seul essentiel, car le premier n'en est qu'une préparation, et les deux derniers ne permettent plus ni d'avoir un fils ni de sacrifier. Ces différences occultent certainement des confrontations entre des points de vue opposés quant à la vocation mondaine ou extra-mondaine de l'être humain, et quant à ce qu'est une vie renoncée authentique.

Il est intéressant de remarquer que les obligations ou les interdictions rituelles touchant au feu et à la nourriture sont insistantes. L'étudiant n'a pas encore de feu domestique, mendie pour son maître, dont il mange les restes, ne cuit pas les aliments. Le maître de maison prépare et cuit pour les dieux, mange leurs restes ; brahmane, il est le « cuiseur universel », au sens où tout le monde peut manger ce qu'il a cuisiné, et il se trouve ainsi au centre du système d'échanges entre les hommes, et entre les hommes et les dieux. L'ermite forestier représente un état intermédiaire, quant au renonçant complet, il ne se nourrit que de cru, ou de cuit mendié. Tout un vocabulaire religieux s'inscrit dans le même espace symbolique : ainsi a-t-on *dîkshâ*, l'initiation, venant de *DAH-*, « cuire » ; *tapas*, l'ascèse, de *TAP-* « chauffer, cuire » ; *grihastha*, le maître de maison, de *GRIH-*, « brûler », *pakti*, « maturation, perfectionnement », de *PAC-*, « cuire »... Dans cette perspective, l'individu passe par un premier stade où il fait l'apprentissage de sa relation au divin, ensuite il remplit exactement toutes les obligations rituelles, et son compagnon permanent est le feu ; puis vient le temps où lui est demandé d'intérioriser progressivement cette idéologie du sacrifice, de comprendre qu'il doit se faire lui-même offrande, que son ascèse est une manière de se « cuire », et donc de se perfectionner, en brûlant ses impuretés et ses attachements sur l'autel du feu intérieur. Celui qui ne devient pas *samnyâsin* s'offre lui-même une dernière fois sur le bûcher de la crémation. Quant au *samnyâsin*, il s'offre continuellement sur le brasier du Soi, l'*âtman*, étincelle du grand foyer universel qu'est le *brahman*.

Âshrama, au singulier, désigne aussi un espace idéal, très fréquemment décrit dans la littérature indienne, un lieu qui n'est ni le village ni la jungle ; ni celui de la communauté hiérarchisée des familles, traversée par les obligations et les tabous, les conflits aussi, ni celui de la sauvagerie et de l'absence de *dharma*. Paradis sur terre, la nourriture y est à profusion sans effort et sans travail, car la nature n'est pas domestiquée et elle donne sans compter. Dans les textes anciens, l'*âshrama* se présente comme un ermitage, où se rassemblent de saints brahmanes au troisième stade de leur vie, souvent avec épouse(s) et même enfants. Ces colonies de sages ont pu être plus ou moins importantes, et les Grecs d'Alexandre en ont connu. Dans « Village et forêt dans l'idéologie de l'Inde brahmanique », Charles Malamoud explore l'opposition/complémentarité qui relie le village (*grâma*) et la forêt (*aranya*). Le village, c'est le lieu où chacun accomplit son *svadharma*, en particulier lorsqu'il s'agit du maître de maison, dont la fonction principale est de sacrifier. Au contraire, le monde de la forêt est à la fois un domaine sauvage, en amont de la convivialité humaine, et, lorsqu'il est habité par des ermites, un espace sanctifié : « Le monde de l'*aranya* est à la fois en deçà et au-delà de la norme dharmique », « le lieu de la violence élémentaire » et « le lieu où s'élabore l'idéal de la non-violence ». Plus subtilement, la fonction du modèle normatif, c'est « d'indiquer la double nature ou la double propension de l'homme, sollicité à la fois par le plein et le vide, la société et la solitude, le village et la forêt[7] ».

Aujourd'hui, cette polarité symbolique demeure, sous des formes différentes. L'ashram moderne est toujours associé à l'idée de non-violence entre ses membres, d'entente idyllique entre l'homme et la nature. Il l'est d'autant plus que son opposé n'est plus le village, mais la grande ville, dévorante, polluée, matérialiste, infidèle au mode de vie traditionnel[8]. Les Occidentaux ont repris à leur compte cette utopie, et le cercle des disciples autour du maître, vivant de la même vie frugale que lui, fait partie des représentations courantes de l'Inde.

Rites de perfectionnement et de passage

Pour l'hindouisme, l'être humain, quel que soit son statut, est fondamentalement imparfait, solidaire d'un corps soumis à la maladie et à la corruption. Chez les « deux-fois-nés », toutes sortes de rites domestiques, qui renforcent les relations entre l'individu et son entourage, qui allient le religieux et le thérapeutique, confèrent à son existence une dignité et une pureté auxquelles son état naturel ne lui permettrait pas de prétendre. Ils répondent au nom de *samskâra*, qui connote une action de perfectionnement ou d'accomplissement[9]. Ils concernent des moments clés de la vie, dans une perspective large qui inclut, en amont de la naissance, la conception et, en aval de la mort, l'accès au statut d'ancêtre. Les traités en distinguent d'une dizaine à quarante, selon les castes : plus on est haut dans la hiérarchie, plus on est pur, et plus ils sont nombreux. On n'évoquera ici que les principaux d'entre eux : initiation, mariage, accueil du nouveau-né, rites funéraires.

L'initiation (*upanayana*) intervient au moment du passage au premier *âshrama*, pour marquer que le jeune garçon, élevé dans sa famille biologique, va la quitter pour l'apprentissage des connaissances sacrées chez un guru, devenant à son tour un maillon de la chaîne ininterrompue de la tradition. S'il appartient à l'un des trois *varnas* supérieurs, il reçoit à cette occasion le cordon, *sûtra*, qui symbolise son inscription dans la transmission. Les *Lois de Manu* lui ordonnent de considérer son guru comme celui qui l'enfante à la vie immortelle de l'esprit : « Lorsqu'un père et une mère, s'unissant par amour, donnent l'existence à un enfant, cette naissance ne doit être considérée que comme purement humaine, puisque l'enfant se forme dans la matrice. Mais la naissance que son instituteur, qui a lu la totalité des livres saints, lui communique [...] est la véritable, et n'est point assujettie à la vieillesse et à la mort[10]. » Le rituel peut varier, il associe différents éléments : l'eau qui purifie, le feu autour duquel le guru fait tourner son futur disciple, le don d'une parole sacrée ou mantra.

Plusieurs rituels de mariage ont coexisté. Les textes épiques témoignent de l'existence de compétitions ou d'épreuves qualifiantes pour la main d'une princesse, au sein d'un milieu royal. Le mariage brahmanique, *vivaha*, sanctionne le rôle religieux du couple, support de tout l'édifice social, tel qu'il est déjà décrit dans les textes les plus anciens : le sacrifiant védique, qui maintenait par les rites l'existence du cosmos, était un homme marié, et son épouse tenait une place fondamentale dans certaines cérémonies. Dans le cadre de la systématisation des « stades de la vie », le maître de maison hérite de cette charge qu'il remplit en choisissant une épouse : c'est elle qui fait de lui un « maître de maison ». Le *samskâra* lui-même comporte des éléments purificateurs : un bain lustral, le port d'un vêtement neuf, des oblations au feu autour duquel les futurs mariés doivent faire la circumambulation, la récitation de mantras, mais aussi des aspects de passage, la jeune fille vierge étant réputée épouse des dieux, et passant alors à un époux humain.

La conception est entourée de prescriptions précises, qui marquent l'importance attachée au devoir religieux d'enfanter un fils. On considère qu'une période d'abstinence préalable est favorable à la qualité de la semence paternelle, observation qui n'est pas sans rejoindre certains tabous sur la sexualité avant l'exécution de sacrifices à l'époque védique, et des réinterprétations successives, comme dans certains milieux d'ascètes où l'abstinence sexuelle est considérée comme augmentant la force génésique, et donc la puissance de l'individu en général. En tout cas, le mariage ne peut être consommé, selon les *Lois de Manu*, qu'au soir du quatrième jour, après avoir respecté la chasteté et des interdits alimentaires dans un but de purification, et après avoir fait offrande aux dieux. Pour concevoir, les deux époux doivent être « remplis de joie », se concentrer mentalement et accomplir le *samskâra* appelé *garbhadhâna* (« dépôt de l'embryon »), qui assimile l'acte sexuel créateur à un sacrifice ; le mari touche de sa main droite le giron de son épouse en récitant : « Que Vishnu prépare ta matrice », ou quelque autre prière courte. La grossesse est jalonnée d'actions symboliques, destinées à influer sur le sexe de l'embryon, à accueillir son âme, à ouvrir le passage pour le fœtus... toutes préoccupations analogues à celles que l'on connaît dans bien d'autres cultures traditionnelles où donner la vie est toujours une aventure risquée qui requiert la sollicitude des puissances divines.

Le *jâtakarman*, le sacrement de la naissance, accueille et intègre le nouvel être dans la communauté. Le père souffle à l'oreille du bébé les noms des Vedas, afin de l'introduire dans la trame du *dharma* constituée par le texte fondateur ; il lui fait goûter du beurre clarifié et du miel, substances solaires, protectrices et donneuses de longévité ; avant de le remettre aux femmes de la maisonnée, il lui donne le bain rituel qui le purifiera. Car le nouveau-né, s'incarnant, se trouve exposé au risque de l'impureté et le *jâtakarman*, grâce au souffle de la parole védique et à ce bain initial, le délivre de sa souillure de naissance et sacralise sa personne. En outre, la naissance est un moment d'impureté parce qu'elle met en relation un autre monde et le monde humain ; le nourrisson vient d'ailleurs, il ne sera pleinement d'ici que « dépollué » de son état d'entre-deux. Ces conceptions sont profondément enracinées dans la logique des *Lois de Manu*, où l'opposition pur/impur renvoie à celle de distinction/mélange. Ce qui est mélangé ou hybride est impur et requiert d'être « catégorisé » et fixé dans un état par le rituel approprié.

L'*antyeshthi*, la « dernière offrande », est celle que l'hindou fait de lui-même à sa mort : après avoir accompli des sacrifices, extérieurs ou intérieurs, toute sa vie durant, c'est enfin son propre corps qu'il laisse mettre dans le feu. L'*antyeshthi* marque le point culminant d'un processus dans lequel les *samskâras* successifs ont conféré une dignité, une

« qualification rituelle » (*adhikâra*), de plus en plus élevée, qui implique à la fois pouvoir et privilèges ici-bas et assurance d'immortalité dans l'au-delà. « Cuit et recuit » par le foyer auprès duquel tous les grands passages de son existence religieuse ont eu lieu, l'homme de caste devient cendres pures et immatérielles lors de la crémation, qui est soumise à certaines règles très strictes, car la mort est polluante. Comme le nouveau-né qui n'a pas encore été intégré, le défunt qui n'a pas encore accédé au statut d'ancêtre est « impur » ; en sa personne se mélangent deux mondes qui devraient rester distincts, celui des vivants et celui des morts. Aussi, comme dans beaucoup d'autres cultures, la famille du défunt doit se purifier pour pouvoir fréquenter à nouveau normalement la communauté humaine ; elle doit aussi se soumettre à des conduites symboliques de rupture ou d'effacement, afin que l'âme du mort ne retourne pas sur les lieux de son existence, où elle ne pourrait que troubler le cours normal des choses, puisqu'elle est désormais d'un autre monde.

La crémation ne clôt pas tout à fait le cycle des passages de la vie. Elle se prolonge par d'autres rites, qui peuvent durer une année, et viennent finalement rejoindre un culte des ancêtres permanent. Ces actions, réunies sous le terme de *sapindîkarana*, ont pour but de transformer le simple défunt en un être qui a atteint sa destination définitive dans l'au-delà et qui devient capable de protéger son *gotra*, sa lignée. *Sapindîkarana* est formé sur le mot *pinda* qui désigne une boule de riz cuit dans du lait et mélangée avec d'autres ingrédients, que l'on offre aux ancêtres paternels, en mentionnant pour chacun son nom et sa lignée. Lorsque le père meurt, le fils prépare quatre *pindas*, trois pour ceux qui sont déjà des ancêtres, les arrière-grand-père, grand-père et père du défunt, et une pour celui-ci ; cette quatrième boulette est partagée en trois et amalgamée aux trois autres. Pour faire court[11], disons que les *pindas* symbolisent les corps des morts de la famille passés à l'état d'ancêtres, et qu'en amalgamant celui du récent défunt à ceux qui l'ont précédé, on le fait lui aussi passer à l'état d'ancêtre, qui représente la fin d'un cycle de vie tout entier sacralisé par les *samskâras*.

Dettes et « buts de l'homme »

Il faut encore ajouter à ce faisceau de conceptions socioreligieuses l'idée, centrale dans le brahmanisme, que l'individu naît « endetté » envers trois types de débiteurs : les dieux qui ont donné le *dharma* et qu'il rembourse en rites ; les *rishis*, les Voyants primordiaux, qui ont composé le Veda et qu'il rembourse en l'apprenant par cœur ; ses ancêtres, auxquels il doit la vie et qu'il rembourse en procréant un fils. On peut lire dans cette conception remarquable une volonté de se référer aux trois modalités principales de la transmission : le maintien du corpus des rites, la récitation du texte fondateur, la continuation de la généalogie. À leur tour, ces trois modalités impliquent trois catégories de relations : entre les hommes et les dieux, entre les disciples et les maîtres, entre les vivants et les morts. Relié en amont et redevable d'une donation qui le précède, l'hindou s'inscrit nécessairement dans le courant d'une transmission qui ne peut jamais oublier ni les dieux, ni la révélation, ni les ancêtres.

Enfin, l'orthodoxie brahmanique a systématisé les valeurs fondamentales qui poussent l'homme à poser des actes, qu'ils soient strictement « religieux » ou plus largement ordonnés à sa place dans le monde et à la nécessité de s'y réaliser. Elle allie, d'une manière qui nous paraît paradoxale, un modèle idéal dont on peut se demander s'il fut jamais pleinement réalisé, sauf par quelques individus, et une vision très pragmatique qui fait place à la satisfaction des désirs – plaisirs sensuels, ambitions politiques, aspiration à la perfection.

Parmi les quatre « buts de l'homme » (*purushârthas*), *dharma* (l'ordre), *artha* (l'intérêt) et *kâma* (le désir, le plaisir) apparaissent comme des buts mondains, alors que *moksha* (la délivrance) est un but extra-mondain, une finalité de renonçants, intégrée et récupérée par cette construction brahmanique. Tout hindou est concerné par les quatre valeurs de la vie, mais il l'est différemment en fonction de sa caste et de sa vocation particulière. Ainsi le *dharma* est-il l'apanage plus particulier du brahmane. C'est une spécification assez normale : depuis toujours les brahmanes ont en charge le sacrifice, et donc la continuation des normes du monde. Mais ils ont aussi l'accès direct à la culture religieuse, ce qui les conduit en principe à être les plus conscients de la responsabilité de l'être humain dans le cadre de la création, et aussi plus prosaïquement à détourner la culture au profit de leur idéologie de classe – on ne s'étonnera donc pas que le *dharma* apparaisse comme le but le plus haut dans leur littérature !

L'*artha*, c'est le domaine de l'intérêt collectif, régi par les lois de l'économie en société, le domaine privilégié du roi, qui a pour mission de permettre que se réalisent pour son peuple tous les *purushârthas*, mais aussi l'apanage des *vaishyas*, les producteurs. Où règne l'*artha*, les divinités sont satisfaites et l'équilibre du monde, même s'il ne s'agit que d'une province, s'en trouve renforcé.

Kâma signifie d'abord « désir » mais aussi « satisfaction du désir, jouissance », un but de la vie considéré comme parfaitement légitime dans sa sphère. Déjà les textes védiques affirmaient qu'il ne pouvait y avoir de cosmos sans un désir d'être initial, et de rite sans désir d'accomplissement. Les maîtres des Upanishads, réfléchissant à la vie renoncée, ont reconnu à la fois la fragilité des attachements et l'irréductibilité de l'aspiration à se libérer. Quant à la *bhakti*, elle prône un amour brûlant pour la divinité qui est suprême volupté. On ne peut donc dire, comme on le fait souvent de manière simpliste, que l'hindouisme a méprisé le désir. Les *Kâma Sûtras* à la réputation sulfureuse chez nous sont attribués à un brahmane, Vâtsyâyana, qui entend énoncer des règles dharmiques sur les conditions d'une union amoureuse réussie, impliquant le choix des partenaires et une maîtrise la plus totale possible de leur physiologie. Il prévient que cette union est « toute différente de l'accouplement des animaux », qu'elle implique une éducation complète de la sphère des sens, qu'une discipline est nécessaire pour obtenir le but, la culmination du plaisir, qui est aussi son épuisement et son apaisement. L'expérience amoureuse y prend un sens par la concentration maximale et l'abandon de soi.

Reste *moksha*, la « libération » ; elle est complètement hétérogène aux trois autres « buts de l'homme », qui restent inscrits dans le *samsâra*, dans l'espace-temps du monde, englobés dans la loi cosmique qui dicte aux individus leurs places et leurs fonctions. « La Délivrance, dit Charles Malamoud, nous fait revenir au sujet, et même à l'intériorité pure, puisque ce bien que l'on poursuit quand on se consacre à la délivrance n'est rien d'autre que la coïncidence avec l'*âtman*, le Soi... C'est en s'engageant sur ce chemin que l'individu fonde son autonomie et devient une "valeur" ou une instance [12]. » Mais, dans cette société, tout le monde n'a pas la possibilité d'emprunter un tel chemin et d'accéder au statut d'individu autonome.

L'intouchabilité : hors du modèle, point de salut ?

L'origine de l'intouchabilité en Inde échappe à l'historien ; le Veda l'ignore. Logiquement, elle a dû naître en même temps que le système des castes, qui la suppose ou la construit. Dans le dixième chapitre, les *Lois de Manu* distinguent de l'ensemble des quatre *varnas* intégrés dans le cadre de l'hindouisme des groupes d'hommes caractérisés par leur condition d'exclus ; le terme générique qui les désigne est *candâla*, un mot ancien qui sera ensuite abandonné, auquel Manu accole systématiquement l'expression « le dernier des mortels ». À l'intérieur de cette catégorie, le texte énumère différentes strates, reproduisant le modèle hiérarchique qui préside à l'organisation du système dominant : chez les derniers des hommes, il y a des « castes » et des êtres qui sont plus derniers que les derniers. De nombreux noms sont mentionnés, parmi lesquels on reconnaît des patronymes tribaux, ce qui montre que la société villageoise confondait dans un même ostracisme des populations différentes, mais senties comme identiquement étrangères au *dharma*.

L'idéologie brahmanique, dans son incapacité à saisir les différences, voit la racine de l'intouchabilité dans une entorse à sa propre norme : le mélange illicite des castes, les mariages contraires aux règles d'endogamie, ou l'omission des *samskâras* qui font déchoir du statut. Les deux premiers cas créent une situation irréversible, qui marque l'individu avant même sa naissance et se transmet irrémédiablement à ses descendants. Le troisième est le produit d'un comportement personnel et n'a pas toujours été indélébile, des conduites rituelles d'amendement permettant de racheter la déchéance de caste. L'intouchabilité s'aggrave de génération en génération, car les descendants des unions hors norme ne peuvent que contracter eux-mêmes des mariages prohibés qui les écartent de plus en plus de la société. Exclus des cérémonies funéraires [13], ils n'ont donc pas accès à ce qui constitue le cœur de la transmission de l'identité spirituelle dans l'hindouisme et de la reconnaissance de l'individu à travers la chaîne de la vie divine. Les *jâtis* d'intouchables sont identifiés par des occupations spécifiques, celles dont les deux-fois-nés sont déchargés, comme le traitement de tout ce qui touche aux matières organiques et à la mort. Dès cette époque et jusqu'à aujourd'hui, les intouchables – équarrisseurs, tanneurs, vidangeurs, bourreaux, employés aux diverses manipulations qu'exigent les funérailles... – forment ce que nous considérons comme un prolétariat exploitable à merci, mais un prolétariat d'un genre bien particulier, puisqu'il se définit à la fois par une condition d'esclave et une pollution d'ordre religieux.

Les *Lois de Manu* statuent aussi sur le mode de vie spécifique de l'intouchabilité ; les divers prescriptions et tabous touchant à l'habitat, à l'habillement, à la nourriture, à l'accès aux puits, aux déplacements, sont tous sous le signe de la distance maximale. La représentation spatiale de cette mise à l'écart est le rejet sur la périphérie des quartiers intouchables, tandis que les hommes de castes occupent le centre du village traditionnel, selon un découpage hiérarchique. La périphérie exprime lisiblement la condition paradoxale d'êtres exclus mais indispensables au corps social qui les exclut. Surtout, les intouchables n'avaient pas le droit d'entrer dans les temples, de participer au rituel communautaire et domestique, tel qu'il a été pensé depuis la prestigieuse construction védique, d'apprendre les savoirs sacrés sans lesquels on ne peut se libérer. À peine les grandes fêtes et les pèlerinages leur permettaient-ils de contempler les divinités et de les chanter. Aussi ont-ils toujours eu leurs propres rites, regardés avec mépris par les brahmanes.

Les intouchables ne sont définis par rien de ce qui définit les hommes des *varnas* ; les *Lois de Manu* le disent bien : « Il n'y a pas de cinquième *varna* » (X, 4). Traduisons : il existe des hommes en dehors du système, mais ils n'ont pas de statut, ils sont *avarnas* ; le *a* privatif est à prendre au sens fort : l'intouchabilité est un état de non-droit, un « non-statut ». N'étant ni définie ni protégée par la culture dominante, l'identité de ces groupes opprimés est restée flottante, dans l'incapacité d'élaborer une contre-culture. On peut se demander comment une telle situation a perduré à travers les siècles ; c'est que, outre la force des obligations et des tabous, la fragmentation en multiples castes et sous-castes aux professions et aux coutumes hétérogènes a empêché les intouchables de prendre conscience de la force qu'ils représentaient, même dans les villages où ils étaient de loin les plus nombreux. La séparation, l'isolement restaient la règle de ces communautés très démunies, avec des variations importantes d'une région de l'Inde à l'autre.

Les deux-fois-nés justifiaient religieusement les différences entre les êtres par les concepts de *karma* et de *samsâra*, qui entendaient rendre compte de l'injustice sociale frappant certains individus par leurs actions mauvaises commises dans des vies antérieures, mais les enquêtes montrent que les intouchables eux-mêmes ne font que rarement référence à ces explications. En revanche, la manière dont ils ont projeté au niveau des croyances leur état d'abjection est frappante. Leurs mythes d'origine expliquent leur malheur par une erreur, une blague, une tromperie ou un malentendu. Le dieu suprême n'a pas désiré leur humiliation, mais un accident est intervenu, ou bien un brahmane pervers a obtenu ce résultat par la ruse... Ce genre de mythe se retrouve d'un bout à l'autre de l'Inde, chez les Chamars et les Bhangis au Nord, les Mahars du Maharashtra, les Doms du Panjab. Robert Deliège parle de versions locales « d'un mythe général qu'on pourrait appeler intouchable[14] », mais, comme il le remarque très justement, ce mythe prend acte de la situation comme intangible, sans possibilité de mutation, parce que la société de castes y apparaît toujours antérieure aux péripéties décrites. C'est là certainement la raison principale pour laquelle le « mythe intouchable », tout répandu qu'il soit, n'a jamais fondé une véritable culture intouchable, capable d'élaborer une identité spécifique face à ceux qui la lui déniaient. Aussi n'y a-t-il rien d'étonnant à ce que certains d'entre eux, depuis le XIXe siècle, se soient posé la question : « Suis-je hindou ? » et y aient répondu par la négative[15].

Une idée assez courante parmi les Occidentaux et parfois acceptée en Inde veut que les intouchables aient subi leur sort avec une passivité en quelque sorte constitutive. De ce rapide résumé, on peut pourtant déduire que la précarité de leur existence tient avant tout à la diversité des contextes géographiques, historiques, socio-politiques de l'immense sous-continent, qui a abouti à une fragmentation extrême des revendications et empêché toute action de masse. La plupart des intouchables ont été des travailleurs agricoles et villageois très pauvres, rivés à l'aire étroite de leur lieu de naissance. Cependant, il n'est pas exact de penser qu'ils ne se sont pas révoltés ; on a dans l'Inde médiévale l'écho de mobilisations sporadiques qui avaient la faim pour ressort principal, et comme nous l'avons mentionné ici et là, de grands saints ont voulu que la *bhakti* s'ouvre aux plus méprisés. Plus on s'approche de l'époque contemporaine, plus on a d'informations et mieux on constate la capacité de certains groupes serviles à se dresser contre un ordre inique justifié par les traditions religieuses. Le XIXe siècle en montre la puissance : avant que les politiques de discrimination positive se mettent en place, les Nadars et les Shanars du Tamil Nadu, les Izhavas du Kerala, les Chamars du Maharashtra avaient entamé les luttes de libération qui leur permirent, entre autres victoires, d'entrer dans les temples, d'accéder aux textes sacrés et de subvertir la hiérarchie du pur et de l'impur [16]. Certes il leur faudra beaucoup de temps pour obtenir ces acquis, et des conditions nouvelles les favorisent. Mais envisager la société hindoue comme immobile, figée dans une intemporalité qui aurait interdit toute évolution, est une vue totalement erronée.

CHAPITRE 8

Femmes hindoues

Consacrer un chapitre particulier à la religion des femmes, ce pourrait être séparer artificiellement ce qui est profondément imbriqué dans les us et coutumes, ou encore céder à quelque idéologie féministe. La place manquant ici pour discuter la validité de ce choix, disons au moins que le point de vue se justifie par la lumière qu'il jette sur l'hindouisme en général, certaines de ses valeurs, contradictions ou évolutions, qui ressortent mieux lorsque les femmes en sont les actrices ou les victimes. L'ethnologie montre d'une part que dans les pratiques les femmes sont en général plus assidues que les hommes qui se débarrassent volontiers sur leurs épouses des rites quotidiens domestiques ; et d'autre part, qu'elles observent souvent des jeûnes hebdomadaires pour la longue vie de leur mari. Elles ont par ailleurs des rites spécifiques sur lesquels nous ne nous étendrons pas, car il ne s'agit pas d'évoquer une « religion des femmes », un hindouisme au féminin – qui n'existe pas en tant qu'objet spécifique – mais de parler « des femmes dans la religion », de ce qu'elles en font, de ce qu'elle fait d'elles.

Le lot commun de la femme

Un statut précaire

Le peu que nous savons des femmes à l'époque védique se situe, comme pour les hommes d'ailleurs, dans le cadre du rituel, c'est-à-dire que cela ne concerne certainement qu'une élite. Il semble qu'au sein de ce microcosme qui a la haute main sur la religion, des femmes aient eu une place et des responsabilités dans le déroulement de certaines cérémonies. Un texte déclare même qu'« un sacrifice sans la femme n'est pas un sacrifice », et il est clair que la présence des femmes des sacrifiants est un puissant adjuvant à la régénération du cosmos, explicitement reliée au potentiel féminin de procréation.

Or les doctrines brahmaniques ultérieures semblent avoir rompu avec cette valorisation et ce respect relatifs ; elles contestent la possibilité, pour la femme, d'une libération définitive, c'est-à-dire de l'atteinte du but suprême, même si elle a été parfaitement vertueuse : il lui faudra d'abord renaître en homme avant de connaître *moksha*... La déclaration de Vishnu dans la *Bhagavad Gîtâ* (IX, 32), selon laquelle même les femmes et les *shûdras* ont droit à la délivrance, témoigne à la fois de la dégradation de l'image de la femme et d'une certaine ouverture de la *bhakti*. Une thèse vraisemblable pose qu'entre l'époque védique et l'hindouisme historique, il y a eu, au niveau du rituel domestique, une implication plus grande des prêtres, et que cette évolution a été doublement déqualifiante pour les femmes : parce qu'ils sont des hommes, représentants d'une culture masculine dominante, et parce qu'ils ont une obsession de la pureté qui met très fortement en jeu, et de manière asymétrique, les relations entre les sexes [1].

Selon la plupart des traités de *dharma*, les femmes n'ont pas droit à certaines habilitations religieuses dont nous avons vu qu'elles étaient prescrites aux « deux-fois-nés ». L'initiation, qui permet l'entrée dans le cycle des « stades de la vie » et la relation avec un guru, ne concerne explicitement que les adolescents. Cela implique en particulier que la connaissance directe de la Révélation est réservée aux garçons, et que les filles n'ont accès que fragmentairement, presque par ouï-dire, à ce savoir libérateur, porteur en soi de salut. Leur initiation, c'est le mariage, mais les *Lois de Manu* [2], en précisant clairement les types d'unions souhaitables ou répréhensibles, prennent soin de toujours maintenir l'infériorité statutaire de la femme : on ne souhaite pas épouser des femmes de plus haute caste que la sienne et la dégradation, en cas de mariages inter-castes, provient plus fortement de la mère que du père. Quant aux funérailles, qui constituent le dernier sacrifice de l'hindou, ils prescrivent qu'un *dvija* les accomplisse pour son épouse, à la condition qu'elle ait appartenu à la même *jâti* que lui (V, 167). Mais il apparaît clairement de ce qui est dit, et surtout de ce qui n'est pas dit dans les textes normatifs, qu'elle a une place subalterne dans la chaîne des vivants et des morts, qui passe essentiellement par la transmission entre père et fils.

Dans cette culture brahmanique, l'hindoue n'existe pas par elle-même, elle est toujours « fille de Untel », « femme de Untel », « mère de Untel » : ce sont là ses trois « âges de la vie », définis par des références, en dehors d'elle, aux hommes dominant chaque phase de son existence. Nous dirions aujourd'hui qu'il y a eu un consensus sur la privation d'identité de la femme, même si toutes les sphères de la société traditionnelle n'y ont pas participé. Cela implique en particulier que l'idéal auquel elle doit se conformer soit celui d'une continue et absolue soumission : « Une petite fille, une jeune femme, une femme avancée en âge, ne doivent jamais rien faire suivant leur propre volonté, même dans leur maison. Pendant son enfance, une femme doit dépendre de son père ; pendant sa jeunesse, elle dépend de son mari ; son mari étant mort, de ses fils [...]. Une femme ne doit jamais se gouverner à sa guise » (V, 148).

L'impureté et la pureté :
la faute d'Indra et le « devoir d'épouse »

Un mythe, qui a servi à justifier la constitution féminine, noue ensemble les différents motifs de la pureté du brahmane, de l'impureté récurrente des femmes, et de la fragilité de leur chasteté, toujours sujette aux tentations de la sexualité. Le dieu Indra s'est rendu coupable de brahmanicide en tuant Vishvarûpa, un démon tricéphale qui avait le statut de prêtre : il demande à la terre, aux arbres et aux femmes de prendre chacun un tiers de sa faute. À ces dernières, il propose un marché : certes, elles seront pour toujours marquées par son crime en ayant des règles, mais elles obtiendront dans la sexualité une jouissance plus intense que les hommes[3]. Comme l'écrit Catherine Weinberger-Thomas : « Ce contrat ressemble à un marché de dupes : leur impureté périodique vaut aux femmes de déchoir dans l'échelle des êtres. Elle entraîne un statut permanent d'asymétrie sociale qui change leur destinée. Les règles des femmes font leur apparition comme contrepartie d'une capacité à la jouissance. Cette capacité sexuelle continue, limitée par la seule circonstance de l'accouchement, porte en elle la menace des dérèglements qui deviennent l'apanage des femmes[4]. » Du fait de leur physiologie, celles-ci sont perçues comme plus largement sujettes à l'impureté de la vie organique : nous l'avons vu, tous les résidus corporels et, d'une manière plus générale, tous les processus qui ont trait à la naissance et à la mort sont polluants, alors combien plus le sang menstruel ! Un *dvija* au plus haut degré de pureté, par exemple un brahmane de caste très stricte qui s'apprête à sacrifier, se trouve particulièrement en danger de « contamination » dans ses relations avec la femme, et un grand nombre de mesures préconisées par les textes de *dharma*, qui paraissent étranges, s'expliquent dans ce cadre. À cela s'ajoute bien évidemment le fait que dans la famille indienne, qui ne se réduisait pas au noyau étroit de la famille occidentale moderne, les relations de l'épouse avec les hommes de sa belle-famille, beaux-frères, cousins et collatéraux vivant sous le même toit ont été l'objet de suspicions, et donc de tabous sévères.

Un modèle brahmanique complémentaire de celui des hommes s'est donc élaboré, et il est encore plus contraignant. Le *strîdharma*, le « devoir d'épouse » consiste à ne vivre que pour son mari et sa progéniture. Cela est commun à bien des traditions religieuses, mais prend ici un relief particulier. Tour d'abord, la vie maritale commence par un deuil radical, puisque la jeune fille est séparée de sa famille maternelle – les récits populaires sont remplis de la tristesse de cet arrachement. Puis c'est en accomplissant, en pensées et en gestes, toutes les prières et les rites pour le bien-être (*saubhâgya*) de ces autres dont elle dépend et qu'elle protège, qu'elle se réalise religieusement. Son époux doit être son seul dieu, celui qui capte les bénéfices de sa dévotion, et s'il meurt avant elle, elle y est pour quelque chose : une implicite mais profonde culpabilité plane sur les veuves et a permis qu'elles soient réduites, quand le contexte familial s'y prêtait, à une vie recluse vouée à des tâches subalternes. On comprend alors les échos ataviques du souhait exprimé encore aujourd'hui au cours de l'enquête d'une ethnologue : « Le seul but [la libération] est contenu dans ce vœu : puissé-je mourir en femme mariée heureuse[5] ! »

Le devoir d'épouse implique une singulière vigilance quant à la permanente restauration de la pureté, régulièrement mise à mal par la physiologie féminine, et de la chasteté, menacée par un mental accessible aux tentations d'un désordre sexuel, fantasme masculin intériorisé par les femmes. Pour entrer dans l'ensemble des contraintes que supposent les pesants regards de la culture savante masculine, la petite Indienne dispose de puissants archétypes divins, qui lui sont présentés pendant son enfance, à travers les récits et les images divines, formant sa conscience, l'amenant à se conformer aux attitudes qui sont attendues d'elle, aux sentiments mêmes qu'elle doit éprouver. La figure mythique la plus aimée et la plus célèbre, celle de Sîtâ, la parfaite épouse de Râma dans le *Râmâyana*, doit fonctionner comme exemple. Le grand psychanalyste indien Sudhir Kakar dit de Sîtâ qu'elle est « l'idéal du moi » pour l'hindoue. Dans un monde où, en effet, « son identité [de la femme] est entièrement définie par sa relation aux autres[6] », Sîtâ confère une sorte de destin ou de sens à sa vie, certes impersonnels, en rapport avec la voie de libération proposée aux femmes, qui est, au sens fort des termes, la dévotion conjugale. Balayant les hésitations de Râma injustement exilé, elle déclare : « Un père, une mère, un fils, une belle-fille jouissent de leurs mérites personnels et obtiennent chacun le sort qui lui est dû. Seule l'épouse suit la destinée de son mari, ô taureau des hommes ; dès lors mon devoir est tracé : je séjournerai dans la forêt. Pour la femme, ce n'est ni son père, ni son fils, ni sa propre personne, ni sa mère, ni ses amies, mais c'est son époux qui, dans ce monde et en l'autre, est toujours son unique voie[7]. » La pureté et la fidélité de l'épouse doivent être constantes, et capables de s'affirmer jusqu'au sacrifice de soi. Les mythes et légendes offrent bien d'autres figures emblématiques du comportement idéal que doit adopter la petite fille : Damayantî, l'épouse délaissée dans la forêt, n'émet pas une plainte ; Sâvitrî négocie avec Yama, le dieu de la mort, pour qu'il lui permette de se trouver enceinte de son mari défunt et d'assurer ainsi sa descendance. Quant à Arundhatî, elle est la femme la plus chaste de l'Inde, qualité qu'elle a gagnée d'une manière bien étrange : en effet, au début des temps, Brahmâ le créateur fut pris de désir pour sa fille Samdhyâ, le Crépuscule ou l'Aurore *, et elle le lui rendit bien ; Brahmâ maudit Kâma, le dieu de l'éros, qui lui avait inspiré ces pensées interdites, et le condamna à être consumé par Shiva. De son côté, Samdhyâ eut une autre attitude : se considérant comme impure, elle décida de s'immoler par le feu, non sans avoir formulé le vœu que les nouveau-nés à venir soient protégés du désir et obtenu que celui-ci ne trouble pas les êtres avant l'adolescence. De ses cendres, naquit Arundhatî qui devint l'épouse du brahmane Vasishtha[8].

Les pouvoirs du féminin

Socialement infériorisées, souillées par la faute d'Indra à laquelle elles n'ont nullement participé, mais dont elles portent la conséquence au plus intime d'elles-mêmes, les femmes disposent pourtant d'une puissance qui inquiète

* Nous avons déjà fait référence à une partie de ce mythe, chap. 4, p. 110.

l'univers masculin. Ainsi le sang qui les rend impures est aussi source de pouvoirs. Une force sacrée réside dans la femme ; comme tout sacré, elle peut prendre des formes bénéfiques ou maléfiques, socialisées ou sauvages, elle doit donc être canalisée par le rituel. Ainsi s'explique sans doute le sens d'une des séquences du mariage, avant sa consommation, lorsque l'époux asperge la tête de son épouse avec de l'eau consacrée, et qu'il prononce en même temps cette prière : « Le mal qui réside en toi, apportant la mort à ton mari, à tes enfants, au bétail, détruisant maison et renommée, je le change en celui qui apporte la mort à ton amant. Ainsi, vis avec moi jusqu'à nos vieux jours, toi Unetelle[9]. » À cette dépréciation se conjugue la méfiance envers l'étrangère qui introduit de l'altérité dans le lignage, puisque la jeune femme vient habiter dans la famille de son mari sans qu'on sache encore si elle répondra à ce que l'on attend d'elle.

Cette crainte d'un mal qui résiderait intrinsèquement dans la femme a, là encore, intéressé Sudhir Kakar dans une perspective psychanalytique. D'une part, la mère investit puissamment son enfant, surtout si c'est un fils, car il lui donne la considération dont elle a été privée, et même bien plus que cela : « La situation de la jeune épouse, en termes d'intégration familiale et de bien-être affectif, change de façon spectaculaire quand elle se trouve enceinte », si bien que « l'enfant à naître est perçu comme son sauveur, comme celui par qui l'amour et l'acceptation de sa mère par les autres arrivent, thème que l'on retrouve dans de nombreux récits et légendes[10] ». D'autre part, l'enfant indien reste très longtemps dans le giron maternel ; sevré tard, éduqué par un être qui se perçoit comme entièrement à son service et dont il dépend longtemps pour tous ses besoins, il ne construit que lentement de réelles relations avec le monde des hommes. Ce qui reste souvent vrai aujourd'hui l'était encore plus autrefois. La genèse du moi et de la vision du monde chez le petit Indien, et singulièrement chez le petit garçon, s'accomplit donc sous l'emprise d'une fonction maternelle surpuissante. Kakar y voit la racine inconsciente du clivage que la culture exprime dans les mythes, où sont si présentes les déesses bienveillantes et terribles à la fois, les amantes-mères de la sphère shivaïte et tantrique *. « L'ambivalence fantasmatique » de la « nourrice bienfaisante et dangereuse séductrice[11] » est en effet l'une des caractéristiques des déesses indiennes, aux côtés des figures idéales et apaisées de la fidélité conjugale.

Lorsque l'enfant d'autrefois, devenu un homme pleinement initié, décide de choisir la voie du renoncement, les femmes et les déesses se dressent sur son chemin. Absorbé dans l'austère autarcie de la méditation, il se voit convoité par elles, et Kâma, le dieu du désir, le brûle. Elles lui font répandre son sperme, perdre ses énergies alors qu'il s'efforce à une intense concentration. Les dieux connaissent si bien ces tentations presque irrésistibles que lorsqu'un mortel leur semble devenir trop sage, et donc aussi trop puissant, craignant pour leur propre supériorité, ils lui envoient une égérie à la grâce irrésistible. Ces histoires participent de l'imaginaire collectif indien. Le *Râmâyana* raconte, par exemple, l'aventure du grand ascète Mândakarni : « Durant dix milliers d'années, il ne se nourrit que de vent, couché dans l'eau. Troublés, tous les dieux, Agni en tête, s'assemblèrent et se dirent les uns aux autres : "Le siège de l'un de nous est convoité par cet ascète" [...]. Alors pour détruire son *tapas*, tous les dieux députèrent cinq Apsaras [nymphes célestes] d'élite, au teint brillant comme

* Voir chap. 4, p. 113-119.

l'éclair. L'ascète, bien qu'instruit de ce qu'il y a de meilleur et de pire, fut jeté par ces Apsaras dans l'esclavage de Madana [le plaisir sexuel] et les dieux atteignirent leur but[12]. » Shiva lui-même ne résista pas à Pârvatî, la sublime fille du roi des montagnes, que les dieux envoyèrent le séduire, n'ayant pas réussi autrement à interrompre son *tapas* qui l'eût rendu à la longue plus puissant qu'eux tous réunis, déséquilibrant l'ordre des mondes.

Rappelons aussi que le passage au deuxième âge de la vie, celui de « maître de maison », pivot socio-économique de tous les autres, nécessite le mariage : en ce sens, l'épouse consacre l'époux dans une nouvelle étape de son statut religieux. Plus encore, si elle se révèle capable de lui donner un fils, elle assure son immortalité en lui permettant de rembourser l'une de ses dettes, de recevoir à sa mort les funérailles qui fraieront à son âme le chemin vers l'au-delà et de prendre place dans la lignée des ancêtres. Ainsi la recette humaine de la survie passe nécessairement par la médiation du féminin. Que l'épouse du « deux-fois-né », et singulièrement du brahmane, soit celle par qui advient une plus haute qualification religieuse se retrouve sous d'autres aspects dans l'espace de la fonction royale. Sîtâ n'est pas seulement parfaite mais, fille du puissant roi de Janaka, elle a jailli du sillon que son père a ouvert dans le sol : ce rite de hiérogamie fait de la princesse l'enfant de la puissante déesse Terre et exprime la relation sacrée, charnelle et sexualisée dont le *râja* hindou tient son autorité. En effet il n'est de roi remplissant son *svadharma*, c'est-à-dire assurant pour son peuple la permanence des faveurs divines, que celui qui a été consacré par le consentement de la déesse Terre à se laisser conquérir par lui. Il n'est pas non plus de roi pleinement agissant sans épouse ; les rois veufs sont malheureux, et ce malheur leur est compté, parce qu'il devient collectif.

Le féminin possède donc un caractère auspicieux, lié à l'idée répandue de « bon augure ». Les *Lois de Manu*, si sévères à l'égard des femmes, l'affirment avec force : « Partout où les femmes sont honorées, les divinités sont satisfaites [...]. Toute famille où les femmes vivent dans l'affliction ne tarde pas à s'éteindre » (III, 56-57).

Vocations d'exception

Malgré la force du modèle de dévotion conjugale, ou peut-être à cause d'elle, les hindoues, à toutes les époques, ont répondu à d'autres appels d'une étrange radicalité ; qu'elles l'aient toujours fait volontairement, sans subir la pression de leur communauté, est une question à laquelle il est la plupart du temps impossible de répondre pour des temps anciens, mais qui se pose évidemment. Et il serait imprudent d'en juger à partir des témoignages contemporains : certaines coutumes sont tombées en désuétude et la marge d'autonomie des femmes s'est considérablement élargie.

Ascètes et saintes

Dans la *Brihad Âranyaka Upanishad*, Janaka, le roi de Videha, a réuni les brahmanes les plus habiles en un grand concours philosophique qui donne l'occasion au plus brillant d'entre eux, Yâjñavalkya, d'énoncer les principes de la non-dualité. La scène remonte aux débuts du Ier millénaire avant notre ère. Parmi les protagonistes, une femme, Gârgî Vâcaknavî, n'est pas la moins acharnée à poser des énigmes et à exiger des réponses. Elle fait partie de quelques rares figures dont nous ne savons rien d'historique, mais qui ont dû correspondre à une certaine réalité dans les milieux d'experts en rituel. Ces femmes savantes répondaient au nom de *brahmavâdinîs*, « celles qui discourent sur le *brahman* ». Elles semblent avoir fait vœu de célibat perpétuel, demeurant dans le premier stade de la vie (*brahmacârya*), celui d'« étudiant(e) brahmanique ». Le devoir d'épouse ne les concerne donc pas, mais pour autant, elles n'ont aucun comportement transgressif et se conforment aux règles de pureté et aux tabous en usage dans les hautes castes ; elles devaient suivre les enseignements d'un guru appartenant à une transmission védique. Leur existence, orientée vers la seule poursuite de la libération, ne pouvait qu'être ascétique.

Mais d'autres trajectoires jalonnent l'histoire religieuse de l'Inde et présentent des traits plus curieux, qui, même s'ils sont en partie légendaires, témoignent d'une liberté possible, justifiée par l'appel du divin. Les grands mouvements de *bhakti*, aussi bien shivaïtes que vishnouites, ont permis à des femmes de mener une vie de renoncement aussi autonome que celle des hommes. Elles sont souvent dépeintes comme intrépides, car elles doivent braver l'opinion commune, ou profondément abandonnées, ne trouvant la force de cette liberté qu'en Dieu. Pourtant, leurs communautés les ont reconnues et vénérées. Il est frappant que Cekkilâr, qui a composé au XIIe siècle la légende dorée des shivaïtes tamouls *, commence par évoquer une mystique, Kâraikkâlamaiyâr, qui aurait vécu au VIe ou VIIe siècle, et dont on possède encore quelques poèmes. La tradition veut que son futur mari, reconnaissant en elle une incarnation de la Déesse, ait accepté de ne pas l'épouser. Elle aurait adhéré aux Kâpâlikas, défiant la bonne société des marchands de Karikkal, et obtenu de Shiva qu'il la rende

* Voir chapitre 6, p. 144.

aussi repoussante qu'un fantôme, afin de protéger sa solitude. Elle eut des visions et inspira ses successeurs, les dévots poètes Campantâr, Cuntarâr et Mânikkâvacakar. Au Karnataka, on a l'exemple d'Akkâ Mahâdevî ; mariée à un roi jaïn du XIIe siècle, elle le quitta parce qu'il refusait de se convertir au shivaïsme (un motif qui réfère à la vigoureuse compétition entre shivaïtes et jaïns à cette époque). Nue et errante, elle a appartenu à la communauté des Vîrashaivas ; elle devint l'épouse de l'image de Shiva en son temple de Shrisailam et « mourut » en se laissant absorber par elle. Quant à l'école cachemirienne, nous l'avons vu, elle vénère Lallâ, une brahmane qui abandonna son époux pour suivre la voie tantrique, rejetant la distinction du pur et de l'impur et pratiquant le yoga. Ses « dits mystiques » ont été pieusement recueillis et par les hindous et par les musulmans adhérant au soufisme. Ils témoignent d'une haute culture, appuyée sur l'intense expérience du détachement et un amour brûlant pour Dieu. Il en est de même pour la princesse rajpoute Mîrabâî, une très haute figure du vishnouisme.

On voit, à ces quelques exemples, que non seulement une femme peut avoir une vie spirituelle autonome, mais qu'elle peut aussi faire fonction de guru, enseignant même aux hommes des éléments de sagesse. Leurs dévots ont parfois créé des ashrams pour elles et autour d'elles. Ce que l'on prend souvent pour une innovation de l'Inde contemporaine reflète en réalité un lointain passé, même si la vie individuelle est plus libre aujourd'hui. Mâ Ananda Moyî (1896-1982), une brahmane bengalie, a eu une étonnante autorité spirituelle aussi bien chez ses compatriotes que chez les Occidentaux, et elle a réinterprété le Vedânta en termes actuels. Issue d'une basse caste et beaucoup moins instruite, la Kéralaise Mâ Amritananda Mayi prêche la *bhakti* et l'abandon en termes plus affectifs, et elle a un immense succès. D'autres, moins connues en dehors de l'Inde, ont eu de très grands charismes, comme Shobha Mâ, née en 1921 dans un village du Bengale et devenue une « déesse vivante » à laquelle est rendu un culte qui tient autant de la vénération de Kâlî que de celle de Krishna [13].

Épouses des dieux

L'institution des *devadâsis*, littéralement les « servantes des dieux », s'est développée dans deux contextes traditionnels reliés entre eux par le pouvoir dont disposaient les castes dominantes : le rituel des grands temples et celui des cours royales, où elle répond plutôt au nom de *râjadâsîs*, les « servantes des rois ». On ne s'accorde pas sur son ancienneté ni sur son origine. Le Deccan médiéval en donne une conséquente documentation, particulièrement sous les dynasties hoysala du Karnataka et cola du Tamil Nadu, ainsi que dans le royaume de Vijayanagar. Les deux offices, liturgique et royal, pouvaient être remplis par les mêmes femmes.

Les *devadâsîs* dansaient pour le divertissement des dieux et des princes. Elles avaient pour modèles les Apsaras, ces nymphes célestes que les récits mythologiques associent à *kâma*, le désir et le plaisir, une sphère légitimement reconnue comme l'un des quatre « buts de l'homme » dans la hiérarchie brahmanique des valeurs *. Auprès des rois, elles incarnaient aussi la *shakti* de la déesse Terre. Leur art, qui constituait l'aspect le plus spectaculaire de fonctions diver-

* Voir chapitre 7, p. 177-178.

ses, exigeait un dur apprentissage, assimilé à un *tapas*, une ascèse transformante, et il ne pouvait être exercé sans une initiation. Il était codifié dans des traités, les *Natya Shâstras*, qui lui assignaient une origine divine – on se souvient que Shiva est le *Natarâja*, le « roi de la danse ». La transmission en était assurée par des brahmanes qui faisaient fonction de gurus. Les *devadâsîs* avaient à intérioriser et à représenter les mythes, à faire de leur corps l'instrument sublimé d'une gestuelle sacrée, afin de susciter chez les dieux le plaisir et chez les spectateurs humains une gamme d'émotions religieuses. Dans les temples, elles constituaient ainsi l'une de ces nombreuses catégories de spécialistes qu'a requises l'épanouissement de la *bhakti*. Le modèle idéal voulait que, transfigurées par leur discipline, elles deviennent les « épouses » du dieu pour qui elles dansaient, et dans l'espace-temps momentané de la scène, des intermédiaires entre le monde humain et le monde céleste. Mais le mariage divin impliquait l'oblation totale et rejoignait les multiples chemins du sacrifice de soi dans la dévotion.

La réalité sociologique semble pourtant moins valorisante, ou du moins laisse apercevoir les contextes très divers dans lesquels s'est développée cette institution profondément ambiguë. Certaines femmes de hautes castes ont été vouées aux grands temples, et leur prodigalité qui se manifestait en dons d'objets liturgiques luxueux et en fondations pieuses témoigne de leur richesse en même temps que de leur indépendance. Le statut d'épouses divines aurait dû leur interdire toute liaison humaine, mais on sait qu'elles ont souvent servi de concubines à des brahmanes. Lorsqu'elles étaient issues de milieux moins nobles, elles étaient moins protégées et accomplissaient des tâches d'entretien et de préparation des offrandes, au même titre que les épouses d'employés de basses castes. On constate aussi que les jeunes filles, rarement libres de leur choix, pouvaient servir d'objets passifs dans des transactions où leurs familles les « offraient » au temple pour obtenir mérites ou guérisons, ou pour exprimer leur gratitude en retour d'un bienfait divin. Elles n'ont pas toujours été à l'abri du mercantilisme sexuel, ce qui explique que les colonisateurs britanniques, puisant leurs repères dans le puritanisme protestant, aient purement et simplement assimilé l'institution des *devadâsîs* à la prostitution organisée et l'aient vouée aux gémonies.

Une vaste controverse s'est alors développée dans le courant du XIXe siècle, relayée par les courants hindous réformistes. Elle aboutit à des lois prohibant la coutume dans différents États indiens, entre 1890 et 1930 – mais il a fallu renforcer l'arsenal répressif dans les années 1980[4]. Si cette campagne a permis de mettre en lumière des pratiques sordides, elle a aussi évacué toute la dimension religieuse et témoigne d'une certaine « honte de soi » face à l'éthique moderne incarnée par l'Occident. Par un curieux détour d'ailleurs, c'est dans les années 1930 qu'un mouvement de réhabilitation et de réinterprétation de la danse, en particulier du *bharatanatyam*, a vu le jour. Il est le fait d'une élite en quête de son prestigieux passé et d'une assise culturelle pour la nation nouvelle qu'elle s'efforce de construire. Les épouses des dieux aux destins contrastés ne sont plus que de pâles figures, victimes de coutumes surannées, aux yeux d'une bourgeoisie où la danse indienne fait partie de la bonne éducation des filles.

Les satîs : sacrifice de soi et divinisation

Ni les Vedas ni les *Lois de Manu* n'évoquent les *satîs*, mais nous savons par les Grecs qu'il arrivait qu'une veuve

« se jette dans les flammes qui consument son époux et brûle avec lui comme au comble du bonheur[15] ». Nous aimerions en savoir plus, et sur le milieu dans lequel se pratiquait pareil rite, et sur les biographies des femmes qui s'y prêtaient, et sur ce « bonheur » qui colorait leurs motivations... Il semble que cette coutume fort ancienne ait connu un déconcertant regain à partir des années 1950 au Rajasthan, un État né du rassemblement d'anciens États princiers où deux castes particulièrement traditionalistes, les Rajpoutes guerriers et les Marvaris marchands, se concurrençaient pour l'orthodoxie et ont milité pour la « restauration » des aspects les plus « héroïques » de l'hindouisme, tout en étant extrêmement sourcilleux sur le chapitre de la pureté et de la fidélité des épouses. Les enquêtes quantitatives ne nous apprennent pas grand-chose, on sait seulement qu'il y eut environ quarante cas de crémation de veuves depuis l'Indépendance, et que malgré les interdictions répétées déjà du temps des Britanniques› (entre 1830 et 1860), la coutume a été tenace : la plus récente satî connue s'est brûlée en septembre 1987, dans un village du Rajasthan[16]. Elle s'appelait Roop Kanwar, elle avait dix-huit ans, et son mari venait de mourir à vingt-quatre ans ; elle avait décidé de monter sur son bûcher et elle le fit calmement, dans le sari rouge de ses noces, devant plusieurs milliers de personnes. La famille et la communauté du jeune couple collectèrent dans les semaines qui suivirent environ 160 000 dollars, qui servirent à construire un sanctuaire pour la nouvelle « sainte ». Le beau-père et le beau-frère de Roop Kanwar furent condamnés pour meurtre et incitation au suicide, et des autorités policières sanctionnées pour n'avoir pas prévenu le drame et pour non-assistance à personne en danger. Des manifestations féministes eurent lieu pour protester contre les faiblesses d'une démocratie qui laissait s'accomplir des actions aussi barbares et contre la cruauté d'un milieu rétrograde qui incitait ses femmes à se brûler. En réponse, une contre-manifestation organisée par des militants hindous défendit le droit d'aller librement jusqu'au bout du *strîdharma*, le « devoir d'épouse » : selon eux, l'État laïc, qui prétendait respecter les communautés religieuses, n'avait aucune légitimité pour intervenir dans une affaire dictée par la foi des protagonistes. L'État fit ce qu'il estimait devoir faire : une loi anti-satî fut votée en 1988, condamnant la pratique et tous ceux qui la défendent ; mais, régulièrement, des groupes de pression émanant des cercles hindous extrémistes en demandent la révision.

En chiffres, le phénomène est négligeable à toutes les époques de l'histoire indienne, et bien des régions du sous-continent l'ont totalement ignoré. Mais une coutume n'est pas périphérique du seul fait de sa rareté ; d'autres facteurs interviennent, en particulier son rattachement aux grands archétypes de la culture. Or la veuve qui se brûle se place d'emblée au centre de l'espace religieux hindou, là où le sacré, la pureté, la hiérarchie, le salut demeurent des valeurs fortes. Summum de la fidélité conjugale qui fait qu'en suivant immédiatement son mari dans la mort, elle sera à nouveau son épouse dans une vie prochaine, tel est l'explicite du rite. L'implicite se tisse sur le vieux fond de culpabilité lié à la nature féminine, que l'impitoyable condition faite aux veuves qui survivaient à leur mari manifestait quotidiennement dans la société indienne, comme si quelque part elles portaient une tare secrète, une indignité cachée qui les feraient responsables de son décès.

Les observateurs extérieurs, eux, sont sensibles aux bienfaits que le groupe retire, en termes de salut, mais aussi de hiérarchie, car les attestations de crémation de ses veuves confèrent au *jâti* dont elles sont issues une pureté supérieure, donc un statut plus élevé. La fierté que les communautés hindoues ont retirée de leur sacrifice est attestée dès l'Antiquité. Il est donc normal que, des réformateurs bengalis du XVIIIe siècle aux progressistes contemporains, la critique du discours traditionnel se soit toujours employée à démontrer qu'il y avait un *widow burning plot*, une « conspiration », et que le sacrifice prétendument volontaire n'était que le masque d'un crime justifié par un consensus social égoïste et rétrograde. Mais ne soupçonner, dans le cas des satîs, qu'une manipulation, permise par une société où la domination est exercée par le masculin, c'est aussi tomber dans une naïveté idéologique : la réalité, beaucoup plus complexe, fait intervenir une dimension religieuse très forte, qui la rend encore plus radicale.

D'abord, la veuve ne montait pas sur le bûcher sans s'être auparavant déclarée publiquement par un vœu de mort qui peut prendre diverses formes, en particulier la profération répétée trois fois du mot *sat*. *Sat*, participe neutre du verbe *AS-*, « être », c'est « ce qui est », « le bien » – d'où *satî*, « l'épouse vertueuse » – mais aussi « ce qui est vrai ». Force latente, interne, le *sat* monte, provoquant le « *bhava* de la satî », un état de conscience particulier – *bhava* désigne aussi les différentes tonalités psychologiques de l'expérience mystique. Certaines femmes le possèdent, de manière potentielle, particularité que l'on rapporte *a posteriori* à l'attirance qu'elles montraient dès leur enfance pour le feu et, plus lointainement, à la puissance accumulée par la fidélité conjugale dans des existences antérieures. On se le représente comme un feu intérieur que le vœu attise, et qui présente une parenté avec le *tapas*, la flamme que l'ascèse, elle aussi, fait flamber dans le corps du renonçant. Comme le *tapas* du *samnyâsin*, le *sat* de la satî confère des pouvoirs, et on croit ou on veut croire qu'il la protégera de la souffrance intolérable : « Ce qui qualifie la satî pour le sacrifice héroïque, c'est son insensibilité à la douleur, son immunité au feu. Ce prodige manifeste au grand jour la puissance surnaturelle et secrète du *sat*[17]. »

Des déesses se brûlent, mais les contextes et les significations des mythes ne réfèrent pas au veuvage héroïque. Sîtâ veut s'immoler pour prouver sa pureté et sa fidélité à son époux, qui la soupçonne malgré l'évidence de s'être laissé séduire par son ravisseur, le démon Râvana, et pour obliger les dieux à reconnaître sa vertu en interrompant son sacrifice ; son acte ressort d'un type bien connu dans d'autres traditions, celui de l'ordalie ou du « jugement de Dieu ». Samdhyâ, la fille de Brahmâ, se brûle pour recouvrer une pureté et instaurer une limite au poids de la sexualité sur les humains, en affranchissant l'enfance des contraintes du désir. Satî, furieuse de ne pas avoir été invitée avec Shiva au sacrifice célébré par son père Daksha, fulmine au plus fort sens du terme et s'embrase en maudissant tous les participants à la cérémonie : elle se donne la mort par vengeance, mais son mari divin est bien vivant. Si tous ces mythes ont évidemment en commun de penser la pureté et l'impureté, aucun d'entre eux ne justifie la coutume, qui concerne la veuve et ne sert ni de vengeance ni d'ordalie. Dans une culture qui donne par ailleurs aux filles tant de modèles de comportements, un tel décalage me semble pouvoir signifier qu'il n'est jamais requis d'une veuve qu'elle se brûle : si toute adolescente se doit de devenir une Sîtâ pour son mari, il n'en est pas de même avec la satî, qui garde un caractère d'exception.

Cette particularité, la crémation des veuves la partage avec d'autres rites qui impliquent un sacrifice de soi complet. Ainsi dans le Deccan médiéval, des dévots de

Shiva se tranchaient la tête pour leur dieu ; ils devenaient des héros et on leur rendait un culte. De même, les satîs bénéficient d'une divinisation immédiate qui ne peut évidemment être le lot de tous les humains, et on croit qu'à travers elles passe la *shakti*, l'énergie divine qui accomplit des miracles. Dans une perspective traditionnelle, ces hommes et ces femmes ne sont ni des victimes ni des martyrs et ils ne s'immolent pour aucune cause particulière. Ils pénètrent jusqu'au point où l'humain et le divin se rencontrent, un point de non-retour qui exige la mort ritualisée.

Les Européens, qui oubliaient que chez eux on avait brûlé des sorcières, dénoncèrent vigoureusement la pratique de la satî, et les grands réformateurs indiens du XIXe siècle intériorisèrent leur jugement négatif. Un débat passionné, contemporain de la diffusion des idées démocratiques, mit en cause la religion comme instance justificatrice et fit passer cette critique dans la conscience collective.

Aujourd'hui, des coutumes qui n'ont plus aucune signification religieuse – si jamais elles en ont eu une – continuent de peser sur la vie des femmes. Les mauvais traitements et les assassinats perpétrés par les belles-familles pour non-paiement de l'intégralité de la dot en sont un exemple, d'autant plus frappant que les exigences financières ont plutôt tendance à croître qu'à diminuer ces dernières années. Les possibilités d'avortement sélectif offertes par le diagnostic prénatal et le moindre intérêt porté à la santé des filles qu'à celle des garçons déséquilibrent à la longue le ratio entre les sexes, comme le souligne Amartya Sen[18]. On pourrait attendre des autorités religieuses qu'elles dénoncent vigoureusement ces pratiques comme contraires à la morale la plus élémentaire.

CHAPITRE 9

La communauté hindoue et l'assimilation de la différence

Le projet intégrateur de la tradition savante – conformer la société à un ordre divin, un *dharma* préétabli – s'est sans cesse heurté à des réalités historiques qui se sont développées dans une logique de la diversité, de la coexistence de milieux hétérogènes plus ou moins reliés entre eux. Ce croisement de dynamiques unifiantes et de courants centrifuges mérite réflexion, car on en perçoit les effets sur deux plans. D'une part, il est constitutif de la société hindoue qui n'a cessé de connaître de puissantes tensions, et il rend compte de sa très grande complexité. D'autre part, il lui dicte des attitudes originales vis-à-vis des communautés religieuses autres – musulmanes et chrétiennes : peu de cultures ont eu une telle capacité à digérer les apports externes et à se recomposer en demeurant fidèles à soi-même.

Le monde hindou, singulier et pluriel

Chacun se définissait d'abord comme membre d'un groupe particulier, avec son niveau dans la hiérarchie, ses coutumes spécifiques, sa dévotion à telle forme de tel dieu ou ses conceptions philosophiques originales. Ce que nous appelons « la religion » était à la fois englobant et fragmenté. Englobant, parce que le domaine du religieux recouvrait tous les autres, au sens où il détenait le sens ultime, même si le philosophique, le politique ou l'économique ont pu être relativement autonomes. Fragmenté, dans la mesure où la société de castes a favorisé l'attachement à des identités particulières tentées par le repli sur soi, et où la construction dominante de type brahmanique n'a jamais réussi à réduire la prétention d'autres modes d'expression à transmettre des systèmes de valeurs concurrents. Ce que nous atteignons, en tout cas pour la période ancienne et médiévale, c'est cette culture érudite, seule apte à véhiculer de manière large et sûre des textes fondateurs. Un milieu d'experts, relativement homogène, a élaboré un socle de croyances et de pratiques et procédé par agrégation ou exclusion d'autres approches ou courants. Or, là où nous pouvons toucher ces pensées différentes, ou subodorer leur influence, nous nous apercevons que l'idéologie brahmanique fonctionne pour elles comme un pôle d'attraction, même lorsqu'il s'agit de s'opposer à son hégémonie : l'hindouisme apparaît bien comme ayant un centre ou un axe, un lieu où la conceptualisation des mythes et des rites a fait son œuvre de conservation et de repérage. La force de ce noyau central, c'est qu'il organisait la vie des individus à l'intérieur d'une sorte de maillage total au sein duquel leurs appartenances généalogiques, les différents moments de leur existence, les tâches qu'ils avaient à accomplir et leur place précise dans la société étaient parfaitement définis et ordonnés à l'ensemble. L'expression *varnâshrama*, très courante, désigne précisément, en alliant la référence au système des castes et le critère de l'âge de la vie, le principe intégrateur sans cesse à l'œuvre.

La *bhakti* a pourtant relativisé les règles rituelles et les positions hiérarchiques, et des contextes comme les grands pèlerinages, les bains collectifs ou les sorties d'images divines en procession ont favorisé une certaine promiscuité. Ils ont exercé sans nul doute une action d'assouplissement et de contrepoids aux divisions excessives que prônait un modèle idéal obsédé par la problématique de la pureté. L'inspiration égalitariste de certains grands saints n'a certes pas été un ferment de révolution sociale, mais elle a accrédité l'idée que tout être humain pouvait accéder à une forme de délivrance et être entendu par la divinité.

Les courants dévotionnels ont inscrit les mythes dans la géographie du sous-continent, traversant les frontières des multiples royaumes qui le fragmentaient. On croit que les rochers accumulés sur les bords de la Tungabhadra (à Vijayanagar, Karnataka) sont les vestiges de la « colère des singes » qui ont aidé Râma à vaincre Râvana, le ravisseur de Sîtâ, et on vénère sur la plage qui fait face à Ceylan (Rameshvaram) l'empreinte du premier pas de Râma sur le sol indien, de retour de l'expédition destinée à récupérer son épouse. À Mahabalipuram (Tamil Nadu), un rocher sphérique est la « motte de beurre » que Krishna enfant a dérobée aux vachères. Cinquante et un *pîthas* (« sièges ») prétendent à une sacralité particulière, car ils ont reçu un morceau du cadavre de Satî dispersé lors du furieux désespoir de Shiva après son immolation par le feu : l'Inde devient ainsi coextensive au corps de la déesse.

Mais cette présence partagée du divin n'empêche pas une multitude de cultes locaux ou privés de prospérer. La plupart des castes possèdent des traditions propres, qui se rattachent à leur origine géographique, à l'histoire de leurs lignées, au souvenir de l'un ou l'autre ancêtre particulièrement saint ou héroïque. Les villages ont leurs sanctuaires, où les dieux des hautes castes sont « végétariens », tandis que ceux des intouchables sont « carnivores » : aux uns on fait des offrandes végétales, aux autres on sacrifie des animaux. Beaucoup de rites régionaux ont vocation thérapeutique : au Bengale, on prie la déesse serpent Manasâ pour la guérison de maladies ; au Tamil Nadu, Mâryamman, responsable des épidémies de variole, peut aussi les arrêter ; dans le nord du Karnataka, Yellamma ou Renukâ qui inflige impuissance ou stérilité en punition d'une faute y remédie lorsqu'elle est contentée par les rites appropriés... Chacun de ces cultes a ses mythes justificatifs, ses desservants particuliers, son calendrier festif ; il reflète un équilibre social, un héritage historique, des souffrances et des accidents dans un contexte local.

Il faut encore et surtout évoquer la diversité des modes de vie renoncée et des doctrines qui les soutiennent. Les traités de *dharma* font du *samnyâsa* le sommet d'une existence tout entière orientée par le désir de la délivrance et ancrée à la révélation védique. Ils le réservent aux « deux-fois-nés » qui, en le choisissant, restent fidèles aux valeurs suprêmes de l'hindouisme, en particulier la pureté. Parfois même, comme chez les Vaikhânasas vishnouites, c'est aux seuls brahmanes hommes qu'il est permis d'y accéder, les *kshatriyas* ne pouvant parcourir que les trois premiers âges de la vie, et les *vaishyas* seulement deux. Mais, notamment dans le shivaïsme, on rencontre toutes sortes de choix radicaux, qui prônent des pratiques impures : certains ascètes cherchent la libération de ce monde et de l'ego en côtoyant la mort, l'obscène, l'envers du monde organisé, ce qui ne les empêche pas d'adhérer à une métaphysique cohérente, dont les concepts restent fondamentalement solidaires de la pensée hindoue. Ainsi ce qui frappe, « c'est l'unité profonde du renoncement, l'aspect de vocation personnelle qu'il revêt toujours, l'esprit de libre expérimentation qui l'anime et donc la vanité des prescriptions et interdictions qui prétendent l'encadrer ou le guider [...]. Dans le concret de la recherche spirituelle, tout un régime d'échanges, d'interférences et d'influences s'établit entre les farouches praticiens du *tapas* et les "gnostiques" attachés à la méditation de la parole védique, de sorte que l'une et l'autre voie débouchent au sommet sur une seule et même "folie divine" qui transcende les rites aussi bien que toutes les valeurs du *dharma*[1]. »

Osons ici une épure simplificatrice, que justifie le besoin de repères. L'hindouisme * comporte une tension interne entre un « noyau dur » de constructions théologiques et sociologiques autour du *dharma*, et une pluralité de courants issus de la dévotion et de l'ascèse, qui sans cesse bouleversent ces constructions et sans cesse sont recomposés ou « réencadrés » par elles. Au fond, trois grandes dynamiques se livrent à un jeu de confrontations et d'interactions : la pensée de l'ordre, l'expérience de participation au divin, la radicalité du renoncement. Cela signifie, en particulier, que de l'altérité est toujours à l'œuvre, subvertissant les tentatives d'une orthodoxie pour recentrer toute invention spirituelle sur ses propres valeurs. Cette dialectique commande aussi les positions historiques de la communauté hindoue face aux autres religions.

La présence musulmane

Le propos n'est pas ici de retracer l'histoire tumultueuse des musulmans du sous-continent[2], ni d'insister sur les

* Au singulier, selon l'habitude qui prévaut de toujours envisager une religion comme un ensemble homogène.

violences qui ont accompagné et permis leur domination ; bien réelles, les exactions n'ont pas toujours été aussi dramatiques qu'une relecture partisane de l'histoire voudrait le faire croire *. Dans un monde où des princes musulmans régnaient sur des sujets hindous et inversement, une société où l'intrication socio-économique a été totale, il a bien fallu un minimum de consensus pour vivre ensemble. Ce consensus a pu être fondé sur la force du plus fort et sur l'oppression, aboutissant à l'instabilité et aux révoltes, à la compétition pour le pouvoir ; mais il a duré parce qu'il a reposé sur des valeurs partagées.

Non pas deux mondes, mais un seul

Les divisions qui marquent la communauté musulmane indienne sont d'abord dues aux différences d'origines des groupes qui l'ont constituée peu à peu (Arabes, Afghans, Turcs, Mongols), et se sont agrégés les uns aux autres tout en restant souvent en conflit. Une hiérarchie sociale s'est cristallisée autour de deux pôles : les « nobles » (*ashraf*) qui, d'une manière ou d'une autre s'arrangent pour descendre du Prophète ou de son entourage, et les « vils » (*ajhlaf*), qui sont des convertis. Les premiers s'enorgueillissent d'avoir été eux-mêmes déjà musulmans avant leur entrée en Inde, ou d'avoir eu des ancêtres qui l'étaient déjà ; mais à l'intérieur de leur groupe s'est instaurée une échelle de respectabilité à quatre niveaux, qui forment quatre grandes « familles » en fonction de leurs généalogies réelles ou inventées. Des *ajhlaf*, on croit qu'ils étaient hindous avant de devenir musulmans ; ils se répartissent en

* Certains vont jusqu'à parler d'un « génocide » dont auraient été victimes les hindous.

groupes professionnels héréditaires, les *zats* ; ils exercent des métiers considérés comme honorables. Ils laissent encore, tout en bas de l'échelle, la place à des groupes de services, qui prennent en charge les activités « impures ». Ces réalités historiques qui marquent de manière originale la présence musulmane en Inde sont entrées en résonance avec le modèle dominant, hindou, de la société. Certes le critère chronologique de l'antériorité de l'adhésion à la doctrine de Mahomet commande l'échelle des statuts, mais il a été submergé par la polarité pur/impur qui structure en castes la société globale. Preuve en est que près d'un cinquième de la population musulmane en Inde souffrait des stigmates religieux de l'intouchabilité.

En tant que civilisations, hindouisme et islam ont d'ailleurs présenté bien des convergences. Elles partageaient une conception géocentrique du monde, elles croyaient dans la dignité des sciences ésotériques, et leurs médecines, l'*ayûrveda* indienne et la *yunani* musulmane, étaient également fondées sur les homologies entre le corps humain et le cosmos. Leur pessimisme foncier à propos du temps s'accrochait à la nostalgie d'un âge d'or que la périodicité cyclique pour l'une, l'espérance messianique pour l'autre viendrait régénérer. Surtout, elles avaient de la société des hommes une même image, celle d'un organisme fédérant des groupes hétérogènes, hiérarchisés, et pour toutes deux « l'obsession est de la préserver du désordre, le mal par excellence[3] ». On a pu ainsi justifier religieusement l'immobilisme et ce qui le renforce, c'est-à-dire l'importance de l'hérédité, le conditionnement des destins individuels à l'intérieur d'un système englobant, compartimenté par les différences de statut. Les milieux savants ont échangé : brahmanes ou oulémas connaissaient dans une mesure relative les traditions de l'autre et se sont traduit réciproquement leurs corpus sacrés, souvent encouragés par les princes qui assuraient leur subsistance. La souveraineté en tant que délégation d'origine divine et l'exercice de la justice comme mission particulière des rois offraient bien des analogies. Certes, les différences de théologie et de métaphysique sont infranchissables, mais « ce sont ces analogies qui rendent intelligible l'histoire moghole : comment expliquer sinon qu'une minorité de musulmans ait pu asseoir durablement son autorité sur une masse hindoue[4] ? ».

Ainsi les musulmans n'ont-ils pas vécu de manière séparée, repliés sur soi ; même dominants sur le plan politique, ils se sont immergés sans difficulté majeure dans une société globalement hindoue. Ce n'est que récemment, dans le courant du XIXe siècle, que des inquiétudes diverses et une inspiration réformiste qui cherchait l'homogénéité ont valorisé l'idée d'une rupture, comme garantie de la sécurité politique et d'un retour idéalisé à la pureté des pratiques religieuses.

Bhakti, soufisme et renoncement

Si les dynamiques d'ouverture dans l'hindouisme ont été portées par la dévotion et le renoncement, des processus internes à l'islam ont développé une reconnaissance de l'autre analogue. Les musulmans de l'Inde en ont été parfaitement conscients. Leur vocabulaire en témoigne, quand ils appellent fakirs leurs soufis et leurs mystiques, aussi bien que les renonçants hindous. Une même quête de relation directe avec Dieu, une même aspiration à se détacher du monde a produit des comportements similaires.

Contrairement à des idées reçues, la culture des Grands

Moghols a été assez œcuménique. Akbar (1556-1605) organisait des colloques entre les représentants de toutes les spiritualités vivant sur le sol indien, il a accompli certains rites hindous et fait traduire en persan des traités sanskrits. Même si de telles initiatives avaient principalement pour but de servir sa légende personnelle, elles n'en ont pas moins été sources de dialogue entre les clercs. Dara Sukhoh, candidat malheureux à la succession de son père l'empereur Shah Jahan, a traduit en 1657 certaines Upanishads en persan, qu'il assortit d'un commentaire, *Majma al-bahrain*, « Le confluent des deux mers », dans lequel il mettait en perspective l'hindouisme et l'islam, en faisant des Vedas les prémisses de la révélation coranique. C'est sa version, traduite par Anquetil-Duperron, qui donnera à l'Occident une première connaissance de ces textes. Sous le règne de son frère Aurangzeb (1658-1707), exalté aujourd'hui comme le champion du sunnisme rigoriste, les saints, qu'ils soient soufis, vishnouites ou shivaïtes, ont joui d'un grand prestige et ils sont comparés à de véritables rois au milieu de leur cour de dévots. Le culte qu'on leur rend après leur mort tient une large place dans la religiosité commune ; on leur édifie partout des mausolées où musulmans et hindous viennent prier parce que, de leurs tombes, rayonne la *baraka*, la capacité à faire des miracles, à guérir, à rendre le bonheur aux individus ou à la communauté villageoise. Ces cultes ne sont pas caractéristiques de l'islam indien, mais l'atmosphère de la *bhakti* en a renforcé l'aspect enthousiaste et de dévotion affective. Les chants mystiques, qui accompagnent l'état d'extase, sont à l'origine d'une littérature en langues vernaculaires qui se répand très largement et rejoint les thèmes illustrés par les écoles spirituelles hindoues[5].

Les confréries soufies se sont réparties entre celles qui se conforment à la Loi commune et celles qui en prônent la transgression. La première voie vaut pour les gens dans le monde, la seconde concerne les « gens du blâme », qui justifient le recours à des pratiques déviantes par un accès plus direct, plus intense à l'union mystique. Or la démarche et les comportements de ces « marginaux », autant que les réactions à leur égard, évoquent très précisément la réalité hindoue. Le fakir, errant et mendiant, se nourrit de substances réputées polluantes, recherche la familiarité avec la mort, pratique certains exercices qui ont tout du yoga tantrique, développe des pouvoirs. Comme le souligne Marc Gaborieau dans un article comparatif sur ce sujet peu exploré, ces soufis hétérodoxes « sont sur le même plan que les renonçants hindous. Comme eux, ils ont définitivement coupé les ponts avec leur société d'origine ; ils sont définitivement placés dans la hiérarchie sociale en position d'infériorité ; comme eux aussi ils connaissent des gradations de statuts ; ces gradations sont déterminées en fonction de la gravité de la transgression et des divers rôles qu'ils remplissent dans la société globale[6] ».

La figure emblématique d'un dialogue possible entre islam et hindouisme est Kabîr ; il apparaît comme le chef de file d'une lignée de mystiques mi-hindous mi-musulmans, originaires principalement du nord et du nord-ouest de l'Inde, voués à la dévotion la plus intense envers un Dieu invisible et inconcevable. Kabîr a vécu à Bénarès dans la seconde moitié du XVe siècle ; appartenant à une caste inférieure d'artisans récemment islamisés, les Julahas, probablement illettré, il exerça le simple métier de tisserand. Il semble avoir connu à la fois le brahmanisme classique (dont il critique l'étroitesse), l'enseignement des Sants marathes (vishnouites) et celui des Nâths shivaïtes. Toute une tradition orale s'est attachée à recueillir ses paroles inspirées, pour les consigner dans des collections, et l'*Âdi-Granth* ou *Guru-Granth*, qui est le livre saint des sikhs du Panjab, en a intégré un grand nombre. Les thèmes mystiques préférés de cette littérature – la souffrance de la séparation d'avec Dieu, l'amour totalement abandonné, l'inéluctabilité de la mort, la vanité des savoirs – sont évidemment universels : ils se situent au niveau d'une expérience très profonde et très simple du divin, qui s'adresse aussi bien à l'hindou qu'au musulman. Toutefois, les paroles qu'on prête à Kabîr sont souvent critiques, rejetant à la fois le Veda et le Coran, en fait l'idée même de corpus révélé, qui lui paraît aller à l'encontre de l'intériorisation, de l'expérimentation personnelle, et soutenir l'orgueil des savants, les pandits ou les mullahs, qui croient que la religion consiste à répéter et à sacraliser une tradition. Dans ses poèmes, Ram est simplement un des noms de Dieu, celui qu'il a reçu des Sants. Kabîr et ses disciples s'appelleront des *nirgunî bhaktas*, des « dévots du Sans Forme[7] ».

Les sikhs ont hérité de cette inspiration « monothéiste ». Il n'est guère possible ici d'évoquer leur tradition très riche, qui s'est développée au Panjab à partir d'un sage, Nânak (1469-1538), qui se voyait à la fois comme un guru dans la mouvance hindoue et comme un prophète à la manière des figures de la Bible. On définit souvent la communauté sikhe comme une formation de compromis entre hindouisme et islam. Elle témoigne en tout cas qu'entre l'un et l'autre il y a eu bien plus de passerelles que nous ne l'imaginons, mais les sikhs ont évolué de manière originale, centrés sur leurs rites, leurs textes spécifiques et leur foyer spirituel, le temple d'or d'Amritsar[8]. Ils n'ont d'ailleurs pas été les seuls à vouloir articuler des aspects de deux grandes religions qui paraissent à bien des égards inconciliables, et dont les milieux savants accentuent les différences. Bien des « métissages » se sont faits sans acteurs conscients, et par une lente acculturation réciproque. Ainsi, au Gujarat et au Rajasthan, s'est développé un riche syncrétisme entre les croyances des Khojas, une branche missionnaire de l'ismaélisme qu'on appelle nizari (de l'imam schismatique Nizar), et le culte de Râmdev[9], un petit chef rajpoute qui vécut sans doute aux XIVe-XVe siècles et qui fut assimilé à Krishna, mais dont on dit également qu'il avait un guru nâth, ce qui nous ramène à une configuration d'échanges assez étroits dans ce nord-ouest de l'Inde, où des rencontres s'étaient aussi produites entre les shivaïtes du Cachemire et des mystiques appartenant à des confréries soufies.

Beaucoup d'observateurs des relations intercommunautaires ont montré que la colonisation britannique a séparé les hindous et les musulmans plus qu'ils ne l'ont jamais été auparavant. Lorsque les Anglais établirent leur domination à partir de la conquête du Bengale, ils se trouvèrent face à une société complexe qu'ils perçurent comme une mosaïque d'intérêts spécifiques et contradictoires, le caractère englobant d'un système qui produisait à la fois de l'exclusion et de l'intégration ne pouvant que leur échapper. Ils se sont donc fiés aux traditions savantes, théologiques et juridiques qui, du côté hindou comme du côté musulman, essentialisaient les différences. Et cette manière d'appréhender le réel indien, qui recélait bien une part de vérité, entraîna à son tour une réaction de la part des différents interlocuteurs, qui se voulurent mieux définis, plus visibles auprès de ceux qui détenaient le pouvoir. Jackie Assayag résume les dangers d'une telle évolution : « Ce processus oriente l'investigation vers les situations de compétition, de conflit et de lutte ouverte, où l'idéologisation du religieux et la politisation des enjeux deviennent des facteurs déterminants[10]. » Dans ce contexte, la transversalité de l'expérience spirituelle et le partage des idéaux de la sainteté ou du renoncement deviennent suspects et se font discrets...

Les missions chrétiennes

Stratégies de conversion et expériences de la rencontre

Dès les débuts du christianisme, l'Inde a abrité dans les régions côtières du Deccan des communautés de convertis qui se veulent fondées par l'apôtre Thomas. Du peu que l'on sait, les hindous ont dû les considérer comme une secte parmi d'autres, une secte qui suivait l'enseignement d'un guru, le Christ. Il ne semble pas que leurs membres aient changé de vie après leur conversion ni qu'ils aient dû quitter leur caste. L'attestation de leur existence, parvenue jusqu'à Byzance, ne donna lieu en Europe qu'à une vague rumeur, suffisante cependant pour inspirer à la Renaissance un projet grandiose.

Dans les dernières années du XVe siècle, Rome et les puissances catholiques d'Europe décident en effet de mettre en œuvre une stratégie qui prendrait en tenaille le puissant Empire ottoman, en opérant une jonction avec les antiques communautés chrétiennes des côtes du Deccan et en rétablissant d'anciennes routes maritimes au profit des marchands occidentaux. C'est dans ces dispositions d'esprit que le roi de Portugal Manuel Ier envoie une première expédition, dirigée par Vasco de Gama, qui atterrit en 1498 à Calicut. Hélas, lorsque les premiers missionnaires arrivent sur la côte du Malabar, ils découvrent une chrétienté bien différente de la leur : un christianisme fortement « inculturé », dirions-nous aujourd'hui, et qu'ils considèrent bientôt comme hérétique. Les prêtres sont mariés, la communauté divisée en castes, les rites entachés de pratiques considérées comme païennes, les livres saints ne sont évidemment pas canoniques, puisque ces gens ont tout ignoré des premiers conciles... D'où la latinisation forcée du christianisme syro-malabar par les Portugais.

Mais il s'agit aussi de faire de nouveaux convertis. En 1539, le jésuite François Xavier, qui fait partie du tout premier cercle d'Ignace de Loyola, mandé par Jean III de Portugal, part évangéliser les « indigènes » ; quittant Goa, il se consacre aux Paravas, des pêcheurs du golfe de Mannar (entre le Tamil Nadu et Ceylan), au statut très inférieur. Il baptise en masse, tellement qu'« il y a des soirs où, dit-il, j'en ai mal au bras ». C'est là le prix de la stratégie de conversion collective, où des sous-castes entières, suivant leurs chefs, sont reçues dans le giron du christianisme, non sans arrière-pensées très pragmatiques de part et d'autre.

Dans la seconde moitié du XVIe siècle, le jésuite Matteo Ricci met en œuvre en Chine une stratégie qui servira également de modèle à certains de ses confrères en Inde. Il s'aperçoit en effet que vivre avec les plus pauvres, dans ces pays où les hiérarchies sociales sont extrêmement rigides, expose à faire mépriser la doctrine que l'on cherche à répandre. Ricci réussit en Chine en adoptant la tenue et le train de vie du lettré confucéen, et en essayant de nouer des relations personnelles avec des individus haut placés : c'est là une tout autre approche que celle de la conversion collective. Roberto De Nobili, un aristocrate toscan membre lui aussi de la Compagnie de Jésus, adopte le même comportement en Inde. Il y arrive en 1605, apprend le tamoul, le telugu et le sanskrit, et calque ses habitudes sur celles de brahmanes tamouls devenus *samnyâsins*. C'est ainsi qu'il fait quelques prosélytes parmi eux, alors que les communautés chrétiennes autochtones recrutaient plutôt dans les castes inférieures. Il encourage alors, pour atteindre l'ensemble des couches sociales, une division entre deux ordres de missionnaires : ceux qui seraient chargés de convertir les « deux-fois-nés » et ceux qui toucheraient des castes inférieures et des intouchables. Cette stratégie fut pernicieuse, en ce sens qu'elle introduisit durablement le système des castes chez les chrétiens latins de l'Inde.

De Nobili et ses successeurs appliquent à l'Inde du Sud-Est, dans les missions de Madurai et du Carnate, la méthode même de Ricci, celle de l'*accommodatio* : « Cette méthode d'évangélisation se caractérisait par l'adaptation du comportement, de l'apparence extérieure et des rites chrétiens au contexte religieux et culturel hindou [...]. C'est une sorte de microculture religieuse que De Nobili institua en Inde au début du XVIIe siècle et que les jésuites français revivifièrent pendant la première moitié du XVIIIe [11]. » Nous en avons des témoignages assez savoureux, comme cette lettre de 1709 qui décrit les effets de la formation des futurs missionnaires, afin qu'ils soient aptes à vivre dans leur nouveau milieu : « Ils savent assez de langue télinga *, et ils s'exercent au cérémonial et à la vie légumineuse. Le P. Barbier a voulu, ces jours-ci, vivre de cette mode, et ne manger que d'une main, sans cuillère et sans fourchette, et les pieds croisés. Il s'en est tiré, mais avec peine [12]. » Ce parti de formation au « terrain » nous paraît plus ouvert et moderne que la mission « pure et dure », même s'il comporte ses ambiguïtés, entre désir de convertir et acceptation d'une altérité profondément perturbante.

Les jésuites ont eu par ailleurs l'heureuse intuition qu'on

* Telugu, la langue de l'Andhra Pradesh.

entrait dans une culture par sa langue. Non seulement De Nobili a initié un travail encyclopédique, mais lui et ses successeurs ont écrit dans la langue savante (le sanskrit) et dans les langues vernaculaires (tamoul, telugu) des traités de doctrine chrétienne. Ils ont aussi traduit et adapté des vies de saints occidentaux, et, comme le remarque finement Gérard Colas, ces récits situent les saints « dans un ailleurs légendaire ou lointain, Syrie ou Italie, ailleurs qui pouvait remplir aux yeux des auditeurs indiens le rôle que jouait l'Orient dans l'imaginaire occidental [13] ». Ainsi est-il possible de percevoir, en filigrane, certaines réactions du « milieu hindou ».

Or, ces missionnaires aventureux et pionniers en matière d'inculturation rencontrèrent une forte opposition à l'intérieur du christianisme ; en Inde, leurs confrères de Goa considéraient leurs accommodements comme la porte ouverte à toutes les hérésies. Dans la « querelle des rites », De Nobili invoqua, pour défendre son point de vue, la relativité des systèmes rituels, et la nécessité de distinguer dans la religion le message intangible et le langage culturel, modifiable, dans lequel il s'exprime. Ces arguments étaient considérablement précurseurs et peu susceptibles de séduire les institutions. La papauté trancha finalement la querelle en désavouant les jésuites, après de longues hésitations, par deux bulles, *Ex illa die* en 1715 et *Ex quo singulari* en 1742.

Entre-temps, l'expérience religieuse de la rencontre avec l'autre aura trouvé, en 1659, ses critères et sa maturité dans un texte remarquable, peu connu, les *Instructions aux vicaires apostoliques* [14]. Il est destiné à trois évêques français chargés de développer la mission en Chine mais, à travers eux, Rome entend s'adresser à tous les missionnaires, où qu'ils aillent. Il est marqué par l'esprit réformateur du concile de Trente qui, sous l'impact de la critique protestante et humaniste, venait de redonner un accent à l'exigence de qualité dans la formation des clercs et les modes de la transmission.

Si la rédaction de ce texte n'est évidemment pas exempte de préoccupations temporelles, elle pose cependant avec insistance qu'il ne peut y avoir de mission sans considération éthique de l'autre dans sa spécificité culturelle. Et cela se prépare, avant le départ pour l'ailleurs, par un choix des personnes et en fonction de certaines dispositions : « Il faut rechercher avec grand soin et discerner parmi un grand nombre, des hommes [...] doués de mœurs sérieuses, de courtoisie, de douceur, de patience, d'humilité », qui ne se conduisent pas de manière à être « détestés des étrangers ou ingrats, mais qui, avec l'apôtre, se fassent tout à tous ». Comme dit un missionnaire parti aux Indes au XVIIIe siècle : « Il faut dans ces Indes des hommes forts en vertu et non constipés en dévotion. » La finalité assignée à la mission se déplace par rapport au siècle précédent. On cherchera toujours à convertir le plus grand nombre d'âmes, mais aussi et surtout à construire dans la durée et à fonder des Églises indigènes, locales, ayant une hiérarchie autochtone, qui ne soient plus simplement des prolongements de leurs métropoles européennes.

Ces *Instructions* prônent un échange très respectueux des spécificités de l'autre : « Ne mettez aucun zèle, n'avancez aucun argument pour convaincre ces peuples de changer leurs rites et leurs mœurs, à moins qu'elles ne soient contraires à la religion et à la morale [...]. Ne mettez donc jamais en parallèle les usages de ces peuples avec ceux de l'Europe ; bien au contraire, empressez-vous de vous y habituer. Admirez et louez ce qui mérite louange. »

Il faut souligner la curieuse modernité de ces principes en même temps que leur naïveté. Les siècles qui suivent vont en effet faire l'expérience des questions très délicates que posent le dialogue entre les cultures, l'appréhension de l'autre dans son unicité et sa cohérence, l'artificialité qu'il y a à détacher culture et religion, coutume et foi. La portée pratique d'un tel texte restera limitée et inégale, pourtant c'est avec des documents comme celui-ci que les nations chrétiennes d'Occident pensent et mûrissent le meilleur de leurs rapports aux cultures « indigènes » en général, et à l'Inde en particulier.

Réponses hindoues

Le projet missionnaire, même s'il se nuance dans la « microculture jésuite » d'une authentique curiosité envers l'autre, culmine dans un effort pour changer les hindous – leurs croyances, leurs codes moraux, leurs structures sociales –, un projet que les musulmans n'ont jamais poursuivi sérieusement. L'Européen inventeur de la « modernité » se sent une sorte de responsabilité au nom de l'humanisme évangélique : il lui faut améliorer le sort des castes méprisées, éradiquer les « superstitions » et les « pratiques archaïques », éduquer en propageant la lecture et l'écriture...

Les réactions indigènes sont difficiles à percevoir, car nous manquons d'une documentation qui ne passe pas par le filtre des missionnaires eux-mêmes. On peut pourtant avancer que, si les conversions collectives ont été en certaines régions assez nombreuses, la doctrine chrétienne ne fit pas l'objet d'une grande curiosité, au moins jusqu'au début du XIXe siècle. Cela fit naître chez nous l'idée que l'Inde vivait repliée sur elle-même et qu'elle ne s'intéressait pas au monde extérieur, aux autres. Cette assertion simpliste reflétait une réalité sociale qui tolérait que des communautés relativement fermées coexistent en maintenant leurs identités hautement différenciées, tout en respectant un certain consensus. Les critères qui servaient à définir la place dans la hiérarchie interne – la pureté, la nourriture, les alliances matrimoniales, le célibat – vont alors permettre de « situer » aussi les étrangers et de savoir comment se comporter à leur égard.

Nul doute, par exemple, que certains jésuites aient été considérés comme une variété particulière de renonçants qui possédaient leur propre révélation, de même que les « deux-fois-nés » avaient le Veda. Roberto De Nobili, dans le « dossier » qu'il dut fournir à Rome, fait copieusement référence à ses discussions théologiques avec des brahmanes cultivés, originaires de la région de Madurai. Il en ressort que ceux-ci, sans le considérer comme l'un des leurs, voyaient probablement en lui un égal et un interlocuteur de choix. D'ailleurs, les jésuites jouissaient d'une forme de reconnaissance « officielle » qui dut les servir dans leurs relations, puisque certains furent invités à la cour des empereurs moghols pour y exposer leur doctrine.

Mais on sait aussi que dans d'autres cas les relations furent moins cordiales, car certains maîtres spirituels, hindous aussi bien que musulmans, virent d'un mauvais œil ces *samnyâsins* d'un nouveau genre, qui captaient leur clientèle en les concurrençant sur leur propre terrain, celui du détachement, de l'ascèse, de la parole enseignante, de la promesse d'un salut. De Nobili lui-même eut à souffrir de jalousies, car il avait réussi à créer son propre mandala, son cercle de disciples christianisés : or à l'époque à Madurai « il existait un grand nombre d'autres spécialistes du sacré dont le territoire rituel pouvait se trouver menacé par les incursions de Nobili[15] ».

Quant aux conversions de masse, elles ne furent pas toujours ressenties comme une violence dans cette période de trois siècles pendant laquelle les Européens prennent pied en Inde de manière progressive. Ce n'est que plus tard, lorsque les Britanniques font sentir le poids de leur puissance, que christianisme et colonisation seront associés dans l'esprit des Indiens. Du début du XVIe au début du XIXe siècle en effet, les castes inférieures touchées par l'évangélisation y voient souvent un moyen de remanier le jeu local des castes lorsqu'il leur est défavorable. Leur adhésion, parfois enthousiaste, se coule dans des stratégies qui échappent aux missionnaires, car elles sont dictées par des enjeux traditionnels dont les étrangers ignorent les règles. Ainsi les communautés hindoues christianisées ont-elles été beaucoup moins passives que l'imaginaire colonial ne se les est représentées.

QUATRIÈME PARTIE

Vers l'hindouisme contemporain

CHAPITRE 10

Réformer et moderniser l'hindouisme

La construction coloniale de l'histoire prend forme à mesure que la domination britannique s'étend, soit à partir des années 1780 [1]. Elle a cultivé l'idée justificatrice que la civilisation indienne, en pleine décadence du fait de l'anarchie politique qui règne au XVIIIe siècle, retrouvera sa grandeur par la médiation de la culture européenne. Cette vision simplificatrice, à la fois naïve et arrogante, a eu de profonds effets sur la « pensée indigène ». Elle a ouvert un espace de questions tout à fait nouvelles, que la supériorité politique musulmane n'avait pas soulevées. Ces questions ne se formulent pas d'emblée, et c'est au cours du XIXe siècle qu'elles trouveront d'abord des intellectuels pour leur donner forme, puis des caisses de résonance dans les différents mouvements populaires nationalistes.

La religion chrétienne, relativement bien acceptée jusqu'alors, devient un sujet sensible. Les hindous éduqués la perçoivent comme le levier interne de la puissance des colonisateurs, qui leur confère une idée de soi formidablement positive. Ils intériorisent le regard critique que la plupart des missionnaires portent sur leurs croyances et leurs pratiques, jugées rétrogrades et superstitieuses, empreintes de passivité et de résignation, voire carrément immorales et dégoûtantes – on pense au tantrisme ! On peut dire après coup que cette faille ouverte par l'étranger a produit une crise de la conscience de soi indienne et qu'elle a suscité plusieurs réponses qui sont ensuite devenues des stratégies organisées : admiration pour la pensée européenne moderne, ses valeurs laïques, mais aussi l'éthique évangélique ; rejet du prosélytisme perçu comme une violence à l'encontre du *dharma* ; retour sur les traditions indigènes, pour en examiner la richesse et l'actualité ; exaltation d'un fonds plurimillénaire de tolérance, de non-violence, de dévotion, qui peut en remontrer à l'Occident ; revendication montante d'une « hindouité » réactive et sûre d'elle...

L'intellectuel hindou, philosophe et philanthrope, éduqué à l'occidentale et porteur d'une vision d'avenir pour son peuple, naît au tournant du XVIIIe et du XIXe siècle, en la personne de Râm Mohan Roy. Il sera suivi de bien d'autres, dont le plus célèbre est Rabindranath Tagore, lui-même héritier d'une famille profondément impliquée dans les mutations socio-politiques. Les valeurs traditionnelles du mysticisme hindou demeurent une composante fondamentale de l'élan réformiste, et elles sont portées par des personnalités charismatiques : Râmakrishna, Vivekânanda. Un nationalisme violent prétend pourtant s'alimenter aux mêmes sources, les grands textes et courants de dévotion, mais il tendra à la fermeture et au repli sur soi, au fondamentalisme qui refait l'histoire à sa façon, gommant la place des autres communautés religieuses. C'est de tous ces aspects, contradictoires et conjugués, que sort l'hindouisme contemporain dans son pluralisme.

La « renaissance bengalie »

Parmi les personnalités de premier plan, il faut d'abord citer ceux qui reçurent assez d'éducation pour assimiler l'influence intellectuelle de l'Europe et assez d'assise sociale pour répandre leurs idées par des publications diverses, des fondations culturelles et philanthropiques, un réseau d'adhérents dont certains deviendront, lorsque les temps seront mûrs, les pères fondateurs de la démocratie laïque. Loin de rejeter en bloc l'Occident, ils ont en commun de considérer le contact avec ses philosophies comme une chance, même si par ailleurs ils se refusent à approuver toute idée de colonisation. Ils se rejoignent aussi pour faire une analyse sans concession des pesanteurs de la religion hindoue, de sa justification de l'injustice sociale et des égoïsmes de caste, ainsi que de la confiscation du pouvoir par des brahmanes ignorants.

Pourquoi le Bengale ?

Calcutta est le phare de cette mouvance, car la plupart des grands réformistes en sont originaires. Ce n'est pas un hasard, mais le fruit d'une conjonction de faits politiques et culturels, anciens ou récents. L'hindouisme bengali montrait depuis longtemps déjà des traits syncrétiques, qui avaient rapproché les adeptes de Kalî et ceux de Krishna, et qui avaient débordé vers l'islam, comme en témoignent les Bauls, des bardes mystiques qui peuvent être hindous ou musulmans. En 1765, l'East India Company, par le traité d'Allahabad, obtient de l'empereur moghol Shah Alam II l'administration du Bengale, et Calcutta devient une plaque tournante pour de très puissants milieux d'affaires anglo-indiens. Elle est aussi le théâtre d'une rencontre des cultures, et l'indologie britannique y fait ses premiers pas. L'Asiatic Society of Bengal, fondée en 1784, regroupe les esprits les plus brillants : W. Jones qui formule l'hypothèse du fonds linguistique indo-européen, C. Wilkins qui publie la première traduction de la *Bhagavad Gîtâ*, H.T. Colebrooke qui entreprend l'étude du Veda, J. Prinsep qui déchiffre les inscriptions d'Ashoka... Ces grands savants, pendant que les marchands mettent en coupe réglée les richesses du Bengale, prennent au sérieux la culture indienne et leur curiosité intellectuelle insatiable se nourrit auprès de brahmanes qui ont conservé vivantes leurs traditions rituelles, exégétiques et philosophiques. On a aussi remarqué récemment qu'au Bengale s'était développée depuis la fin du XVIIIe siècle une certaine forme de prosélytisme hindou, ce qui constitue en soi une originalité, car l'hindouisme traditionnel est tout le contraire d'une religion missionnaire ; il se peut que cette évolution soit due à un contexte de concurrence particulièrement vif avec l'islam et le christianisme.

Peu à peu des castes aisées et cultivées commencèrent à souhaiter des réformes, sociales mais aussi religieuses, et certaines familles ont admis que leurs fils étudient « à l'occidentale », dans des institutions fondées par des Européens, parce qu'elles étaient alors celles qui donnaient la meilleure formation intellectuelle. Ainsi naquit progressivement une élite qui entendait utiliser les connaissances philosophiques et scientifiques de l'Occident, tout en donnant la parole à une conscience collective détentrice d'une sagesse millénaire, mais incapable de l'exprimer et de l'épurer de ses pesanteurs conservatrices. Le grand cinéaste bengali Satyajit Ray a admirablement dépeint dans *Devî* cette « renaissance bengalie », et l'opposition, au sein d'une famille de propriétaires terriens, entre la religion du père, sous le signe de la superstition mais aussi du mystère, et la culture du fils aîné, revenu de Londres avec une vision moderniste du monde et de la société.

Le Brahmo Samaj

Au début du film, le jeune homme, avant de partir en Angleterre, a une conversation avec sa jeune femme dans laquelle il cite son mentor, Râm Mohan Roy (1772-1833), celui que les Indiens ont appelé « le père de l'Inde moderne », l'initiateur de ce réformisme. Élevé dans des valeurs chrétiennes, celles de l'unitarisme qui avait un certain rayonnement au Bengale, il s'imprègne de la philosophie des Lumières et admire dans le christianisme l'orientation altruiste de ses fondements éthiques. En 1820, il publie en anglais *The Precepts of Jesus*, puis fonde trois ans plus tard avec Dwarkanath Tagore le Calcutta Unitarian Committee, une sorte d'association d'intellectuels qui s'attelle à la tâche de réformer l'hindouisme en empruntant au christianisme. Leur idéal est un déisme universaliste qui ferait la synthèse entre le dieu des philosophes européens et le *brahman* neutre, impersonnel, du monisme védantin, et qui permettrait de dépasser le polythéisme, l'idolâtrie et le ritualisme des brahmanes. À cette métaphysique se conjugue un réformisme social qui prône la libération de la femme, la démocratisation du savoir sacré par des traductions en bengali et en anglais, l'assouplissement du système des castes et la rectification des injustices qui en découlent. En 1828, Râm Mohan Roy fonde la Brahmo Sabhâ, qui devient bientôt le Brahmo Samaj, appelé à un grand avenir ; il meurt en 1833 à Bristol, à une époque où voyager, c'était transgresser un interdit religieux très important, se rendre impur en résidant sur une terre étrangère. Debendranath Tagore (1817-1905), le fils de son ami, lui succède à la tête du Brahmo Samaj en 1843 ; pour lui, les textes sacrés ont une emprise trop forte sur la vie des croyants, et il conteste l'autorité absolue de la *shruti*, la « révélation », considérant plutôt les Vedas comme de simples récits d'expériences de grands sages, comme des paradigmes humains à imiter. Ce mouvement d'intellectuels se heurte à beaucoup d'incompréhensions et pénètre difficilement les coutumes populaires, d'autant plus que les milieux religieux de hautes castes sont violemment opposés à une entreprise qui leur apparaît comme essentiellement désacralisante.

Aussi novateur, mais avec une personnalité totalement différente, Keshub Chandra Sen (1838-1884) laisse une empreinte très forte. De haute caste bengalie, ayant reçu une éducation cosmopolite, influencé lui aussi par les unitariens et le déisme des Lumières, il commence par être si progressiste qu'il fonde en 1866 une dissidence du Brahmo Samaj, considéré comme déjà trop sclérosé. En 1870, il accomplit un voyage en Angleterre, durant lequel, fait unique, la reine Victoria lui accorde une audience. Mais en 1875, il rencontre Râmakrishna *, qui réveille en lui un tempérament profondément mystique et des aspirations vers une synthèse des religions. Sen confie alors à des érudits appartenant au Brahmo Samaj le soin d'étudier à fond chacun une religion et de rendre compte de leurs expériences dans une sorte de groupement, le Naba Vidhan, l'Église de la Nouvelle Révélation, appelé à unifier dans un premier temps le judaïsme, le christianisme et le vishnouisme. Le but serait d'harmoniser les croyances et les

* Voir ci-dessous, p. 235 et suiv.

pratiques issues d'enseignements parallèles délivrés par de grands « sages » : Moïse, Jésus, Bouddha, Caitanya, etc. En fait, le projet ne verra pas de débouché concret, d'autant plus que Keshub Chandra Sen connaît encore une autre mutation, qui le conduit vers la *bhakti* vishnouite. Il adopte alors le comportement des dévots, chantant et récitant de la poésie mystique, participant à des pèlerinages, recherchant l'extase qui l'unit à son dieu. Aussi, dans cette dernière partie de sa vie, devient-il plus solitaire et mal compris par ceux qui l'entouraient et qui voient dans ce mysticisme la négation de leurs efforts de modernisation.

Naturellement, on ne peut évoquer ce courant sans citer le nom de Rabindranath Tagore (1861-1941), qui deviendra chef du Brahmo Samaj originel. Dès l'adolescence, il est hanté par le projet d'une mutation de l'hindouisme dans le sens d'une éthique capable de répondre au défi imposé par l'Occident. Ses convictions nationalistes sont très fortes et elles correspondent à l'esprit de son temps : la religion, si tant est qu'elle puisse s'épurer et accepter les réinterprétations, doit constituer l'un des socles de l'identité nationale. Pour cela, Tagore élabore un universalisme opposé aux cloisonnements de castes et aux factions philosophiques qui se sont peu à peu déclarées au sein du Brahmo Samaj : c'est une sorte de théisme néo-védantin qui se veut rationnel, anti-affectif, anti-obscurantiste. Écrivain de talent, premier Asiatique à recevoir le prix Nobel de littérature en 1913, Tagore illustre ses propositions dans des romans qui seront lus dans le monde entier : *Gora*, marqué par la difficile conciliation du nationalisme et de l'universalisme ; *La Maison et le monde*, qui dénonce la violence religieuse, en particulier les cultes sanglants de la déesse Kâlî ou Durgâ, soutenus et justifiés par les tenants de la tradition. Mais la littérature laisse aussi la place à l'action sociale, culturelle, aux fondations caritatives, etc. Tagore est un homme extrêmement actif, généreux, rayonnant. Sa plus belle réussite est une université privée, qui accueille des étudiants sans ressources, Shantiniketam, créée en 1921 ; moitié centre de recherches, moitié ashram, elle reçoit de son fondateur la vocation de former des êtres humains réalisés et pas seulement des intellectuels. Même si aujourd'hui elle ne fait plus partie des grands lieux de recherche scientifique, elle attire toujours de nombreux étudiants aux vocations littéraires et artistiques.

Un hindouisme syncrétiste et missionnaire

Râmakrishna et l'unité des religions

Gadâdhar Cattopâdhyây (1836-1886), né dans une famille de brahmanes pauvres vivant dans la campagne bengalie, devint prêtre au temple de Dakshineshwar, un sanctuaire consacré à Kâlî, sur les bords du Gange près de Calcutta. Il connut là de nombreuses extases, pendant lesquelles la statue de la Déesse s'animait et lui parlait, provoquant en lui des élans de ferveur extrêmes qui menaçaient sa vie. Pour le guérir de cette « folie divine », on le maria en 1859 avec une fillette, Sarada Devî, mais il fit le vœu de ne jamais consommer ce mariage. Sarada Devî deviendra sa première disciple et il reconnaîtra aussi en elle une incarnation de la Mère divine.

Son premier maître fut une femme, la Bhairavi Brahmanî, qui l'initia à des secrets de la voie tantrique. Puis il suivit l'enseignement d'un *samnyâsin* védantin, Totapuri, qui lui donna des éléments de la voie de la non-dualité, l'*advaita* de Shankara. Il fera de même avec d'autres courants spirituels indiens, pour en conclure que leurs différences reposent sur une profonde unité, celle du *brahman* neutre des Upanishads et celle de l'expérience mystique qui conduit à se fondre en lui. Il applique ensuite la méthode aux autres religions. En 1866, il demande à un musulman de l'« initier à l'islam » ; il se met à pratiquer le *dhikr*, la répétition du nom d'Allah, et fait de Mahomet une incarnation du *brahman* impersonnel. En 1874, un ami hindou lui lit des passages des Évangiles : c'est une révélation. Il raconte qu'un jour il vit s'animer une image de la Vierge à l'Enfant, et que, quelque temps plus tard, il sentit le Christ « se fondre en lui », plus profondément que toutes les autres figures divines qu'il avait connues jusqu'alors[2]. Jésus prend place dans son panthéon intérieur, aux côtés de Krishna ou du Bouddha, où il représente les aspects de charité et de rédemption du divin universel.

Ce parcours syncrétiste, qui a inspiré celui de Keshub Chandra Sen, rencontra un écho très large : Râmakrishna fut un maître vénéré, entouré de disciples de grande qualité, qui eurent des préoccupations humanitaires, sociales, intellectuelles variées, au sein d'un hindouisme en pleine transformation. Ils trouvèrent auprès de lui un enseignement universaliste et tolérant qu'ils s'efforcèrent de diffuser dans toute l'Inde et à l'étranger. Il mourut en 1886 d'un cancer de la gorge, après avoir beaucoup souffert, et en confiant à son disciple préféré, Vivekânanda, la diffusion de son message.

Tout son enseignement tient dans l'affirmation que Dieu est un et le même partout : « J'ai pratiqué toutes les religions : hindouisme, islamisme, christianisme, et j'ai suivi aussi les voies des différentes sectes de l'hindouisme [...]. Et j'ai trouvé que c'est le même Dieu vers qui toutes se dirigent par des voies différentes [...]. Vous devez passer par ces divers chemins en pratiquant une fois chaque croyance. Je vois partout des hommes qui se querellent au nom de la religion : hindous, mahométans, brahmos, vaishnava, etc. Mais ils ne réfléchissent pas que Celui qui est appelé Krishna est appelé aussi Shiva, et qu'il se nomme également l'Énergie primitive, Jésus ou Allah, tout aussi bien que le seul Râma aux mille noms. Un étang a plusieurs ghats. De l'un, les hindous puisent de l'eau dans des cruches et ils l'appellent *jal* ; de l'autre, les musulmans puisent l'eau dans des outres en cuir, et ils l'appellent *pani* ; d'un troisième, les chrétiens, et ils l'appellent *water*. Pouvons-nous imaginer que cette eau n'est pas *jal*, mais *pani* ou *water* ? Combien c'est ridicule [...]. La substance est Une sous différents noms, et chacun cherche la même substance ; seuls le climat, le tempérament et le nom créent des différences[3]. » Ce ne sont donc pas les dieux qui sont différents entre eux, mais les hommes qui se placent, volontairement ou non, dans des positions divergentes : « De même qu'un maître de maison apparaît aux membres de sa famille sous des aspects divers – père de l'un, époux de l'autre, frère d'un troisième – de même, Dieu est décrit et nommé de différentes manières, d'après la vision particulière de chacun de ses adorateurs[4]. » En ce sens, il est très fidèle à la pensée indienne, qui a théorisé les différentes attitudes mystiques, les *bhavas* : *shânta*, la sérénité de la dévotion d'une femme envers son mari ; *dâsya*, la soumission fervente du serviteur ; *sakhya*, l'émotion de l'amitié ; *vâtsalya*, le sentiment d'une mère envers son enfant ; *madhurya*, l'amour de l'amante pour l'amant[5].

Mais cette manière d'envisager l'expérience religieuse est

incompréhensible pour un musulman ou un chrétien. Imagine-t-on un saint Jean de la Croix dire qu'il a pratiqué une fois le catholicisme, une fois l'orthodoxie, et qu'il est passé par plusieurs sectes protestantes ? De plus, une telle démarche relativise les traditions révélées en les définissant comme des constructions psycho-sociales : « Il n'y a qu'un Dieu, mais ses noms sont innombrables, et innombrables aussi les aspects sous lesquels il peut être considéré. Nommez-le de n'importe quel nom et adorez-le sous l'aspect qui vous plaise le mieux, vous êtes certain d'arriver à lui[6]. » En simplifiant, on pourrait dire que ce sont les théologies qui séparent, alors que l'expérience spirituelle rassemble : « Nul besoin de trop lire les Écritures. Vous seriez enclin à argumenter, à discuter. Ce que vous obtenez en répétant dix fois le nom de Dieu avec amour est l'essence même des Écritures. Soyez fou de Dieu, ayez la véritable soif de Dieu, l'intoxication divine. L'amour, clé de la connaissance, ouvre toutes les portes[7]. »

Râmakrishna est à la fois un héritier et un novateur. Si l'on juxtapose les paroles de Kabîr ou de Râmprasâd Sen et sa prédication, on constate que la relativisation des croyances et des coutumes, la transversalité des représentations du divin, le primat de l'amour dévotionnel y trouvent des expressions analogues. Mais le modèle traditionnel de la *bhakti* anti-intellectualiste est ici totalement repensé, en lien avec un contexte socio-politique. Devant la concurrence menaçante entre l'hindouisme, l'islam et le christianisme, particulièrement sensible au Bengale, il importe de montrer que l'Inde nourrit des valeurs de voisinage et de tolérance entre diverses conceptions de l'Ultime ; et de l'affirmer aussi bien à l'encontre des hindous qui seraient tentés par les séductions de la violence ou du sectarisme, que des monothéistes intransigeants.

Vivekânanda : l'Inde, lumière des nations

Narendra Nath Dutta, né à Calcutta en 1863, fils d'un avocat à la Haute Cour de justice de Calcutta, séduit par l'idéal de Keshub Chandra Sen, entra au Brahmo Samaj, et Keshub l'amena chez Râmakrishna ; il avait dix-huit ans. Le guru le reconnut tout de suite pour le disciple qu'il avait vu en vision et qui devait lui succéder. Narendra ne répondit pas aussitôt à cet appel, et c'est une grave crise morale et métaphysique qui l'amène définitivement chez Râmakrishna et détermine sa vocation de se consacrer entièrement à la diffusion de sa sagesse universaliste. Ils vont alors vivre une relation extrêmement intense, étrange, communiquant dans les mêmes extases.

Après la mort du maître, Vivekânanda, grâce à son charisme exceptionnel, va donner à cet enseignement une dimension panindienne et internationale. Il se met à parcourir l'Inde, et dans ses conférences, il montre la vitalité de l'hindouisme. En 1897, il fonde à Belur au Bengale un nouvel ordre monastique, les Missions Râmakrishna, auquel il assigne une double vocation : interne, à l'éthique, à la méditation et à l'étude critique des Écritures ; externe, à la propagation de la sagesse indienne dans le monde. S'y adjoignent des dispensaires, des écoles, des bibliothèques, des centres d'études et de rencontres très divers, dans une perspective humanitaire et culturelle. Ce mouvement réformateur va largement à l'encontre des égoïsmes de castes, qui se justifient par la théorie du *karma* et de la réincarnation.

Dès 1893, Vivekânanda a été invité au Parlement des religions de Chicago, une réunion mondiale organisée entre représentants des différentes religions du globe, sous la houlette des théosophes qui ont noué des liens étroits avec l'Inde. Fait symptomatique du changement dans le dialogue entre Orient et Occident, on lui demande de prononcer l'allocution d'ouverture. Il s'écrie alors : « Je vous salue au nom de la Mère des religions », une affirmation qui n'a aucune consistance sur le plan historique, mais qui révèle un nouvel état d'esprit.

La nouveauté, c'est que l'Inde, pays colonisé, inférieur sur le plan technologique, dépourvu de conscience nationale, jamais unifié sur le plan politique sauf par des envahisseurs, incapable de se soustraire aux pesanteurs de la tradition pour entrer dans la modernité, possède une sagesse transcendant les religions. L'Inde a été la première à penser l'Un au-dessus de toutes les formes et institutions. En cela, l'hindouisme, rénové par une réforme sociale et morale, peut constituer un modèle de tolérance qui fasse équilibre aux confrontations dont l'Occident est en définitive responsable, avec sa conception d'un « dieu jaloux » et qui veut être le seul Dieu.

En même temps, Vivekânanda est l'enfant d'un siècle qui, même en Orient, croyait au progrès indéfini de l'humanité. Il pense qu'en alliant la technologie et l'esprit scientifique de l'Occident, l'idéal d'amour universel et des droits de l'homme issus du christianisme et les voies de libération de l'Inde, les hommes pourraient accéder à un bonheur plus complet. La nouvelle mission – et l'esprit dans laquelle elle se développe – se veut un pont entre la modernité matérialiste et les traditions d'intériorité et de vie renoncée. Progressiste et nationaliste modéré, Vivekânanda demande que l'Inde soit reconnue dans sa richesse, comme partenaire à part entière d'un dialogue qui devient mondial et transcende les cultures.

Ainsi, dans une sorte de renversement historique, l'Inde,

longtemps terre de missions pour le christianisme, devient elle-même missionnaire et exporte sa sagesse vers l'Occident, pour le bénéfice d'individus désorientés par le manque de spiritualité des sociétés contemporaines... Les gurus de notre temps sont les héritiers de cette mutation.

L'Ârya Samaj et la naissance du concept d'« hindouité »

Dans le courant de ce XIXe siècle si riche en idées nouvelles, une autre forme de renaissance, résolument différente, et par le milieu sociologique dans lequel elle se développe, et par l'idéologie, se déploie lentement mais sûrement. D'un nationalisme militant et bientôt agressif, elle va s'appuyer sur la religion comme moyen de conserver le modèle hindou de société, et montrer sa pertinence pour l'époque contemporaine.

La reconstruction de l'histoire hindoue

Dayananda Sarasvati (1824-1883), un brahmane traditionaliste originaire du Gujarat, fonde en 1875 l'Ârya Samaj, la « réunion des Âryas » : en choisissant, pour désigner les Indiens véritables, ce terme très ancien, chargé du prestige védique, il marque la dimension xénophobe et ethnocentrée qu'il entend donner désormais à l'hindouisme. Dans *Satyârtha Prakâsha*, « La Lumière de la Vérité », qui paraît en 1875, il pose les fondements de sa doctrine religieuse et politique sur une reconstruction de l'histoire. Tout d'abord, niant que les Âryas, branche extrême-orientale de la migration indo-européenne, aient été des envahisseurs, il fait d'eux la première population autochtone de l'Inde, qui aurait été un territoire vide et vierge avant eux, et il justifie ainsi la primauté de leur modèle de société et de pouvoir. Ensuite, il s'emploie à démontrer que le système des classes ou *varnas* a été effectivement vécu, tel qu'il est présenté dans les textes sacrés[8], mais qu'il était construit, aux temps védiques, sur une hiérarchie des mérites et non sur la naissance. Les *jâtis*, les castes, qui ne sont qu'une forme dévoyée de ce modèle idéal, ont substitué l'hérédité à la vertu individuelle, introduisant l'injustice. Habile réinterprétation : elle permet de sauver la pureté rêvée des origines, de dénoncer l'injustice pérennisée par les intérêts des plus forts et d'appuyer les revendications montantes des opprimés. Enfin, le type de convivialité entre les hommes que constitue le modèle védique est le meilleur qui puisse exister ; en particulier, l'égalitarisme prôné par l'islam et le christianisme se prive de la richesse d'un *dharma* hiérarchisé qui correspond vraiment à la place de l'être humain dans le cosmos. Comme le remarque Christophe Jaffrelot, « ce détour par la construction d'un âge d'or revêt une importance capitale dans la mesure où il fonde une fierté ethnique. Les Aryens de l'époque védique sont décrits comme un peuple élu auquel "le Dieu sans forme a révélé la connaissance parfaite du Veda". Descendus du Tibet dans l'*Âryavarta* – une zone vierge située entre l'Himalaya et les monts Vindhya, l'Indus et le Brahmapoutre – quelque temps après la création, ils furent alors "les maîtres souverains de toute la terre" qu'ils instruisirent au moyen du sanskrit, "mère de toutes les langues", avant de connaître, sous l'influence pernicieuse des brahmanes, une décadence marquée par les pires superstitions, l'idolâtrie et le système des castes[9] ».

Une telle idéologie remporte assez vite le succès, car elle permet aux hindous de récupérer une fierté de leur identité qui avait été bien mise à mal par la suprématie des musulmans et des Occidentaux. Un nouveau concept voit le jour, qui apparaîtra bientôt comme allant de soi dans ces milieux, celui d'« hindouité », qui traduit exactement le mot sanskrit forgé pour la circonstance : *hindutva*, un terme abstrait exprimant l'essence du fait d'être hindou, l'identité hindoue. Cette notion fonctionne d'emblée sur plusieurs registres : religieux d'abord, puisque ce sont les croyances et pratiques héritées des grands ancêtres, le *sanatana dharma*, qui en font la valeur métaphysique et l'efficacité comme voie de salut ; sociologique et culturel ensuite, puisque l'*hindutva* en tant que concept global se décompose en une pluralité de situations dans lesquelles chaque individu trouve sa place, ses droits et son devoir ; politique enfin, car elle implique un espace propre, le *hindu rashtriya*, la « nation hindoue », où se déployer pour assurer le bonheur et la permanence de la communauté.

L'attitude des dirigeants de l'Ârya Samaj vis-à-vis des religions autres leur est dictée par cet ensemble de considérations : ils distingueront de plus en plus nettement les « religions indigènes » des « religions étrangères ». Parmi les premières, ils classeront le bouddhisme, le jaïnisme, le sikhisme (non sans réticences) et les cultures tribales ou ce qu'il en reste ; parmi les secondes, le judaïsme, le christianisme et l'islam. Seules les premières devraient, pour eux, avoir droit de cité en Inde, au sens propre du terme, c'est-à-dire pouvoir participer à la construction ou à la reconstruction de l'identité indienne.

Une organisation militante

Les fondateurs de l'Ârya Samaj vont s'impliquer dans divers projets politiques, sociaux et éducatifs. En particulier, ils ouvrent à Lahore à la fin du XIXe une institution éducative au nom emblématique, le Dayananda Anglo-Vedic College, puis en 1902 à Hardwar une école-université, le Gurukula Kangri, dont la finalité est de former des « Âryas védiques ». Le Panjab, en cette époque où – faut-il le rappeler ? – le Pakistan n'existe pas, devient le terrain privilégié de l'expansion de l'idéologie ârya-samajiste. C'est là qu'est fondée la Hindu Sabhâ, un groupe de pression interne au Congrès, destiné à contrer politiquement les avantages que les musulmans semblent pouvoir obtenir des Britanniques. De ce groupe émanera la Hindu Mahâsabhâ, « l'Assemblée des hindous », qui devient le premier parti nationaliste hindou, le premier parti politique à avoir une définition religieuse. En 1925 le mouvement se dote d'une organisation militante, le RSS, Rashtriya Swayamsevak Sangh, l'« Association des volontaires nationaux ». Son fondateur, K. B. Hedgewar, un brahmane de Nagpur au Maharashtra (qui restera toujours le centre du RSS), fait partie de courants qui prônent volontiers la violence et dont certains membres seront parmi les terroristes responsables d'attentats contre les Anglais ou les musulmans. Le but de la fondation du RSS est d'encadrer les masses indiennes d'un maillage serré de services socio-religieux qui reprennent pour l'adapter à la modernité le système traditionnel des droits et des devoirs. Les membres du RSS sont des *swayamsevaks*, des volontaires prêts à consacrer leur vie à la nation hindoue, en échange de quoi ils reçoivent protection et place privilégiée. Des réseaux se constituent peu à peu, au niveau des villages, les *sakhas*, sortes de « cellules de base » offrant aux gens une présence très proche, s'adressant plus particulièrement aux jeunes, encadrés par des « organisateurs-renonçants » incarnant les valeurs morales d'un grand passé, celui de tout un peuple nourri de sagesse.

Le succès populaire vient aussi de la capacité des dirigeants de l'Ârya Samaj à modifier certaines coutumes pour leur donner un nouveau sens. Tel est le cas de la *shuddhi* : ce terme désigne les procédures traditionnelles de purification (*shuddha* : « pur ») et de réintroduction dans la caste, lorsque des conduites expressément désignées comme polluantes ont disqualifié un individu. L'Ârya Samaj va faire de la *shuddhi* un rituel de reconversion à l'hindouisme ; partant de la fiction historique selon laquelle tous les Indiens chrétiens ou musulmans seraient d'anciens hindous convertis de gré ou de force à ces doctrines étrangères, il en étend ainsi très considérablement le champ, au départ contre sa propre aile orthodoxe qui refuse cet élargissement. Mais ce n'est pas tout : tenant compte du développement de deux faits contemporains, la revendication montante des intouchables et la séduction qu'exerce l'hindouisme sur certains Occidentaux, il élargit son application à la transformation d'intouchables en « hindous de souche » et à la conversion d'étrangers [10].

Le successeur d'Hedgewar, Madhav Sadashiv Golwalkar (1906-1973), dote le RSS d'une charte, *We or our Nationhood Defined* (1938), dans laquelle il opère la jonction entre nationalisme hindou et thématique fasciste des théoriciens du nazisme allemand. Les minorités religieuses y sont sommées de s'intégrer totalement et de se fondre dans une Inde hindoue ou de partir. Quant à l'homme hindou, il doit se conformer au modèle du renonçant, qui a totalement dissous son individualité dans le grand Soi national, et s'inspirer de la *Bhagavad Gîtâ* pour donner un sens à ce nouveau genre de sacrifice de soi et d'action désintéressée. Cette réinterprétation habile de la tradition permet à Golwalkar de la mettre au service de la rancœur collective contre l'humiliation de la colonisation, et de légitimer la violence contre les communautés religieuses non autochtones, principalement les musulmans, mais aussi les chrétiens[11].

C'est dire qu'au moment où l'Inde conquiert son indépendance, dans le sang et les drames de la Partition qui divisent irrémédiablement hindous et musulmans, ce nationalisme fondamentaliste et xénophobe est une force avec laquelle il faut compter, qui a déjà derrière elle un long passé d'organisation et de militantisme, une idéologie affirmée et totalitaire, et qui va remporter une terrible victoire. Six mois après l'Indépendance, c'est un membre d'une branche extrémiste du RSS, Nathuram Godse, qui assassine Gandhi, le 30 janvier 1948 ; originaire d'une famille de brahmanes pauvres, il était le disciple d'un dangereux fanatique qui dirigea pendant longtemps la Hindu Mahâsabhâ, le guru Vir Savarkar, très imbu de la supériorité raciale des hindous. Certes Godse sera pendu, mais pas avant d'avoir formulé un vœu : pendant son procès, il émit le souhait que ses cendres soient conservées pour n'être jetées dans le fleuve sacré que « le jour où l'Indus et le Gange couleraient tous deux dans une Inde unie et hindoue ». Il dénonçait ainsi la ligne de démarcation tracée par une main étrangère entre l'Inde et le Pakistan occidental ; fidèle jusqu'au bout à son idéologie, il y voyait la partition du berceau de la civilisation hindoue, l'antique Âryavarta des textes révélés.

Des années 1780 à l'Indépendance, l'hindouisme connaît donc des mutations considérables et offre un éventail de postures contradictoires, reliées pourtant par le souci commun de relever un certain nombre de défis : réformer des coutumes ancestrales, recentrer un pluralisme interne persistant, revisiter le passé pour s'approprier une histoire nationale, affronter la question de la relation aux autres communautés religieuses... Au moment où il devient la religion de 83 % des habitants de la plus grande démocratie du monde, il se trouve traversé de tensions puissantes entre l'ouverture et le sectarisme, investi d'une charge identitaire annonciatrice de bien des périls.

CHAPITRE 11

La religion dans le débat national

De Gandhi au BJP

Les positions réformatrices qui s'élaborent dans le courant du XIXe et la première moitié du XXe siècle, si différentes qu'elles soient, ont en commun de construire, à travers la philosophie, la religion et la spiritualité, un noyau interne porteur d'identité et d'unité. Elles concourent donc activement à un idéal de la nation dont les différentes expressions précèdent de plus d'un siècle l'indépendance effective. Elles sont étroitement liées à une période historique très dense, de la révolte des cipayes (1857) et l'annexion effective de l'Inde à la Couronne britannique (1876) à l'Indépendance et la Partition (1947). Ce n'est pas le lieu ici de décrire la succession d'événements tragiques, de révoltes, de négociations, qui marquent la gestation de deux États : l'Inde et le Pakistan. Mais il faut en comprendre le mouvement d'ensemble, très complexe, qui aboutit finalement à une séparation sur la base des appartenances religieuses, même si l'Inde devient une démocratie laïque et même si un tiers des musulmans du sous-continent ne fait pas le choix du Pakistan. La religion constitue ainsi un enjeu majeur en ces temps qui voient la montée conjointe du communautarisme et de l'idée de nation. Sur ce point comme sur tant d'autres, Nehru hérite d'une situation explosive. Profondément convaincu que seul le sécularisme de l'État est une réponse adaptée et durable, il aura à affronter l'hindouisme militant, partisan d'une Inde hindoue, qui se dote en 1964 d'une sorte d'Église, la Vishva Hindu Parishad (VHP). La laïcité indienne s'est construite à travers ce débat, qui est une véritable épreuve pour la démocratie, comme en témoignent, en bien d'autres régions du monde, les liaisons dangereuses de la religion et de la politique.

Hindous et musulmans : des destins qui divergent

Lorsque les Britanniques prirent progressivement le pouvoir, les communautés hindoue et musulmane étaient étroitement imbriquées dans un réseau millénaire d'alliances et de conflits qui avaient forgé une société commune. La rébellion des soldats de l'armée du Bengale, en 1857, avait vu les cipayes hindous et musulmans faire front commun, même s'ils étaient travaillés par des motivations différentes. Par la suite, les Anglais, se méfiant des soldats brahmanes et rajpoutes de l'État de l'Oudh, qui avaient été les principaux acteurs des massacres, recrutèrent de préférence des musulmans et des sikhs du Panjab, ainsi que des gurkhas du Népal, créant des rancœurs chez les hindous. Même si elle fut apparemment sans lendemain, et écrasée par une impitoyable répression, la révolte des cipayes constitue, pour l'historiographie nationaliste, le premier acte de la « guerre d'indépendance » : elle inaugure la rupture avec des colonisateurs irrespectueux des différences de castes, des obligations et des tabous religieux qui font l'identité de l'hindou, même s'il est soldat.

Dès les années 1870, la contestation du pouvoir étranger et le nationalisme indien se radicalisent. Peu à peu les loyautés se modifient : se détachant des contextes locaux qui rapprochaient des groupes de religion différente, elles se tournent vers un horizon panindien découpé par l'appartenance religieuse. Cela veut dire qu'au lieu de se sentir lié à son voisin musulman, on apprend à faire cause commune avec d'autres hindous, qui peuvent être distants de 2 500 kilomètres et ne pas avoir le même dieu. Cette évolution est inégale et influencée par des facteurs politiques ou socio-économiques très divers. Ainsi, la propagande de l'Ârya Samaj rencontre un grand écho dans la vallée du Gange, avec un mouvement contre l'abattage des vaches qui donne lieu dès les années 1890 à des affrontements avec les musulmans. Au Bengale, c'est la décision du gouvernement, en 1904, de diviser administrativement l'immense province qui suscite une énorme campagne d'agitation, mais ce sont les désaccords entre hindous et musulmans qui font finalement échouer une action de masse.

En 1885, est né le Congrès national indien, sous la forme d'une libre association qui se donna d'abord pour tâche de proposer au pouvoir des réformes destinées à donner aux Indiens plus de place dans la vie publique et administrative, ainsi qu'un embryon de représentation électorale. Les questions religieuses n'étaient nullement prioritaires pour le Congrès, qui entendait parler indifféremment pour tous les Indiens. Pourtant, même s'il était une assemblée purement laïque, et perçue comme telle, les élites musulmanes dans leur ensemble restèrent sur la défensive. Fragilisées dans leur identité depuis la disparition de l'Empire moghol, elles commençaient à s'inquiéter d'une possible prise de pouvoir par une majorité hindoue si le mouvement indépendantiste réussissait un jour à secouer le joug des colonisateurs. Elles craignaient une sorte de « revanche de l'histoire », et cette angoisse s'exprima dans des postures diverses[1]. Ainsi se fit sentir la nécessité d'avoir un forum qui parlât au nom des musulmans dans une perspective plus ou moins laïque : la Ligue musulmane, fondée en 1906, apparut bientôt comme une organisation rivale du Congrès. Il était tentant pour les Britanniques d'utiliser à leur profit cette concurrence, par exemple en octroyant aux musulmans des électorats séparés dans les conseils législatifs naissants (réformes Morley-Minto de 1909). Mais c'était évidemment une voie grosse de dangers futurs.

D'autre part, le Congrès n'avait rien d'homogène, et une minorité partisane d'un hindouisme militant s'y fit rapidement entendre : de grandes figures, comme Tilak, comprirent très tôt le potentiel politique des thématiques religieuses, rompant avec le réformisme anglophile de la période précédente. La majorité libérale du Congrès, représentée par des leaders tout aussi charismatiques, comme Gokhale, le premier modèle politique de Gandhi, ou Motilal Nehru, le père du futur dirigeant de l'Inde, réussit à maintenir fermement la modération, mais le courant identitaire, porté par l'accélération de l'histoire, demeura puissant.

C'est ainsi que, globalement, le destin commun des deux communautés religieuses se scinda peu à peu, que l'idée d'un conflit des loyautés prit forme dans les esprits et que le projet de deux nations, l'une à majorité hindoue, l'autre à majorité musulmane, se mit à hanter l'avenir du sous-continent. Tel est, à grands traits, le contexte que Gandhi trouva en rentrant d'Afrique du Sud en 1914, et sur lequel il exerça une influence majeure.

La « religion » de Gandhi

Gandhi avait acquis l'expérience d'une stratégie de résistance passive, pour laquelle il avait choisi un nom qui devint célèbre : *satyâgraha*, littéralement « l'attachement à la vérité ». Si cette notion désignait d'abord une posture sociale et politique originale et ne comportait donc pas de contenu religieux explicite, elle n'en était pas moins reliée à une nébuleuse d'idées dans laquelle la *Bhagavad Gîtâ* voisinait avec l'éthique évangélique et la pensée non violente de Tolstoï. Elle s'incarna aussi par des choix de vie et des pratiques héritées des prestigieuses traditions indigènes de renoncement : l'abandon des privilèges de castes et des relations sexuelles, le végétarisme, le jeûne, la pauvreté volontaire, la quasi-nudité. La conjonction réfléchie d'attitudes fortement connotées, reconnaissables comme typiquement hindoues, et d'un courage personnel opiniâtre qui l'incita à s'engager sans faiblir pour la cause de diverses catégories d'opprimés, fit naître entre Gandhi et les Indiens une étonnante connivence. L'intuition populaire entendit son projet de transformer ces anciennes pratiques en comportements modernes de protestation contre les atteintes à la dignité de la personne humaine et à la liberté des peuples. La réinterprétation de la religion à laquelle il s'est livré ouvrit une voie plus universelle, qui pouvait séduire des leaders athées comme Nehru ou une partie de la communauté musulmane : « Servir est une religion ; et j'avais embrassé cette foi, dans le sentiment que ce n'était qu'en servant qu'on pouvait atteindre à Dieu. Et servir, pour moi, c'était servir l'Inde, parce que la chose, dans mon cas, allait de soi, parce que j'y étais naturellement porté[2]. »

Il remplit la fonction de conscience morale d'une nation en gestation. Cette nation, il la voulait indépendante : dès 1920, dirigeant la rédaction de nouveaux statuts pour le Congrès, il introduisit le mot *svaraj*, « autonomie », précisant « dans ou hors de l'Empire britannique ». Il la voulait plus juste : dans son ashram de la Sâbarmati, près d'Ahmedabad, il s'efforça de supprimer les barrières de castes et il jeûna pour la cause des intouchables, estimant que « pour voir face à face, dans son universalité et son imprégnation de toutes choses, l'Esprit de Vérité, il faut être en mesure d'aimer comme soi-même la plus chétive des créatures[3] ». Il la voulait une : il refusa l'idée d'électorats séparés, par peur de voir se fragmenter un peu plus l'improbable cohésion de l'Inde naissante ; il tenta à de nombreuses reprises de réconcilier hindous et musulmans et considéra l'évolution vers la Partition comme un échec.

Cet idéal de la nation se heurtait à un certain nombre d'obstacles bien enracinés dans l'hindouisme. Gandhi les dénonçait, non sans ambiguïtés parfois. Il contestait la validité des sacrifices sanglants, qui étaient couramment pratiqués, surtout dans le culte de Kâlî, et voulait éduquer son peuple à une dévotion moins excessive, donnant en exemple la discipline qu'il avait acquise au prix d'une dure ascèse. À partir de la *brahmacârya*, l'ancienne observance de la chasteté qui correspondait au premier des « stades de la vie » brahmanique, il refonda le lien entre renoncement, acquisition de la connaissance et accumulation de la puissance : celui qui se maîtrise lui-même est invincible, et par la conviction interne il emporte l'adhésion de son adversaire. À partir de l'*ahimsâ*, cette vertu de non-violence qui avait une place centrale dans le bouddhisme et le jaïnisme, mais plus marginale dans l'hindouisme, il fit la critique des tensions intercommunautaires. Sa conception de la

« religion » comme service des autres et de la nation s'appuyait sur ce que la *Bhagavad Gîtâ* disait du *karma yoga* : la « voie de l'action désintéressée », sans but de profit personnel, dans laquelle l'adepte se voue à une finalité transcendante, au prix de sa vie même. Mais s'il a beaucoup médité ce grand texte, il l'a aussi, en quelque sorte, laïcisé : il laissa de côté ce qui en avait fait traditionnellement le cœur, la révélation d'un lien d'amour exclusif entre le dévot et son dieu, Vishnu-Krishna, qui pouvait dériver en sectarisme, et il en retint uniquement les aspects éthiques. Sa démarche personnelle, tout entière tournée vers l'homme et les êtres de la nature sans trop de référence à un dieu personnel, atteignait ainsi à l'universalité : « Il est une chose qui prit fortement racine en moi : la conviction que la morale est le fondement de tout et que la vérité est la substance de toute morale. La vérité devint mon seul but[4]. »

Dans une telle perspective, et dans le contexte des conflits communautaristes qui ravageaient l'Inde, l'attitude d'empathie que Gandhi adopta envers les musulmans était parfaitement cohérente. Dès 1919, il donna son soutien au Khilafat Movement, au nom de l'unité de la future nation indienne, et cette prise de position ne lui sera jamais pardonnée par les hindous orthodoxes. En effet, la chute de l'Empire ottoman et l'abolition du califat après la Première Guerre mondiale mirent en ébullition la minorité musulmane, inquiète de son futur très précaire dans une Inde majoritairement hindoue, et qui se voyait perdre ce référent symbolique hors de l'Inde qui l'avait toujours rattachée à l'universalité de la *Umma*. Le Khilafat Movement avait dégénéré en émeutes intercommunautaires et créé chez les hindous une véritable psychose, savamment entretenue par les militants du RSS. En 1924, Gandhi entreprend un jeûne expressément destiné à obliger les deux partis à se réconcilier, et les leaders politiques, sous sa pression, donnent des consignes d'apaisement. Mais c'est dans les années tragiques 1945-1947 que Gandhi délivre ses plus forts messages de tolérance. Dès l'après-guerre, Lord Wavell, vice-roi des Indes, organise la conférence de Simla pour discuter des modalités d'une future indépendance, mais le projet n'aboutit pas en raison de la mésentente entre hindous et musulmans, et plus particulièrement de la rigidité de Mohammed Ali Jinnah, qui plaide passionnément pour la séparation : il veut pour les musulmans un Pakistan, littéralement un « pays pour les purs », et dénie toute légitimité représentative à ses coreligionnaires moins intransigeants qui avaient fait le choix d'appartenir au Congrès. Au terme de complexes négociations, on aboutit à la création d'un gouvernement national indien provisoire, présidé par Nehru. Jinnah en refuse le principe. De nouveaux massacres se déclenchent. Le 15 août 1947, le sous-continent accouche dans le sang de deux entités indépendantes, et le plus grand exode de l'histoire commence, dans des régions ravagées par les haines communautaires. C'est la négation complète de toute l'action gandhienne, qui tendait vers une Inde unie, où les conflits ethnico-religieux seraient enfin résolus par une éducation des peuples à la non-violence. En septembre 1947, un premier jeûne semble apaiser momentanément le brasier, tandis qu'un second jeûne du 13 au 18 janvier 1948 a pour but de faire pression sur la communauté hindoue pour qu'elle accepte la restitution aux musulmans de mosquées profanées ou occupées par des réfugiés hindous. C'est alors que Gandhi est assassiné le 30 janvier 1948, lors d'un *darshan*, une audience publique, par Nathuram Godse, membre du Hindou Rashtra Dal, un groupuscule extrémiste du RSS.

L'impact véritable de l'action et la responsabilité de Gandhi dans la marche vers l'Indépendance font aujourd'hui l'objet d'évaluations contradictoires, qui sortent du cadre de ce livre. Il faut plutôt noter ici l'importance considérable de la mobilisation religieuse autour de sa personne. Surtout dans les campagnes, il fut doté d'une aura messianique, « celle d'un "renonçant", d'un homme de Dieu doté de pouvoirs miraculeux. Cette image populaire était la projection de l'archétype du héros divin de la culture populaire, saint et thaumaturge [...]. Gandhi, auquel les paysans décernaient couramment des appellations dévotes (*baba*, *bhagwan*), semblait perçu comme un avatar, comme une incarnation de Dieu descendue sur terre pour y ramener le respect des normes éternelles et y restaurer la justice[5] ». On peut voir dans cette sacralisation l'empreinte de réalités proprement indiennes, mais aussi les traits mythiques qui ont presque toujours accompagné les grands mouvements de libération dans le monde.

La démocratie laïque

Ambedkar, la Constitution et la justice sociale

Gandhi a évincé de la scène nationale et internationale un autre leader indien à la personnalité remarquable : Bhim Rao Ambedkar, un intouchable mahar du Maharashtra, né en 1891. Dès ses études à la Columbia University, Ambedkar s'était intéressé à la genèse du système des castes, dans une perspective beaucoup moins conservatrice que celle de Gandhi, qui resta toujours attaché au principe hiérarchique et à l'idée qu'il structure un « corps » social global. Ambedkar percevait l'intouchabilité, à travers le filtre sociologique, comme la résultante d'une oppression de certains groupes sociaux par d'autres. Il s'employa, dans son action politique, ses discours, ses écrits à montrer que l'hindouisme traditionnel, dominé par les castes savantes, avait justifié une inégalité et une injustice sociales séculaires. À ses yeux, le bouddhisme avait été beaucoup plus accueillant aux idées égalitaires, et c'est pourquoi il finit par s'y convertir en 1956, quelques semaines avant sa mort, entraînant une importante fraction de sa caste, en une démarche publique très médiatisée et sujette à polémiques violentes[6].

Ambedkar fut le grand artisan de la Constitution de 1950, à laquelle les Constitutions britannique et américaine servirent de modèles. Contre les traditionalistes hindous du Congrès, il plaida pour plus d'égalité et pour l'affirmation des droits humains. Cela le conduisit à être le promoteur de l'expérience indienne de discrimination positive, dont les premiers essais, il est vrai, avaient été menés par le gouvernement de l'Empire britannique, mais qui devint avec l'Indépendance un pilier de la politique sociale. Ambedkar ne cessa de militer pour que les intouchables et les aborigènes bénéficient d'un quota de sièges proportionnel à leur poids démographique dans les différentes assemblées des États.

Il fut aussi le premier à souligner les limites du processus de démocratisation, et le décalage entre démocratie politique et démocratie sociale. Devant l'Assemblée constituante, le 25 novembre 1949, peu de temps avant l'adoption de la Constitution, il prévient : « Nous devons faire de notre démocratie politique une démocratie qui soit également sociale. La démocratie politique ne peut durer sans démocratie sociale. Qu'est-ce que la démocratie sociale ? C'est un mode de vie qui reconnaît la liberté, l'égalité et la fraternité comme ses principes fondateurs [...]. Le 26 janvier 1950, nous allons entrer dans une vie de contradictions. En politique, nous aurons l'égalité, et dans la vie sociale et économique, nous aurons l'inégalité [...]. Nous devons résoudre cette contradiction le plus tôt possible sinon ceux qui souffrent de l'inégalité feront voler en éclats la structure de la démocratie politique que cette assemblée a si laborieusement construite[7]. » Si l'éclatement qu'il craignait n'a pas eu lieu, et cela en grande partie grâce à l'action de Nehru, la question de l'inégalité est aujourd'hui encore d'actualité...

L'article 25 de la Constitution indienne reconnaît à tout individu « la liberté de conscience et le droit de professer, pratiquer et propager librement sa religion ».

Il y eut discussion sur le bien-fondé du droit de propagation, qui touchait un point sensible pour de nombreux députés, et pas seulement nationalistes. En effet, dans ces mêmes années, se cristallisait un ressentiment exaspéré contre l'esprit missionnaire qui animait certains musulmans et chrétiens. Des militants hindous lancèrent une campagne anti-conversions au Madhya Pradesh, accusant les missionnaires chrétiens d'encourager le séparatisme des tribus indigènes. La Hindu Mahâsabhâ, puis le Jana Sangh, le nouveau parti hindou qui assura sa relève à partir de 1951, firent pression sur les gouvernements de plusieurs États afin qu'ils interdisent l'arrivée de nouveaux missionnaires chrétiens, et qu'ils expulsent ceux qui se trouvaient déjà là : « Un fort ressentiment anticolonial, et aujourd'hui anti-occidental, anime ces manifestations chauvines selon lesquelles les conversions, parce qu'elles favorisent le séparatisme, s'apparentent à un processus de "dénationalisation" orchestré depuis l'étranger[8]. »

Nehru, héraut du sécularisme

Jusqu'à sa mort, en 1964, Nehru n'aura de cesse de faire triompher son idéal démocratique et de faire obstacle à l'intrusion des thèses religieuses sur la scène politique. Porté par l'éclat de l'héritage gandhien et par son charisme personnel, il va, pendant toutes ces années où l'unité nationale est sans cesse à construire, mettre son autorité morale au service de la laïcité, ou du « sécularisme » selon la conception anglaise. Son adversaire immédiat reste le courant nationaliste hindou : si plus aucun leader recommandable ne veut s'allier ouvertement avec le RSS, d'où sortait l'assassin de Gandhi, et si le mouvement est interdit et soumis à une répression extrêmement sévère, son chef Golwalkar ne se laisse pourtant pas abattre, et lance une campagne d'agitation, reprenant à son profit le mot gandhien de *satyâgraha*.

Il choisit une cause mobilisatrice, attachée au nom de la ville d'Ayodhya. En 1528, le fondateur de la dynastie moghole, Babur, avait fait construire une mosquée à Ayodhya et les milieux hindous militants prétendaient depuis le milieu du XIXe siècle que, pour l'ériger, il avait détruit un temple de Râma, le héros du *Râmâyana*, dont la geste mythique se situe dans cette ville. Nul témoignage archéologique ne venait étayer une telle affirmation *, mais

* Aujourd'hui pas plus qu'hier, d'ailleurs, puisque des fouilles ordonnées sur le site récemment ont montré qu'il était déjà occupé par un village et un cimetière musulmans, ce qui va à l'encontre des thèses hindoues ; voir l'article de *Outlook* traduit par *Courrier international*, n° 654, 15 mai 2003, p. 27.

ici, tout est affaire de croyance... Un matin de fin 1949, on retrouva dans la mosquée des statuettes de Râma et Sîtâ ; les musulmans crièrent au sacrilège, les hindous au miracle. La Hindu Mahâsabhâ érigea l'incident en enjeu national, appelant tous ses adhérents à faire de l'anniversaire de Râma le *Râmjanmabhoomi Day*, le jour consacré à la « terre de naissance de Râma », et d'y associer tous les temples de l'Inde, afin de prier pour sa « restitution ». Nehru refusa de se laisser déborder, ferma et fit garder la mosquée et procéda à l'arrestation préventive de certains meneurs.

Mais dès 1950, surgit une autre source de conflit. Le Bengale oriental (futur Bangladesh) s'enflamma et on compta en moins d'un mois plus de dix mille morts, hindous ; près d'un million de réfugiés franchirent la frontière vers l'Inde. En avril, Nehru réussit à signer avec Liaqat Khan, le Premier ministre du Pakistan, le pacte de Delhi, par lequel chacun des deux États du sous-continent s'engageait à protéger ses minorités religieuses de telle manière que cessent les exodes de populations et les violences sur les frontières. Les nationalistes hindous s'efforcèrent d'exploiter la situation, en réclamant plus de fermeté et une revanche. Ils acquirent une certaine audience parmi l'aile traditionaliste du Congrès, mais Nehru disqualifia clairement le communalisme en affirmant que tout parti qui en jouerait le jeu se mettrait de fait en marge de la vie démocratique.

L'Inde moderne avait grandement besoin d'un Code civil uniforme, or cet idéal se heurtait à des réalités religieuses anciennes. Les hindous avaient toujours vécu dans une société où coexistaient plusieurs normes, celle des brahmanes, celles des autres castes, celle des musulmans, sans compter que les mouvements sectaires et les populations tribales avaient leurs propres règles, qui ne s'accordaient pas avec la définition du *dharma*. Les Anglais avaient déjà tenté de « normaliser » le jeu social à la fois en se faisant expliquer le modèle hindou par des pandits et en imposant, là où ils le pouvaient, leurs propres conceptions. Quant aux musulmans, qui avaient vécu en maîtres en Inde, même si leur domination fut toujours contestée et souvent précaire, ils s'étaient conduits jusqu'alors selon leur loi religieuse, qui recouvrait la sphère que nous distinguons comme « civile ». Face à l'exigence d'une égalité de traitement de tous les citoyens, la coexistence de ces divers codes d'origine religieuse, et puissamment défendus par ceux qui y trouvaient une identité, posait un problème délicat. Dès 1948, Nehru s'y attaqua en proposant à l'Assemblée constituante d'élaborer le *Hindu Code Bill* ; il fallut discuter pendant presque deux ans pour arriver à un compromis ; la décision de conserver la *sharîa* comme norme pour la communauté musulmane indisposa grandement les milieux fondamentalistes hindous, qui voyaient à la fois leurs références religieuses dévalorisées et celles des « autres » légalisées. Le Jana Sangh, dans le sillage de la Hindu Mahâsabhâ moribonde, étroitement contrôlé par le RSS, se fit le champion du *dharma* : il développa un programme traditionaliste, dans lequel la famille est conçue comme l'unité de base de la société, et le village avec son ancien conseil, le *panchayat*, comme la cellule idéale dans une vision organiciste et totalitaire. L'agitation déclenchée se calma cependant grâce à l'écrasante majorité des voix qui se portèrent sur le Congrès aux élections de 1952. Nehru voulut y voir la preuve que le peuple indien, sans distinctions communautaires, le suivait dans son effort pour préserver l'unité nationale et fonder un État modernisateur et laïc. En 1955, il fit voter le *Citi-*

zen Act, qui consacrait la vision universaliste de la nation à laquelle il croyait plus que tout. Tous ces textes de loi portent la marque de son jugement nuancé sur la religion en général : s'il respectait toute forme de foi, il n'était personnellement attiré par aucune, et ses aspirations modernistes et socialistes le conduisirent plutôt à considérer que le droit élaboré par les mandataires du peuple servait bien entendu à protéger les minorités, mais aussi à desserrer l'emprise des croyances sur les individus, à limiter l'influence de coutumes sacralisées, qui exercent des contraintes rétrogrades.

En 1962, le gouvernement propose un amendement du *Representation of the People Act* pour punir « une nouvelle infraction à la loi électorale, l'excitation d'une hostilité sur les bases de la religion, de la race, de la caste ou de la langue pendant les élections[9] ». C'est, à nouveau et très fermement, condamner les partis communalistes, et plus largement l'intrusion de la religion, lorsqu'elle est discriminante, dans l'espace tout neuf de la démocratie laïque. Mais Nehru meurt en 1964, et l'année suivante éclate la première guerre avec le Pakistan, occasion rêvée pour les nationalistes hindous de réveiller les blessures encore si proches de la Partition et la suspicion à l'encontre des musulmans de l'Inde.

Une Église hindoue ?

Le début des années 1960 correspond à une nouvelle étape dans la réflexion des dirigeants du RSS ; ils cherchent à remplir de mieux en mieux une mission que Golwalkar, dans son ouvrage *Bunch of Thoughts*, a très habilement définie : « Nous aspirons à devenir le centre irradiant de tous les idéaux séculaires de notre société – exactement comme la puissance indicible qui émane du soleil. Alors le pouvoir politique, qui tire sa vie de la même source, de la société, ne pourra que refléter la même splendeur radieuse[10]. » Christophe Jaffrelot y voit une réinterprétation de l'ancienne alliance entre le brahmane ou le renonçant et le roi ; en tant que mouvement spirituel et culturel, le RSS doit jouer auprès de l'État moderne un rôle de conseiller, comme autrefois le *raj guru*, le « guru du prince ».

Analysant la présence des religions missionnaires en Inde, le RSS attribue leur puissance au fait qu'elles sont centralisées, et constituées en Églises, particulièrement le christianisme. L'idée d'imiter cette structure se cristallise certainement en relation avec la venue du pape au Congrès eucharistique international qui se tient à Bombay en novembre 1964. C'est ainsi que naît la Vishva Hindu Parishad (VHP) – littéralement « l'Assemblée de tous les hindous » – dirigée par un comité consultatif de sages et de renonçants appartenant aux différentes composantes de l'hindouisme, au jaïnisme, au sikhisme et même au bouddhisme. « Il fut décidé d'organiser un symposium et des conférences par des sages (*learned*) de toutes les sectes, une exposition au moyen d'images et de sculptures sur l'émergence, le développement et la gloire de la civilisation hindoue des temps védiques à nos jours, et d'autres programmes et cérémonies publics qui engendreront le sentiment d'une unité sous-jacente à la diversité apparente[11]. » Pour organiser sa visibilité, la VHP se met à manipuler des symboles forts : interdiction de l'abattage des vaches, imposition du hindi comme langue nationale, enseignement du sanskrit, etc. Pourtant, sa volonté de s'ériger en autorité centrale, d'édicter une sorte de catéchisme réformateur et uniformisant, d'exercer un contrôle sur les monastères et les temples fut mal perçue dans beaucoup de milieux qui se méfièrent de cette structure autoritaire, centralisée et prosélyte.

Les émeutes communalistes se multiplient, en nombre et en intensité dans le cours de 1964, puis à partir de 1967. La répression s'intensifie, et Indira Gandhi compare publiquement l'idéologie du Jana Sangh au fascisme hitlérien. En 1975, sous l'état d'urgence, elle fait interdire aussi bien le RSS que la Jama'at-i Islami, l'organisation fondamentaliste musulmane. Le Janata Party, né d'une coalition où le Jana Sangh espère jouer un rôle influent, renverse son gouvernement en 1977 ; il tente de prôner un revivalisme hindou modéré et un conservatisme économique et permet au RSS d'exercer ce rôle de *raj guru* qu'il ambitionnait depuis longtemps, pour rétablir une « conscience morale » dans le pays. Mais, dans les différents États, les choses ne se passent pas toujours de manière aussi irénique : en 1978 et 1979, il y eut une recrudescence d'émeutes intercommunautaires, dont bon nombre sont à mettre au compte de leaders locaux d'un hindouisme agressif.

Le nouveau parti qui va dominer l'espace politique de cette fin de XXe siècle, le Bharatiya Janata Party (BJP), né en 1980, est une émanation du Jana Sangh et tous ses cadres dirigeants, dont son président A.B. Vajpayee, ont la « culture RSS ». Ses premiers succès entérinent la perte d'image du pouvoir central, qui joue des communautarismes et n'apparaît plus comme le garant fiable du sécularisme. Ils sanctionnent la politique ondoyante de Rajiv Gandhi, acculé à donner des gages tour à tour aux hindous et aux musulmans.

La VHP bénéficie largement de cette situation. Elle prône l'abolition de l'intouchabilité, point faible de la société hindoue, qui apparaît comme un facteur possible de conversion à d'autres religions. Elle instaure un code de conduite fondé sur un seul livre sacré, la *Bhagavad Gîtâ*, réinterprétée dans un sens militant. Elle se veut un lieu de rencontre entre chefs de « sectes », une sorte de parlement des religions indigènes. Elle n'oublie pas la « libération d'Ayodhya » et la « reconstruction » du temple de Râma. Des processions sont organisées dans toute l'Inde pour récolter les briques du futur bâtiment et les *Râm shila pûjâ*, les « offrandes des briques de Râma » sont l'occasion de démonstrations de force, avec renonçants haranguant les foules et longues files de chars couverts de fleurs et de symboles nationalistes. En septembre 1986, les organisateurs de cette collecte géante finissent par obtenir l'autorisation de déposer les 167 063 briques sur un site voisin de la mosquée. Le *shilanyas* (« dépôt des briques ») fut une énorme cérémonie, impliquant des réminiscences des sacrifices védiques et des symboles très parlants, comme des jarres remplies des eaux de toutes les rivières sacrées de l'Inde. Il fut demandé aux hindous de toutes régions de se tourner vers Ayodhya ce jour-là pour prier : Ayodhya devenait La Mecque ou la Rome de l'hindouisme !

Quelques mois après, commença la diffusion de deux feuilletons télévisés d'après le *Râmâyana*, puis le *Mahâbhârata* ; ils eurent un succès inimaginable et ils portèrent jusqu'au dernier village de l'Inde les images fortes d'un grand passé revisité.

En 1990 le gouvernement de Charan Singh fait arrêter le chef du BJP, Advani, alors qu'il conduit vers Ayodhya un *rath yatra*, un « pèlerinage du char », grande manifestation destinée à marquer le commencement de la construction du temple. Malgré l'interdiction des autorités, quarante mille militants convergèrent vers le site litigieux ; la police tira dans la foule excitée, et l'émeute dura trois jours. Les cendres des « martyrs d'Ayodhya » furent promenées à travers l'Inde entière, sous la forme d'une grande « procession des cendres et des os » (*ashthi kalash yatra*). Pourtant la VHP ne renonça pas à son projet avorté : le 6 décembre 1992, deux cent mille militants réussirent à détruire la mosquée, et il y eut plus d'un millier de morts dans les jours qui suivirent. Ce drame détourna du BJP bien des hindous modérés, mais la rigueur de la répression menée par le gouvernement de Narasimha Rao atténua certaines indignations et permit aux nationalistes de se poser en victimes.

Les résistances au nationalisme hindou

En 1998, le BJP est conduit au pouvoir, grâce à des élections anticipées ; il a une image d'ordre, de ciment de la grandeur nationale, mais pour gouverner, il doit s'allier. La montée en puissance des partis régionaux et des associations de castes constituent des facteurs de pluralisme et d'instabilité qui l'obligent à calmer ses ardeurs militantes sur trois points majeurs : l'uniformisation du Code civil, la question du Cachemire – berceau de l'aryanité selon la doctrine nationaliste –, la reconstruction du temple de Râma. Vis-à-vis des minorités, la politique du BJP a été de supprimer les subventions aux madrasas et aux institutions chrétiennes afin de leur enlever les moyens de former des élites culturelles non hindoues.

La VHP, dans un tel contexte, répond aux demandes très fortes sur le plan de l'identité collective, de la mémoire historique, de l'unification nationale. Ses responsables ont, au fil des années, réanimé des conduites et des symboles anciens ; ses universitaires ont publié des relectures nationalistes de l'histoire. Ses militants voient l'Inde comme une terre sacrée, la Mère du peuple indien, une grande Déesse nationale un jour destinée à patronner tous les cultes unifiés, fortement liée à l'intégrité du territoire. Râma est son fils, héros viril, archétype de tous ses fils humains que sont les hindous [12]. La VHP promeut l'uniformisation des liturgies, pour une « religion moderne », contre les pratiques locales qui sont dévalorisées ou « folklorisées », et elle cherche à encadrer le personnel des temples et à contrôler leurs ressources de manière de plus en plus étroite, ce qui ne va pas sans conflits [13] ; elle s'emploie à une nouvelle tâche, la formation de prêtres dans des « séminaires » hindous [14].

Mais elle doit aussi affronter des réalités qui lui sont moins favorables. Tout d'abord, ses membres ont des opinions divergentes sur un certain nombre de sujets cruciaux : la coexistence avec les bouddhistes, les jaïns et les sikhs, le dialogue avec les musulmans et les chrétiens, les relations entre la sphère politique et l'hindouisme majoritaire ; mais aussi la condition des femmes, les mariages précoces, les veuvages stricts ; mais encore les questions éthiques autour de la famille, du contrôle des naissances, de l'avortement, de la préférence pour les garçons, de la dot, de l'euthanasie... Certains représentants estiment excessifs les écarts entre la tradition brahmanique et la modernisation des cultes en cours, ou contestent que l'hindouisme puisse accueillir en son sein des non-hindous par une propagande missionnaire. D'autres cherchent une ligne sociale en relayant de manière modérée les revendications des intouchables, mais les positions radicales des leaders *dalits* de la génération actuelle ne leur rendent pas la tâche facile. Le désir d'uniformisation de la liturgie se heurte aux particularismes locaux, aux associations qui gèrent les temples et entendent garder leur autonomie, et d'anciens conflits resurgissent, comme l'opposition entre Nord hindi et Sud dravidien, qui se double de résurgences de mouvements antibrahmanes. L'exploitation du religieux par le politique provoque une certaine lassitude dans le grand public : « Dans des villes de temples et d'ashrams comme Rishikesh et Hardwar, l'affiliation des *mahants* et *mahamandaleshwars* * à des partis politiques est de plus en plus systématique. De sorte que les pèlerins, déçus par la tonalité partisane de leurs paroles, semblent commencer à s'en détourner de plus en plus [15]. » Il est donc douteux que la VHP devienne ce qu'elle ambitionne, c'est-à-dire une véritable Église unifiée et une sorte de magistère, ou de « Vatican ». Plus sûrement, elle restera une couleur forte dans l'éventail des nuances d'un hindouisme toujours aussi divers. Beaucoup d'Indiens ne s'en plaignent pas, car ils sont extrêmement attachés aux principes démocratiques, à l'idéal de non-violence, à la liberté religieuse. De plus, ils voient mieux les dangers de l'idéologie BJP-VHP après les émeutes intercommunautaires du Gujarat en mars 2002, et ils se laissent moins facilement séduire par les sirènes du fondamentalisme. Ils l'ont montré en mai 2004 en renvoyant, contre toute attente, la majorité BJP et en élisant une coalition autour du Congrès. Mais la « famille nationaliste » (Sangh Parivar), comme on l'appelle, garde une solide assise dans certains grands États et les défis auxquels est confronté l'hindouisme contemporain ne sont pas minces...

* Les *mahants* et *mahamandaleshwars* sont des chefs de sectes, de congrégations ou d'ashrams.

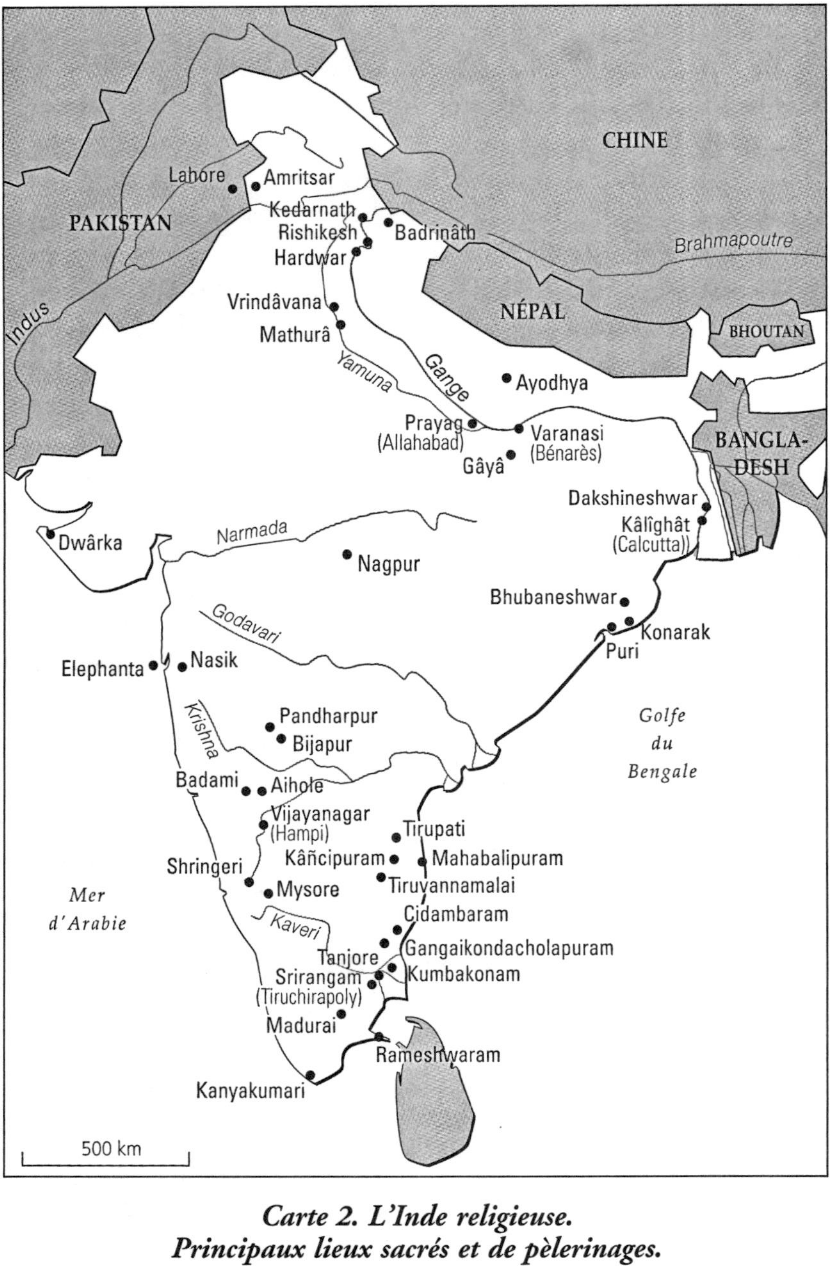

Carte 2. L'Inde religieuse.
Principaux lieux sacrés et de pèlerinages.

CHAPITRE 12

Questions pour l'hindouisme au XXIe siècle

Je voudrais, au terme de ce tour d'horizon, partager des interrogations qui ne sont pas seulement les miennes, mais aussi celles de beaucoup d'intellectuels indiens quant aux choix et aux orientations qui s'offrent aux très nombreux membres de la communauté hindoue. Bien entendu, ces choix ne dépendent pas de la seule capacité des croyants à réviser une part de leurs convictions et de leurs comportements. Ils sont intriqués dans des dynamiques complexes où la religion a partie liée avec les facteurs politiques, sociaux, économiques. Mais dans la « plus grande démocratie du monde », 82 % d'hindous possèdent une capacité à faire entendre leurs voix diverses, parfois discordantes, ce qui leur donne une responsabilité très grande, pour l'avenir de l'Inde et celui du monde.

Je n'entends mettre aucune arrogance dans mes propos ; il est loin le temps des donneurs de leçons venus de l'Europe des Lumières apportant dans leurs bagages la liberté, les droits de l'homme, l'égalité ! Les défis auxquels l'hindouisme est confronté, de l'intérieur et de l'extérieur, sont, sous des formes diverses, ceux que rencontrent toutes les religions. Quelle religion n'est pas concernée par le souci de son unité et de son autorité ? par la concurrence des prosélytismes ? par la difficulté de répondre aux questions de morale familiale, de justice sociale, de développement humain ? par la tentation de constituer un réservoir d'identité pour la nation où elle est majoritaire ? Quelle religion n'est pas traversée par des courants contradictoires, la prétention à détenir la vérité, l'attachement à ses rites ou à ses lieux saints, la peur qui conseille le repli sur soi, l'ouverture au risque du dialogue ?

Les différentes composantes de l'hindouisme assument selon l'héritage qui leur est propre ces préoccupations universelles. En cela, même si le monde indien reste à bien des égards très loin du nôtre, les choix qu'il fait nous concernent tous. Comme dit Sunil Khilnani : « Pour Nehru et de nombreux nationalistes, le présent de l'Occident donnait l'image de l'avenir de l'Inde. Or, chose curieuse, le présent de l'Inde contient peut-être plus qu'une vague prémonition de l'avenir politique de l'Occident lui-même [1]. »

La caste et la modernité, un mariage imprévu ?

La persistance obstinée des castes dans la démocratie la plus peuplée du monde révèle à la fois certaines ambiguïtés de l'hindouisme contemporain et des phénomènes nouveaux. Beaucoup de réformateurs modernistes en souhaitaient la disparition, car ils en avaient honte devant le regard critique d'Occidentaux qui s'en offusquaient au nom d'une idéologie égalitaire. La perpétuation des injustices, les mariages arrangés, la soumission de l'individu à son groupe de naissance, la mobilité sociale réduite se conjuguaient pour dénoncer dans le système des castes une survivance archaïque, à laquelle les hindous devaient renoncer. Plusieurs facteurs en empêchèrent l'abandon progressif.

Tout d'abord, cela est évident, parmi ceux qui étaient au sommet de la hiérarchie du pur et de l'impur, beaucoup profitaient du système et ne souhaitaient pas changer un mode de vie hérité de leurs ancêtres, lié à leurs coutumes et à leurs textes sacrés, justifié par une certaine interprétation très rigide de la notion de *dharma*. Ensuite, les colonisateurs britanniques, qui peinaient à s'orienter dans les relations complexes d'une société qu'ils avaient à encadrer, demandèrent à chaque communauté de se définir, d'indiquer sa place relativement à l'ensemble, et cela renforça les spécificités, les oppositions, la concurrence, d'autant plus que certains privilèges pouvaient découler de la manière dont on parvenait à valoriser son niveau. En même temps, soucieux de créer de l'égalité, les Anglais mirent en place les premières mesures, empiriques, pour favoriser les sections les plus défavorisées en matière d'éducation, de droits et de ressources.

C'est ainsi que naquit une expérience sociale qui prit, avec l'Indépendance et les choix d'inspiration socialiste de Nehru, une extension croissante : la discrimination positive devint le recours de tous ceux qui s'estimaient lésés par une situation d'oppression millénaire, et la réponse volontariste que fit l'État démocratique à ces populations démunies. Il fallut, pour savoir qui avait droit à l'aide gouvernementale, établir des listes, mais ce travail de nomenclature se heurta à toutes sortes de difficultés. On décida de distinguer les groupes intouchables des castes inférieures non intouchables, et les avantages furent différents ; on refusa les musulmans ou les chrétiens parce qu'ils n'étaient pas hindous ; les situations différaient profondément d'un État à l'autre, car les castes y étaient inégalement réparties, ce qui obligea à constituer toutes sortes de listes. Certains groupes qui trouvaient infamant d'être étiquetés intouchables refusèrent d'entrer dans le système alors que leur précarité leur donnait des droits, tandis que d'autres, qui n'auraient pas dû en profiter, s'arrangèrent pour en tirer le maximum ; avec le temps, des populations qui n'avaient plus besoin d'être aidées conservèrent leurs avantages au lieu d'assumer leur autosuffisance. Les castes découvrirent peu à peu qu'elles pouvaient « récompenser » ou sanctionner un parti politique ou un candidat, et agir sur leur propre destin en intervenant sur la scène publique comme groupes de pression. On vit des alliances imprévues comme celle de brahmanes et d'intouchables contre des basses castes.

Ainsi la discrimination positive, qui a été depuis soixante ans un remarquable moteur de développement, a eu aussi des effets pervers dès lors qu'elle était détournée vers la compétition pour des richesses qui ne sont pas indéfiniment extensibles. Dans les années 1990 – pour des raisons qui ressortissent de l'économie et de la politique –, les rivalités se sont accentuées, et les castes se sont transformées en véritables lobbies électoraux, instaurant un nouveau jeu qui n'est d'ailleurs pas sans dangers. Il y a donc peu de chance pour que l'institution en tant que telle disparaisse, moins par conservatisme religieux que parce qu'elle a trouvé de nouvelles utilités séculières tout à fait contemporaines[2]. Certains spécialistes des sciences sociales ont de plus défendu l'idée stimulante qu'elle pouvait jouer un rôle important en contrepoint des ambitions panindiennes de l'idéologie *hindutva* : par la fragmentation en intérêts particuliers qu'elle suscite, elle fait obstacle à des mobilisations totalitaires et maintient un pluralisme multiculturel[3].

Qu'est-ce qu'être hindou ?

Subir (Gujarat), Noël 1998

Subir est un village habité par les Dangs, une population tribale en partie christianisée. Ce jour-là, un rassemblement organisé par le RSS dégénère, une église et son école sont incendiées. Le but de la manifestation est de soustraire les Dangs au prosélytisme chrétien pour les « reconvertir » à l'hindouisme. Anticipant une grande fête prévue pour février 2006, une *kumbha mela* de trois jours qui veut réunir 500 000 participants, un militant explique : « Nous assurerons une campagne spéciale de *ghar vapsi* [littéralement "retour à la maison"]. » Pour accueillir les enfants prodigues, le Sangh Parivar leur offre un prestigieux passé : une brochure imprimée pour l'occasion retient la légende qui veut que Râma et Lakshmana aient été nourris de fruits par Sabari, une brave femme de la région et, la transformant en une réalité historique, fait de Subir le lieu de cette rencontre, et d'un ancien sanctuaire tribal un temple de Sabari. Mais les Dangs refusent ce cadeau empoisonné : « Laissez-nous tranquilles, arrêtez de semer la discorde dans notre société tribale. » Selon l'ancien maharaja de la région : « On s'en prend à notre tissu social. Jusque-là, il y avait sur la colline trois rochers où nous rendions un culte à nos dieux tribaux. Ils y ont construit un temple à Sabari et affirment que c'est elle que les populations tribales honorent à cet endroit. Pur mensonge[4]. »

Cette affaire minuscule, qui répète un scénario éprouvé depuis la fin du XIXe siècle, illustre bien une affirmation de l'idéologie RSS et les conflits qu'elle engendre : les chrétiens et les musulmans sont d'anciens hindous convertis par contrainte, qu'il faut donc ré-hindouiser ; mais les habitants de Subir, eux, revendiquent une identité spécifique...

« Pourquoi je ne suis pas hindou »

La résistance des habitants de Subir corrobore l'engagement politique de beaucoup de leaders intouchables. Déjà Ambedkar avait soulevé l'envergure du problème posé par une religion qui refusait depuis deux millénaires l'accès à ses rites, ses textes, ses temples à une population dont elle prétendait en même temps édicter les tabous qui la frappaient. Du point de vue des intouchables, la question « sommes-nous hindous ou non ? » prit une acuité particulière dans la première moitié du XXe siècle ; des réponses très diverses y furent données. Ambedkar, finalement, se convertit avec une partie de sa caste à un bouddhisme idéalisé, réinterprété dans un sens égalitariste. Gandhi, avant tout soucieux de l'unité de l'Inde, prêcha contre le séparatisme et pour une intégration des intouchables à l'ensemble organique de la société hindoue, à qui il faisait devoir de se réformer profondément pour les accueillir en toute justice. En même temps, des mouvements anti-brahmanes critiquaient violemment la mainmise des hautes castes sur une religion qui aurait dû appartenir à tous. Ils se conjuguèrent à des revendications sudistes, qui voulaient faire des cultures dravidiennes le socle originel de l'hindouisme, sanskritisé, intellectualisé et confisqué par les Âryas venus du nord.

Aujourd'hui, la question de l'exclusion religieuse reste fondamentale pour les militants dalits, comme en témoigne un pamphlet au titre évocateur, écrit en 1996 par Kanch Ilaiah, un universitaire issu d'une basse caste de bergers d'Andhra Pradesh : *Why I am not a Hindu*[5]. Son adversaire est l'*hindutva* des années 1990 qui s'est radicalisée en créant l'amalgame entre « être hindou » et « être indien ». Ilaiah revendique son identité nationale indienne en même temps que son appartenance à un peuple qui possède ses propres traditions, étrangères à la religion dominante. La culture indigène, largement répandue sous des formes locales sur le sol de l'Inde, détient d'ailleurs pour lui des valeurs bien supérieures à celles de l'hindouisme majoritaire : écologique, pacifique, égalitaire, féministe, elle est bien plus éthique et « moderne ». On comprend alors pourquoi la nébuleuse altermondialiste recrute beaucoup de sympathisants chez les dalits.

Pratiquer le sanatana dharma

Le militantisme pro- ou anti-hindou ne représente qu'un aspect d'une définition au spectre beaucoup plus large, selon laquelle être hindou, c'est affirmer par des pratiques individuelles ou communautaires sa fidélité au *sanatana dharma*, « la loi religieuse de toujours ». L'hindouisme au quotidien, loin d'avoir perdu sa vitalité, se nourrit au contraire d'un puissant revivalisme qui se perçoit partout, dès que l'on pose le pied sur le sol de l'Inde.

Le culte familial conserve l'héritage des rites de passage, les grands *samskâras* qui ont été définis par les traités brahmaniques. Les maisons, les appartements ont une pièce ou un coin consacrés aux divinités, ou à la divinité d'élection, dont les images – statuettes, peintures, posters – sont le produit d'un art populaire qui a élaboré ses codes dans le courant du XIXe siècle. Ses inventeurs, liés au réformisme bengali, ont voulu créer une iconographie moderne tout en s'inscrivant dans la grande tradition de vénération de l'image instaurée par la *bhakti*, qui avait rendu les dieux proches de leurs adeptes et mobilisé les ressources de l'émotion esthétique.

Les temples ne désemplissent pas ; on y vient seul, mais de préférence en famille ou en groupe appartenant au même courant sectaire. On y célèbre toutes sortes de fêtes panindiennes, régionales ou locales (qui débordent d'ailleurs largement leurs enceintes) : phases de la lune, saisons, « anniversaire » de la divinité, des saints locaux, de la fondation du sanctuaire, etc. On y récite et on y joue les grands cycles mythologiques puisés dans les épopées et les Purânas. On se remémore les poèmes des mystiques qui ont vécu sur les lieux. La *pûjâ* avec offrandes végétales et récitation de mantras y est devenue la forme la plus commune de la liturgie. Souvent brahmanes, les officiants attachent une grande importance à l'affirmation de leur lignée spirituelle, car elle demeure à leurs yeux et à ceux des croyants la clé de leur légitimité.

Les temples constituent souvent le terme d'un pèlerinage, ou des étapes recherchées sur un parcours qui peut durer plusieurs semaines. La géographie matérielle du sous-continent se double ainsi d'un subtil réseau de lieux saints, ou *pîthas*, littéralement « les sièges », où la présence divine est plus intense et plus constante qu'ailleurs. Beaucoup de pratiques s'inscrivent dans la riche sphère du vœu (*vrâta*), un aspect essentiel et millénaire de la religiosité hindoue. Le corps est largement mis à contribution, ce qui n'a rien d'étonnant dans une culture qui a développé le yoga, les exploits ascétiques ou certaines formes de sacrifice de soi. Des jeûnes, des temps d'abstinence sexuelle et diverses conduites purificatoires continuent de scander les âges de la vie.

Les grandes institutions encouragent fortement la pratique religieuse : bien qu'elle n'ait aucun caractère obligatoire, elles la situent dans le sillage prestigieux du *karma yoga* de la *Bhagavad Gîtâ*. L'orthopraxie, en ce sens, c'est de bien assumer son *svadharma*, c'est-à-dire à la fois accomplir assidûment les rites et mener une existence vertueuse. Les supérieurs des monastères shankariens, qui sont très écoutés, estiment dans leurs diverses déclarations et prédications qu'en ces temps d'« âge sombre » (*kali yuga*), les rites extérieurs et la dévotion envers les images divines sont nécessaires, mais ils rappellent, selon la doctrine fondamentale de l'*advaita vedânta*, qu'ils ne sont que des formes, que seul le *brahman* est. Ils encouragent ainsi un certain œcuménisme entre les grands courants de l'hindouisme, et une optique conservatrice en ce qui concerne les pratiques[6]. On retrouve ces mêmes priorités chez les vishnouites vaikhânasas de Tirupati (Andhra Pradesh), un ensemble de sanctuaires dont on dit qu'il est le centre religieux le plus florissant de l'Inde et qu'il emploie plus de dix mille personnes. Lieu de pèlerinage pour les vishnouites *, qui y viennent de tout le sous-continent, il a une autorité, même si on déplore aussi l'importance de ses activités commerciales. Interrogé par *Hindouism Today*, un magazine hindou, sur les bénéfices d'un pèlerinage à Tirupati, le supérieur des prêtres du temple principal, A.V. Ramana, dans une perspective très proche de celle des Shankarâcâryas, dit que, bien entendu, on peut venir avec l'espoir d'avoir une place à l'université, un beau mariage, une promotion, mais « que faire de telles demandes, c'est

* Il est célèbre dans le monde parce qu'on s'y fait raser la tête (cela fait partie des vœux qui accompagnent le pèlerinage), et qu'on y voit une nuée de coiffeurs et des montagnes de cheveux (qui sont ensuite vendus).

comme réclamer une cuillerée d'eau alors qu'on a un océan à sa disposition. Il y a quelque chose de bien plus grand à recevoir ici : l'évolution spirituelle. De toute manière, une évolution spirituelle plus avancée doit survenir, car l'être humain est encore primitif sur le plan spirituel. C'est normal : en ces temps de *kali yuga*, nous sommes plus attirés par les plaisirs mondains et nous négligeons les buts spirituels ». À la question « quel est votre message à la communauté hindoue ? », il répond en se réclamant d'un verset védique sans référence : « Les Vedas disent : "Vivons ensemble, mangeons ensemble, cherchons la vérité ensemble". Ils invitent ainsi tous les êtres humains – sans distinctions de croyance, de caste, d'âge ou de sexe – à vivre en harmonie et à chercher la vérité. C'est le devoir de tout être humain, au moins de tout hindou, d'obéir à ce message, d'essayer de vivre en paix avec les autres[7]. »

Nos ancêtres, les Âryas ?

Les petits Africains de l'empire colonial français apprenaient l'histoire en commençant par : « Nos ancêtres, les Gaulois »... Les petits Indiens de l'ère BJP ont reçu, eux aussi, à travers leurs livres scolaires, une version partisane de leurs origines, contre laquelle se sont élevés de grands intellectuels, universitaires de réputation mondiale.

Controverses autour de la culture de l'Indus

Les recherches archéologiques sur les cités de l'Indus et de l'Hakra n'ont jamais fourni de matériaux susceptibles de permettre le déchiffrage d'une écriture et la compréhension d'une langue. Mais en 2000, dans *The Deciphered*

Indus Script[8], N.S. Rajaram et N. Jha s'efforcèrent de démontrer que les signes des sceaux de l'Indus ressortissaient d'une forme de sanskrit archaïque et que leur iconographie renvoyait à une civilisation du cheval, dont on sait que seuls les Âryas possédaient la maîtrise à l'époque. Si les cités indusiennes présentaient déjà ces caractéristiques, c'était donc que les Âryas constituaient une population autochtone, et non des envahisseurs comme l'affirmait une analyse héritée des colonisateurs britanniques.

Il est vrai que, depuis les premières hypothèses de la fin du XVIIIe siècle, la représentation initiale de hordes sauvages de cavaliers du nord fondant sur le riche empire des fleuves et des plaines a cédé la place à une vision plus complexe de confrontations et d'emprunts culturels sur le long terme. Quant au berceau d'un proto-indo-européen et des peuples qui l'auraient véhiculé, il fait actuellement l'objet de deux hypothèses concurrentes : celle d'une origine ukrainienne autour de 4000 avant notre ère, et celle d'une origine anatolienne beaucoup plus ancienne, contemporaine de la diffusion de l'agriculture dans le courant du IXe millénaire... La recherche a donc beaucoup évolué mais, comme il arrive souvent, elle a ouvert en s'affinant une marge d'incertitude croissante, dans laquelle peuvent se glisser des théories qui sont plutôt guidées par l'idéologie que par la science.

La grande historienne indienne Romila Thapar, qui s'oppose depuis longtemps aux thèses du nationalisme hindou, a montré la part de manipulation qui rend dangereuses les affirmations de Rajaram et Jha : « Dans la définition de l'hindou telle qu'elle a été donnée par Savarkar *, l'Inde

* Important leader du nationalisme hindou qui fut le maître de l'assassin de Gandhi, voir p. 245.

doit être la *pitribhumi* (la terre des ancêtres) et la *punyoa-bhumi* (la terre de la religion). [...] Insister sur l'origine autochtone des Aryens leur permet de maintenir que les hindous actuels en sont les descendants directs et qu'ils possèdent donc, depuis la nuit des temps, un droit sur leur territoire. Il faut pour cela, bien sûr, que la présence des Aryens dans la région soit attestée depuis les temps les plus reculés ; d'où la tentative pour prouver, à l'encontre des preuves fournies par la linguistique et par l'archéologie, que les auteurs du *Rigveda* appartenaient aux peuples des cités de l'Indus, voire qu'ils leur étaient antérieurs[9]. » Quand on se souvient que la région en question est aujourd'hui divisée par la Partition entre Inde et Pakistan, on perçoit mieux les conséquences concrètes et l'importance de cette controverse...

Enseigner l'histoire

Le NCERT (National Council of Educational Research and Training) a la responsabilité des programmes scolaires et universitaires, tandis que le ICHR (Indian Council of Historical Research) regroupe les chercheurs dans le domaine de l'histoire. Or, dès l'arrivée du BJP au pouvoir, ils ont été alignés, par une série d'exclusions et de nominations arbitraires, sur la ligne de l'*hindutva*. L'un des enjeux majeurs concernait la production de nouveaux manuels scolaires, qui corrigeaient les ouvrages antérieurs rédigés sous la caution de ces mêmes organismes : ils furent révisés sur la base de l'origine aryenne de la culture de l'Indus, de la continuité généalogique entre Âryas et hindous actuels, de l'exaltation du génie védique, inventeur des sciences et des mathématiques, et de bien d'autres affirmations qui allaient toutes dans le même sens. La relecture des périodes plus récentes s'accrochait à des positions univoques, toujours enclines à désigner les musulmans et les chrétiens comme envahisseurs, colonisateurs, séparatistes.

Or ce que contestent les savants anti-*hindutva*, ce ne sont pas les humiliations infligées au cours de l'histoire, mais l'éclairage insidieux que leur mise en relief jette sur des catégories de personnes qui aujourd'hui sont pleinement membres de la nation indienne. Ils dénoncent aussi la fiction qui autorise à croire que les hindous actuels « descendent » des Âryas, alors que l'hindouisme a été un creuset multiculturel unique au monde. Le gouvernement actuel, conscient de l'emprise négative pour la paix civique que cette influence a pu exercer sur de jeunes esprits, a remis en chantier les manuels d'histoire, sous la caution d'un NCERT rééquilibré. Comme dit Amartya Sen : « À travers ses tentatives pour encourager et exploiter le séparatisme, c'est avec l'idée de l'Inde elle-même que le mouvement *hindutva* est entré en confrontation », et il trouve que, malgré leurs déclarations arrogantes, ses partisans défendent une « Inde étriquée », plutôt qu'une « Inde large, fière de son passé hétérodoxe et de son présent pluraliste [10] ».

Pour une partie de la diaspora indienne aux États-Unis, ces questions touchent un point très sensible, en rapport avec une identité d'autant plus défendue que la mère patrie est lointaine [11]. Dans ce contexte particulier, les préoccupations qu'expriment certains hindous vivant au pays de l'Oncle Sam rejoignent celles d'autres groupes religieux, protestants ou juifs, concernant l'enseignement de l'histoire des religions dans le système scolaire. Les dispositions législatives adoptées par certains États leur permettent de faire pression sur l'élaboration des programmes. En Californie, la Hindu Education Foundation a réclamé en 2005 des modifications dans le cadre du processus de validation des manuels d'histoire, révisables tous les six ans. Proche du RSS, cette organisation estime que l'hindouisme est présenté de manière insultante, sous un jour antiféministe, polythéiste, intolérant, rétrograde. La Vedic Foundation basée à Austin (Texas) proclame : « Nous avons pour devise de rétablir la grandeur de l'hindouisme. Cela passe notamment par la correction des manuels, car ils sont sources d'incompréhensions et de préjugés. » M. Deshpande, professeur de sanskrit à l'université du Michigan, lui-même hindou, leur apporte la contradiction au nom de l'objectivité scientifique, et il est soutenu par nombre de ses collègues, en particulier M. Witzel, professeur à Harvard, le même qui s'est employé à déconstruire la thèse du déchiffrement des sceaux de l'Indus. Le problème se complique avec l'intervention de membres de castes intouchables réunis dans le Dalit Freedom Network, qui ont écrit au ministère de l'Éducation sur le thème : « Ne permettez pas à des révisionnistes porteurs d'arrière-pensées politiques de récrire l'histoire indienne[12]. » Du coup, en Inde, les hebdomadaires *Outlook* et *Tehelka* ont donné à « l'affaire des manuels américains » une publicité destinée à souligner la pénétration de la diaspora par l'*hindutva*...

Accepter la Partition et vivre avec les musulmans ?

« La Partition incarne l'indicible tristesse qui réside au cœur de l'idée de l'Inde [...]. L'histoire n'a pas anesthésié la douleur de cette crise originelle[13]. »

Godhra (Gujarat), 27 février 2002

Que s'est-il passé exactement ce jour-là et les suivants ? on ne le sut que plus tard. Une soixantaine de personnes trouvèrent la mort dans trois wagons du *Sabarmati* Express, incendiés en gare de Godhra par des musulmans qui avaient pour cibles des militants du RSS de retour d'Ayodhya. S'ensuivirent à Godhra, Ahmedabad et Baroda des violences épouvantables : ce que les enquêtes ont montré, c'est que ces vengeances hindoues, présentées par leurs responsables comme une réaction de colère spontanée, ont suivi en réalité « un plan quasiment militaire[14] », qui impliquait une programmation bien antérieure aux événements. Le nombre de musulmans tués (mille à deux mille ?), le sang-froid des assassins, l'inertie des forces de l'ordre, l'utilisation du viol et des mutilations sexuelles font de ce drame une affaire d'État. Les conséquences humaines et politiques regardent le maintien de l'ordre public et la justice, qui a acquitté les émeutiers *.

Mais cette flambée de violence s'est déclenchée dans un certain contexte où le religieux est impliqué. Elle fut le fait d'une partie de la population très opposée à la communauté musulmane et qui escomptait une probable impunité dans un des derniers grands États tenus par le BJP et présidé par un partisan zélé du militantisme hindou, Narendra Modi. A. Singhal, président de la VHP, a été on ne peut plus explicite : « Les événements ont débuté le 27 février, et le lendemain cinq millions d'hindous sont descendus dans la rue. Notre tentative pour mobiliser les

* Il faut dire que, contre l'avis de la Cour suprême, ils ont été jugés au Gujarat où ils bénéficiaient de puissants soutiens.

hindous a été fructueuse[15]. » Le Gujarat a connu une longue tradition d'affrontements et le chef régional de la VHP, P. Togadia, venait de le présenter comme « le labo de l'*hindutva* ». D'autre part, on approchait de la date du 15 mars, fixée par la VHP pour le début du chantier du temple de Râma à Ayodhya, malgré l'interdiction du Premier ministre A.B. Vajpayee, considéré comme trop modéré par les « durs » du Sangh Parivar. Ce défi faisait évidemment monter la tension – même si finalement la VHP fut contrainte de renoncer au projet.

Les récits rapportés par les enquêteurs après les émeutes ressemblent étrangement à ceux qui ont été recueillis après la Partition ; les violences physiques sont les mêmes, et les intimidations verbales le disent bien : « Allez au Pakistan, pourquoi êtes-vous dans le pays des hindous ? » Marc Gaborieau, en ouverture de son livre sur les musulmans du sous-continent, relève des échos analogues et parle des « souvenirs lancinants » des années 1945-47 qui revenaient hanter, au moment de la deuxième guerre indo-pakistanaise de 1965, le chef du village où il avait travaillé comme ethnologue[16]. Ainsi chaque conflit intercommunautaire a-t-il toujours des raisons particulières d'avoir éclaté, mais il prend sens et force de cette référence au trauma qui a donné naissance aux deux nations. Shashi Tharoor, dans un ouvrage écrit avant le drame du Gujarat, réfléchissant à la question « Qu'est-ce qui nous constitue en tant que nation ? » cite une phrase du célèbre discours de Renan « Qu'est-ce qu'une nation ? » : « L'essence d'une nation est que tous les individus aient beaucoup de choses en commun, et aussi que tous aient oublié bien des choses. » Dans ces choses à oublier, Renan désignait les conflits qui ont déchiré la France avant qu'elle ne devienne une nation ; et Tharoor d'ajouter : « Cela est vrai de l'Inde, bien que nous ne soyons pas aussi doués pour l'oubli que nous devrions l'être[17]. »

« Oublier » la Partition ? peut-être, si on considère le fait que le rappel cyclique de ses malheurs est porteur de répétitions délétères, mais on sait bien que le refoulement dans les profondeurs de la conscience collective, loin d'être un remède, ne fait que prolonger la violence initiale et la projeter dans de nouvelles situations. Est-il possible alors de mobiliser des valeurs comme la réconciliation ou le pardon, sachant qu'elles ne prendront effet qu'à partir d'une réouverture, d'un réexamen des mémoires douloureuses, qu'elles soient celles de victimes ou de coupables ? Un travail très courageux a été commencé en ce sens par Urvashi Butalia qui a interrogé les drames de la Partition du point de vue des femmes[18]. On y voit en particulier combien le corps féminin meurtri, violé, déshonoré, entre en résonance avec le « corps de l'Inde » découpé par la ligne de partage et déchiré par les communautarismes hindou, sikh et musulman ; il est l'objet symbolique de projections nationalistes qui débordent complètement l'enjeu des existences individuelles. En pionnière, U. Butalia ouvre le dossier d'une de ces relectures que doivent accomplir les nations démocratiques pour guérir les traumatismes dans lesquels elles sont nées ou les violences qu'elles ont infligées, et pour se garantir contre les rhétoriques revanchardes qui constituent le fonds de commerce des extrémismes.

Puiser dans une sagesse millénaire

Beaucoup de démocrates indiens se méfient globalement de la religion comme facteur de mobilisation, et ils ont raison, car les cellules d'entraînement du RSS (*sakhas*) ne sont pas tout à fait une innovation. Il existait en effet depuis longtemps en Inde des sortes de centres d'entraînement à certains arts martiaux pour des ascètes combattants, les *akhârâs*. Il s'agissait à l'origine de défendre les pèlerins hindous contre les exactions des musulmans, mais ces ascètes se sont ensuite loués comme mercenaires à différents princes, même musulmans. Témoins les redoutables Nâgâs, ou les Bairâgîs vishnouites, qui n'ont pas conçu leur vocation uniquement comme une mission de protection des plus faibles. À partir de la fin du XVIIIe siècle, les Nâgâs se sont heurtés à l'East India Company au Bengale, mais leur idéologie est demeurée agissante dans certains milieux, légitimant l'usage de la force contre les envahisseurs perçus comme les ennemis du *dharma*, valorisant le modèle du guerrier renonçant contre celui du brahmane pacifique, diffusant une « éthique *kshatriya* d'apologie de l'action, du service civique, de la violence et de l'égalité » qui deviendra celle du RSS[19].

Pourtant, l'hindouisme n'est pas démuni de grandes traditions éthiques pour faire contrepoids à ce passé encore vif et prendre le risque de se désolidariser de la culture de la violence qui sévit dans son courant *hindutva*. On ne peut qu'être frappé par cette évidence quand on jette un regard global sur son histoire.

Tout d'abord, il est divers, pluraliste. Dans cet immense réservoir de notions communes, les courants dévotionnels attachés à des dieux différents, les métaphysiques dualistes et non dualistes, les penseurs de l'ordre et les praticiens de la transgression ont puisé pour construire leurs identités particulières. On peut y voir les modulations d'une certaine manière d'être au monde et de reconnaître de la transcendance, qui n'ont cessé de s'influencer, de s'échanger des interprétations, de communiquer par des passerelles, des syncrétismes, des transactions. Certes les tensions internes à la société religieuse, notamment autour de la question du pur et de l'impur, ont été puissantes. Mais le sentiment identitaire, la conviction de faire partie d'une communauté au destin unique se sont développés récemment et n'ont donc pas d'attaches aux fondements de l'hindouisme.

Le deuxième fait marquant est la force et la pérennité des traditions de non-violence. Dès l'époque des Upanishads, nous l'avons vu, le système sacrificiel védique fut critiqué par les renonçants, les bouddhistes, les jaïns, parce qu'il justifiait religieusement l'exercice d'une violence. Le brahmanisme se vit contraint de le réformer en reprenant à son compte la notion d'*ahimsâ*. Par la suite, le prestige du yoga a tenu en partie à la place centrale qu'il lui donne : « Si quelqu'un est installé dans l'*ahimsâ*, autour de lui l'hostilité disparaît », affirment les *Yoga Sûtras* (II, 35). La *Yoga Darshana Upanishad* est plus explicite encore : « Ne faire aucun mal à quiconque en acte, en parole, en pensée, c'est là l'*ahimsâ* [...] car l'*âtman* est présent partout, inaccessible aux sens, chez tous les êtres : le reconnaître en eux, c'est l'*ahimsâ* véritable, ont dit ceux qui savent[20]. » Toutes les vies, historiques ou légendaires, de saints et de sages ont sacralisé la non-violence, des anciens *âlvârs* et *nâyanmârs* du pays tamoul aux saints marathes et à ceux qui, comme Kabîr, ont frayé avec les musulmans, ou qui, comme Râmakrishna, Ramana Maharshi ou Gandhi, ont fourni des archétypes à l'hindouisme moderne. Or aujourd'hui, nombre de supérieurs de *mâths*, de gurus fondateurs d'ashrams ou de prêtres de temples ont une conscience forte de cet héritage et prêchent volontiers la tolérance, l'amour universel ou le respect de l'autre. Il arrive que l'on fasse appel à eux pour des médiations concrètes : ainsi le *jagadguru* de Kâncipuram a-t-il permis une négociation entre le gouvernement de Vajpayee et la VHP, qui a fini par renoncer, au moins temporairement, à son projet de « reconstruction » du temple de Râma à Ayodhya.

Enfin beaucoup d'Indiens aiment rappeler qu'à l'issue des élections de 2004 qui ont ramené le Congrès au pouvoir, « dans un pays à 82 % hindou, une femme d'origine catholique romaine (Sonia Gandhi) laissa le poste de Premier ministre à un sikh (Manmohan Singh) qui prêta serment devant un musulman (le président Abdul Kalam)[21] ». Certes chacun des trois a été choisi pour son succès et ses compétences, pas pour sa religion, mais, sans préjuger de l'affaiblissement du communautarisme, cet attelage au plus haut niveau de l'État est un symbole fort qui pourrait s'interpréter ainsi : le pacte démocratique continue, malgré les difficultés, de garantir la coexistence entre les communautés, mais il fait aussi devoir à la religion majoritaire de réserver une place respectueuse de leur différence aux minorités, et même de les protéger.

CONCLUSION

L'Inde à la recherche d'un équilibre entre l'État et les religions

L'évolution interne des cultures du sous-continent, dès l'origine marquée par des apports hétérogènes, a donné naissance à une pluralité de religions et de sagesses et a permis à toutes sortes de communautés de se développer. Même si les croyances, les rites domestiques, la définition des devoirs et des vocations ont formé un socle implicite de doctrines partagées, un maillage transversal unificateur, ce que nous appelons « hindouisme » n'a pas été une religion unifiée par une orthodoxie, mais un réservoir de cultes et de courants extrêmement divers. Les adeptes de Vishnu et de ses avatars, les dévots de Shiva, des grandes déesses ou de Ganesha ont constitué des « religions à l'intérieur de la religion ». Les grands saints ont incarné une expérience universelle du divin qui entrait en résonance avec certaines formes de dévotion musulmanes et qui touche aujourd'hui beaucoup de chrétiens. Des groupes d'ascètes ont contesté vigoureusement un *dharma* trop rigide et adopté des pratiques transgressives. Les maîtres philosophes ont introduit une distance critique qui a déclenché, à divers moments de l'histoire, des crises fécondes, créatrices de très hautes sagesses. De cette grande diversité et des réinterprétations que les réformes du XIXe et du XXe siècle ont initiées, les hindous d'aujourd'hui sont les héritiers.

Mais c'est aussi en terre indienne que le monachisme a été inventé, avec les premiers monastères bouddhistes et jaïns ; qu'au IIIe siècle avant notre ère, un monarque, l'empereur Ashoka, a érigé la non-violence en principe politique. C'est sur les côtes du Deccan que marchands juifs et arabes avant l'islam ont importé leurs croyances et que se sont développées des communautés chrétiennes aussi anciennes que celles du bassin méditerranéen. À peine quelques décennies après la prédication de Mahomet, des musulmans font leur apparition sur le sous-continent indien, à la fois par les rivages du sud et par la vallée indo-gangétique. Toutes les variantes de l'islam y seront peu à peu représentées : sunnites et chiites d'origine arabe, afghane, turco-mongole, persane vont y cohabiter ; les confréries soufies y ont brillé d'un éclat incomparable. Les missionnaires européens, venus à la toute fin du XVe siècle, vont acclimater à l'Inde le large spectre des communautés chrétiennes, catholiques et protestantes, qui connaissent aujourd'hui des courants pentecôtistes et charismatiques et participent à la réflexion des théologies de la libération. L'Inde conserve encore des communautés ailleurs disparues depuis longtemps, comme les Parsis, et accueille des communautés récentes, comme les Baha'is.

Toutes ces religions très vivantes ont gardé leurs spécificités tout en s'influençant mutuellement et entretiennent une mémoire plurimillénaire de conflits et de rencontres unique au monde. Elles ont depuis longtemps l'expérience des guerres interconfessionnelles, du dialogue interreligieux, du réformisme, du fondamentalisme, des dangers du communalisme, des exigences de la sécularisation. Or certains de ces aspects contemporains n'ont fait que commencer à bouleverser récemment les consciences collectives en Occident. Et si une telle expérience n'a pas toujours débouché sur des solutions pacifiques, loin s'en faut, elle n'en constitue pas moins une précieuse leçon d'histoire.

L'émergence de la démocratie indienne a été étroitement liée à la capacité de ses dirigeants à se situer en dehors et, dans une certaine mesure, au-dessus des mouvements de fond qui défendaient, chacun pour soi, une vision communautariste de la politique. Nehru mena ce très difficile combat avec opiniâtreté, du moins jusqu'à la fin des années 1950. Il eut maille à partir avec tous les leaders qui défendaient des valeurs traditionalistes, fondamentalistes, séparatistes ou xénophobes... Il s'attaqua avec un succès mitigé à la construction d'un Code civil uniforme, convaincu qu'un État modernisateur et laïc, soucieux des droits de l'homme pourrait ouvrir, entre le *dharma* hindou et la *sharia* musulmane, un espace qui transcenderait les différences dans son creuset. Cette « déconfessionnalisation » du juridique se heurta à d'innombrables obstacles. Le parti du Congrès, comme les autres, ne résista pas aux sirènes du communalisme, pourvoyeur de faciles banques de votes. Comme ailleurs dans le monde, des militants fondamentalistes jouèrent la carte de la moralisation de la vie publique, de la critique de la corruption, du service des laissés-pour-compte du progrès. Cela permit, entre autres raisons, au BJP d'accéder au pouvoir en 1998, même s'il dut s'allier pour trouver une majorité. Ce parti, en favorisant le libéralisme économique, continua d'ouvrir sur l'extérieur un pays longtemps fermé ; mais il diffusa aussi, par le biais des programmes scolaires, de la télévision, du cinéma, des grandes manifestations religieuses, l'image exaltée d'une Inde aux origines prestigieuses, humiliée par les conquêtes musulmanes et les entreprises coloniales occidentales. Le récit épique nationaliste exige que la religion et les traditions culturelles autochtones servent une revanche identitaire. En 2004, contre toute attente, le pays a pourtant sanctionné le BJP et redonné le pouvoir au Congrès, un choix qui démontre une capacité à jouer de l'alternance pour réguler la vie politique, même s'il faut s'interroger sur la complexité des raisons qui y ont présidé, et qui tiennent plus à la déception devant les promesses non tenues de prospérité qu'à la critique du militantisme hindou. L'échec électoral a en tout cas introduit une crise à l'intérieur du Sangh Parivar : A.B. Vajpayee a déclaré qu'il était dû aux émeutes du Gujarat, tandis que les « durs » de la VHP considèrent qu'il aurait fallu suivre une ligne de gouvernement plus conforme à l'*hindutva*, notamment vis-à-vis du Pakistan [1].

La démocratie indienne en voie de consolidation doit affronter les défis considérables de la justification persistante des hiérarchies, de l'extrême pauvreté, de l'infériorisation des femmes, du communautarisme religieux. Mais elle a déjà acquis, en soixante ans, une sorte d'autorité historique. En Inde, l'Indépendance ne s'est pas accompagnée des convulsions qui ont ailleurs marqué les processus de décolonisation ; elle n'a pas ouvert la voie à un régime civil autoritaire, à une dictature militaire, à une théocratie ou à une révolution communiste contraignante. Comme le rappelle Amartya Sen, dans *La Démocratie des autres* : « L'Inde se trouvait en fait dans un état chaotique en 1947, année où elle devint indépendante. Le gouvernement était sans expérience, la partition territoriale mal acceptée, et les démarcations politiques confuses, tout cela combiné à une violence largement répandue, et au désordre social. Il n'était pas facile d'avoir foi en une Inde unie et démocratique. Et pourtant, un demi-siècle plus tard, nous avons une démocratie qui a, bon an mal an, remarquablement fonctionné. Les divergences politiques ont été résolues dans le cadre des directives constitutionnelles, et les gouvernements se sont formés et sont tombés selon les règles électorales et parlementaires. Combinaison invraisemblable, et pas toujours harmonieuse, de toutes ses différences, l'Inde survit néanmoins et fonctionne remarquablement bien en tant qu'unité politique possédant un système démocratique. En vérité, c'est le fonctionnement de sa démocratie qui lui donne sa cohérence[2]. » Amartya Sen rattache cette réussite à des traditions très anciennes – puisqu'elles avaient déjà frappé les Grecs – de débat public sur les questions religieuses, philosophiques et politiques. On a en effet, et malgré les contraintes du système des castes ou les violences armées, des attestations continues de pratiques de discussion et de tolérance mutuelle. Ce sont elles qui ont empêché la culture hindoue d'évoluer vers une orthodoxie centralisatrice, qui ont fondé le bouddhisme à travers ses premiers « conciles », qui ont maintenu dans les cours royales, et jusque chez les Grands Moghols, l'habitude d'une parole ouverte, des controverses entre tenants de doctrines opposées.

Dans une telle perspective, il se peut que ces faits historiques aient, sinon préparé, du moins favorisé l'établissement du découpage entre un État démocratique aux valeurs séculières et des communautés religieuses auxquelles il impose un contrat de cohabitation pacifique. Cette répartition, qui est l'une des inventions majeures de la modernité, semblait une affaire entendue depuis deux siècles pour les nations européennes et nord-américaines.

Or ce consensus est mis à mal par certaines évolutions contemporaines et l'idéologie laïque affronte, dans ces pays, des critiques et des conflits imprévus. Aussi, s'intéresser à l'expérience indienne en la matière, c'est éclairer une question névralgique pour le monde en son ensemble.

Notes

Introduction

1. Henri Michaux, *Un barbare en Asie*, Paris, Gallimard, 1933, 2e édition revue et corrigée, 1967, p. 69.
2. Albin Michel, collection « Planète Inde », 2007, p. 7.

1. Le Veda, texte-source

1. Bernard Sergent, dans un ouvrage très dense, *Genèse de l'Inde* (Paris, Payot, 1997), résume les traits principaux de la culture harappéenne, et montre de nombreux indices de continuité entre elle et la culture védique, p. 101-128. Ces conclusions ont encore un caractère provisoire, la recherche archéologique étant en cours et la langue de l'Indus non déchiffrée.
2. André Martinet, dans *Des steppes aux océans. L'indo-européen et les « Indo-Européens »*, Paris, Payot, 1986, nouvelle éd. 2004, discute les différentes hypothèses actuelles.
3. Citons des traductions d'extraits facilement accessibles en français : les *Hymnes spéculatifs du Veda*, traduits du sanskrit et annotés par Louis Renou, Paris, Gallimard, coll. « Connaissance de l'Orient », 1956, *Le Veda*, textes réunis et présentés par Jean Varenne, Paris, Planète, 1967.
4. Louis Renou et Jean Filliozat, *L'Inde classique, Manuel des études indiennes*, 2 vol., 1947 et 1953, rééd. Paris, Maisonneuve, 1985, t. I, p. 281.
5. C'est une grande partie des études de mythologie comparée de

Georges Dumézil auxquelles il faudrait se référer ici. Citons *Les Dieux souverains des Indo-Européens*, Paris, Gallimard, 1977.

6. C'est, là encore, un legs de pratiques indo-européennes ; voir Ysé Tardan-Masquelier, « La bonne marche du cosmos », *Autrement*, « Mémoires lactées. Le lait du monde », février 1994, p. 116-126.

7. Robert Lingat, *Les Sources du droit dans le système traditionnel de l'Inde*, Paris, Mouton, 1967, p. 17.

8. Émile Benveniste, *Le Vocabulaire des institutions indo-européennes*, Paris, éd. de Minuit, 1969, t. II, p. 99-105 ; cit. p. 101.

9. *Taittirîya Brâhmana*, II, 4, 5.

10. *Shatapatha Brâhmana* IX, 4, 4, 15 ; II, 3, 3, 15, etc.

11. Voir Marcel Détienne et Gilbert Hamonic (dir.), *La Déesse Parole. Quatre figures de la langue des dieux*, Paris, Flammarion, 1995.

12. Traduction de Louis Renou, *Hymnes spéculatifs*..., p. 97-100 ; voir aussi traduction et notes de Jean Varenne in *Cosmogonies védiques*, Milan-Paris, Archè-Les Belles Lettres, 1982, p. 148-150 et 214-217.

2. La crise philosophique

1. Carl Jaspers, *Bilan et perspectives*, traduction française de H. Naef et J. Hersch, Paris, Desclée de Brouwer, 1956, p. 28.

2. *Chândogya Upanishad*, traduction, introduction, commentaires d'Émile Sénart, Paris, Les Belles Lettres, 1971, p. VII-VIII.

3. Pour un choix d'extraits traduits et agréablement introduits : Jean Varenne, *Sept Upanishads*, Paris, Seuil, « Points Sagesse », 1981.

4. Traduction, introduction, commentaires d'Émile Sénart, Paris, Les Belles Lettres, 1967.

5. *Trois Upanishad. Îshâ, Kena, Katha*, traduction d'Alain Porte, Orbey, Arfuyen, 2000.

6. Introduction, texte et traduction de Jean Varenne, Paris, De Boccard, 1960, 2 vol.

7. Introduction, texte, traduction d'Aliette Silburn, Paris, Adrien Maisonneuve, 1978.

3. Ce qu'on appelle « hindouisme »

1. Voir *Le Mahâbhârata. Un récit fondateur du brahmanisme et son interprétation*, Paris, Seuil, 2002, t. I, Ire partie « Contexte historique d'un texte sans date », p. 97-161.

2. Voir, par exemple, François Gros, *Le Paripatal. Texte tamoul*, introduction, traduction et notes, Pondichéry, Institut français d'indologie, 1968.

3. *Bhagavad Gîtâ* XI, 18, traduction d'Émile Sénart, Paris, Les Belles Lettres, 1967, p. 35 ; *purusha* ici signifie « Esprit ».

4. Gérard Colas, « Le dévot, le prêtre et l'image vishnouite en Inde méridionale », in André Padoux (dir.), *L'Image divine. Culte et méditation dans l'hindouisme*, Paris, Éd. du CNRS, 1990, p. 99-114, cit. p. 99.

5. Voir plus haut p. 29, et Louis Renou, « Sur le genre du sûtra dans la littérature védique », *Journal asiatique*, 247, 1963, p. 165-216.

6. Louis Renou et Jean Filliozat, *Manuel des études indiennes*, *op. cit.*, t. I, p. 621-22.

7. Shankara, *Âtmabodha* 32, *Hymnes et chants védantiques*, traduction de René Allar, Paris, Éditions orientales, 1977.

8. Voir l'introduction d'Anne-Marie Esnoul in *Les strophes de Sâmkhya (Sâmkhya-Kârikâ)*, Paris, Les Belles Lettres, 1964.

9. Je renvoie, pour une synthèse, à Ysé Tardan-Masquelier, *L'Esprit du yoga*, Paris, 2005, chap. II et III.

10. André Padoux, « Le tantrisme », in Frédéric Lenoir et Ysé Tardan Masquelier, *Encyclopédie des religions*, Paris, Bayard, 1997, vol. I, p. 95-101, cit. p. 98.

11. Charlotte Vaudeville, *Kabîr*, Oxford, Clarendon Press, 1974, p. 96.

4. Grandes divinités : Vishnu, Shiva, La Déesse

1. Madeleine Biardeau et Charles Malamoud, *Le Sacrifice dans l'Inde ancienne*, Louvain-Paris, Peeters, 1996, p. 96.

2. *Rig Veda* I, 154, 2 ; I, 22, 21 ; III, 55 ; VII, 99, etc.

3. *Atharva Veda* I, 19, 3 et XVI, 6, 26 ; « Litanie des cent noms de Rudra » (*Shatarudrîya*) de la *Taittirîya Samhitâ* IV, 5, 1-10.

4. Madeleine Biardeau et Charles Malamoud, *Le Sacrifice dans l'Inde ancienne*, *op. cit.*, p. 96.

5. Je me sers ici de deux traductions : celle d'Émile Sénart, avec le texte sanskrit (Paris, Les Belles Lettres, 1944) et celle d'Anne-Marie

Esnoul et Olivier Lacombe (Paris, Le Seuil, coll. « Points Sagesse », 1976).

6. André Couture, *L'Enfance de Krishna*, introduction, traduction, commentaires, Paris, Le Cerf, 1991, p. 49.

7. « Il y a un lien direct transgression-conquête de la puissance, puisque la transgression est plongée dans l'énergie libre de toute entrave » (André Padoux, « Shivaïsme et hétérodoxie. À propos des "sectes shivaïtes hétérodoxes" », in Serge Bouez (éd.), *Ascèse et renoncement en Inde ou la solitude bien ordonnée*, Paris, L'Harmattan, 1992, p. 63).

8. *Matsya Purâna*, 158, 27.

9. *Shiva Purâna*, livre II, 2, 2-4 ; voir aussi *Matsya Purâna*, livre III, 32-34. Madeleine Biardeau voit là une des nombreuses variantes de « l'affrontement de deux candidats à la suprématie, c'est-à-dire à la fonction de dieu suprême donneur de délivrance » (*Le Sacrifice...*, *op. cit.*, p. 101).

10. D'après le *Bhâgavata Purâna*, IV, 2-7 et le *Kâlikâ Purâna*, 16, 32-50.

11. *Shiva Purâna*, II, 2, 16, 30-36 et II, 4, 4, 5.

12. *Shiva Purâna*, II, I, 19, 1-23.

13. *Mahâbhârata*, IV, 6, traduction et commentaire de Madeleine Biardeau, *Le Mahâbhârata*, I, p. 768-769.

14. *Ibid.*, VI, 23, 13-15, traduction *ibid.*, II, 26-29.

15. *Devî Upanishad*, introduction, traduction de Jean Varenne, Paris, A. Maisonneuve, 1971.

16. *Mârkandeya Purâna*, chap. 81 à 93 ; voir *Célébration de la Grande Déesse (Devî Mâhâtmya)*, texte traduit et commenté par Jean Varenne, Paris, Les Belles Lettres, 1975. D'autres Purânas racontent ce mythe, témoignant de sa popularité.

17. *Mahâbhârata*, *op. cit.*, I, p. 658.

18. Voir David Kinsley, *The Sword and the Flute : Kâlî and Krsna. Visions of the Terrible and the Sublime in Hindu Mythology*, Berkeley, University of California Press, rééd. 2000.

19. Voir André Padoux, « Shivaïsme et hétérodoxie. À propos des "sectes shivaïtes hétérodoxes" », in Serge Bouez (éd.), *Ascèse et renoncement en Inde ou la solitude bien ordonnée*, *op. cit.*, p. 66-67.

20. Voir Patricia Dold, « Kâlî the Terrific and her Tests. The Shakta Devotionalism of the *Mahâbhâgavata Purâna* », in *Encounte-*

ring Kâlî. In the Margins, at the Center, in the West, Rachel Fell McDermott et Jeffrey J. Kripal (ed.), Motilal Banarsidass, Delhi, 2005, p. 39-59.

21. Cité par Usha Menon et Richard A. Shweder, « Dominating Kâlî. Hindu Family Values and Tantric Power », *ibid.,* p. 84.

5. Le vishnouisme

1. André Couture, « Le Vishnouisme », in Frédéric Lenoir et Ysé Tardan-Masquelier, *Encyclopédie des religions,* Paris, Bayard, 1997, p. 942. Cet article dans son ensemble (p. 927-954) est une synthèse serrée et complète du vishnouisme de ses origines à l'époque moderne.

2. Gérard Colas, *Visnu, ses images et ses feux. Les métamorphoses du dieu chez les Vaikhânasa,* Paris, Presses de l'École française d'Extrême-Orient, 1996, p. 30.

3. *Ibid.*, p. 263.

4. Ses poèmes ont été édités par Jean Filliozat, *Un texte tamoul de dévotion vishnouite. Le* Tiruppavai *d'Antal,* Pondichéry, Institut français d'indologie, 1972.

5. Anne-Marie Esnoul, *Râmânuja et la mystique vishnouite,* Paris, Le Seuil, coll. « Maîtres spirituels », 1964, p. 31.

6. *Bhâgavata Purâna,* X, 32, 17-22, traduction d'Eugène Burnouf, in Anne-Marie Esnoul (dir.), *L'Hindouisme. Textes et traditions sacrés,* Paris, Fayard-Denoël, 1972, p. 469-470.

7. Toukaram, *Psaumes du Pèlerin,* introduction et traduction de Guy Deleury, Paris, Gallimard, 1956.

8. *Le Râmâyan de Tulsî Dâs,* introduction et traduction de Charlotte Vaudeville, Paris, Les Belles Lettres, 1997.

9. Pour cet épisode historique, je me suis inspirée de l'article de Catherine Clémentin-Ojha, « Qu'est-ce qu'être orthodoxe ? Le cas des ascètes vishnouites du *catuh-sampradâya* », in Serge Bouez (éd.), *Ascèse et renoncement en Inde ou la solitude bien ordonnée, op. cit.*, 1972, p. 71-85.

6. Le shivaïsme

1. G.W. Briggs, *Goraknâth and Kanphata yogis,* 1882, cité par André Padoux, art. cit. p. 68. Sur ces différentes sectes, voir

David N. Lorenzen, *The Kâpâlikas and Kâlâmukhas. Two Lost Saivite Sects*, Delhi, Motilal Banarsidass, 1972, 2e éd., 1991.

2. Voir Carl Keller, « Quelques aspects de la théologie de Mânikkâvacakar » (Madras, 1968), « Quelques remarques sur la composition des hymnes shivaïtes tamouls » (Paris, 1973), « L'unité du temps dans l'expérience shivaïte de l'Inde du Sud » (Paris, 1981), « Aspiration collective et expérience individuelle dans la *bhakti* shivaïte de l'Inde du Sud », in *Numen*, XXXI, 1, 1985, p. 1-21. Tout cela repris dans Carl Keller, *Communication avec l'Ultime*, Genève, Labor et Fides, 1987, p. 81-92, 157-193 et *Râmakrishna et la voie de l'amour*, Paris, Bayard, 1997.

3. *Kiranavritti*, I, 22, 26-28, texte cité par D. Goodall, « Initiation et délivrance selon le *Shaiva Siddhânta* », in « Rites hindous. Transferts et transformations », *Purusârtha*, 25, Paris, EHESS, 2006, p. 106.

4. La grande spécialiste française du shivaïsme cachemirien a été Lilian Silburn. Je renvoie à : *Hymnes de Abhinavagupta*, Paris, De Boccard, 1970 ; *La Bhakti, étude sur le shivaïsme du Kashmir, d'après le Stavacintâmani de Bhattanârâyana*, Paris, De Boccard, 1979 ; *Spandakârikâ, stances sur la vibration de Vasugupta*, Paris, De Boccard, 1990 ; et à son article : « Les trois voies et la non-voie dans le shivaïsme non dualiste du Cachemire », *Hermès*, nouvelle série, I, Paris, Éd. Les Deux Océans, 1981, p. 141-200.

5. André Padoux, art. cit., p. 68.

6. *Tantrasâra*, I, 170.

7. Abhinavagupta, cité par Lilian Silburn, « Les trois voies et la non-voie... », art. cit., p. 144.

8. Lalla, *sloka* 59, traduit par Lilian Silburn, *La Bhakti*, *op. cit.*, p. 17.

9. Abhinavagupta, *Tantrâloka*, II, 36 et Lalla, *sloka* 25 et 31. Voir Lilian Silburn, « Techniques de la transmission mystique dans le shivaïsme du Cachemire », *Hermès*, n° 4, 1967, p. 158-175 ; *Hermès*, nouvelle série, n° 3, 1983, p. 122-138.

10. Utpaladeva, *Sivastotravali*, XII, 12.

11. Louis Dumont les a choisis comme exemples dans sa discussion sur la caste et la secte : une secte qui se déclare héréditaire ne recrée-t-elle pas de la hiérarchie ? Voir *Homo hierarchicus. Le système*

des castes et ses implications, Paris, Gallimard, 1966, rééd. 1990, p. 239 et suiv.

12. Voir Véronique Bouillier, *Ascètes et rois, un monastère de Kânphata Yogis au Népal*, Paris, CNRS, 1997.

13. Traduction, introduction et notes de Tara Michaël, Paris, Fayard, coll. « Documents spirituels », 1974.

14. *Le Yoga du corps, la Gheranda samhitâ*, traduction et commentaires de Jean Papin, Paris, Dervy éd., 1992.

15. Voir Christian Bouy, *Les Nâtha-yogin et les Upanishads*, Paris, De Boccard, 1994.

16. André Padoux, art. cit., p. 65.

17. Michel Hulin, *La Doctrine secrète de la déesse Tripurâ*, Paris, Fayard, 1979.

18. Voir France Bhattacharya « Le shaktisme au Bengale. Textes et pratiques », in « Les ruses du salut. Religion et politiques dans le monde indien », *Purusârtha*, 17, 1995, p. 139-156. F. Bhattacharya a aussi donné une nouvelle traduction du *Monastère de la félicité*, Paris, Le Serpent à plumes, 2004.

7. Le modèle brahmanique

1. La seule traduction aisément disponible en français des *Manava-dharma-shâstras* reste celle de A. Loiseleur-Deslongchamps, *Lois de Manu comprenant les institutions religieuses et civiles des Indiens*, Paris, De Crapelet, 1853, rééd. France-Loisirs en 1996 sous le titre *Sagesse hindouiste. Les lois de Manu.*

2. Louis Dumont, *Homo hierarchicus. Le système des castes et ses implications*, Paris, Gallimard, 1966, p. 92.

3. Un exemple est le « système *jajmani* » étudié par de nombreux ethnologues ; voir, pour un résumé et une discussion rapides, Robert Deliège, *Le Système des castes*, Paris, PUF, coll. « Que sais-je ? », 1993, p. 72-81.

4. Madeleine Biardeau et Charles Malamoud, *Le Sacrifice dans l'Inde ancienne*, *op. cit.*, p. 34.

5. Nombreuses références in Pandurang Vaman Kane, *History of Dharma-sâstra*, vol. II, part 2, chap. XXVII, p. 917-929.

6. Voir aussi *Aitareya Upanishad*, 33, 11 ; *Chândogya Upanishad*, I, 2, 11 ; II, 23,1 ; II, 2, 6.

7. Charles Malamoud, *Cuire le monde, Rite et pensée dans l'Inde ancienne*, Paris, La Découverte, 1989, p. 98-99 et p. 103 et suivantes.

8. Voir *Godan*, le roman de Premchand et l'analyse structuraliste qu'en fait C. Thomas dans « Le village dans la forêt : sacrifice et renoncement dans le *Godan* de Premchand », *Purusârtha*, vol. II, Paris, EHESS, 1975.

9. Voir, pour une liste de leurs fonctions, Lakshmi Kapani, *La Notion de samskâra*, Paris, De Boccard, 1992, t. I, p. 87-88.

10. *Lois de Manu*, II, 144 et 147-148, trad. de A. Loiseleur-Deslongchamps, *op. cit.*, p. 53.

11. Voir Lakshmi Kapani, *La Notion de samskâra*, *op. cit.*, p. 145-146.

12. Charles Malamoud, *Cuire le monde*, *op. cit.*, p. 143-144.

13. *Lois de Manu*, X, 16.

14. Robert Deliège, *Les Intouchables en Inde. Des castes d'exclus*, Paris, Imago, 1995, p. 133 et tout le chapitre intitulé « Les mythes d'origine des intouchables », p. 115-140.

15. Robert Deliège, *Intouchables. Entre révoltes et intégration*, Paris, Albin Michel, coll. « Planète Inde », 2007, p. 194 et suivantes. Ici même, chapitre 12, je reviens sur cette question.

16. Robert Deliège, *op. cit.*, chap. II.

8. Femmes hindoues

1. Voir Werner F. Menski, « Marital Expectations as Dramatized in Hindu Marriage Rituals », in Julia Leslie (éd.), *Roles and Rituals for Hindu Women*, Delhi, Motilal Banarsidass, 1992, p. 47-67.

2. Ce qui concerne les femmes y est concentré dans le chapitre V, p. 147-169, trad. de A. Loiseleur-Deslongchamps, *op. cit.*, p. 142-145.

3. *Taittirîya Samhitâ*, 2, 5, 1.

4. Catherine Weinberger-Thomas, *Cendres d'immortalité. La crémation des veuves en Inde*, Paris, Le Seuil, 1996, p. 148-149.

5. Cité par Mary McGee, « Motive and Intention in Votive Rites of Hindu Women », in *Roles and Rituals for Hindu Women*, *op. cit.*, p. 86.

6. Sudhir Kakar, *Moksha. Le monde intérieur. Enfance et société en*

Inde, Oxford University Press, 1982, traduction française, Paris, Les Belles Lettres, 1985, p. 97.

7. *Râmâyana* II, XXVII, 4-6, traduction de A. Roussel, *Le Râmâyana de Valmîkî*, 3 vol., 1903, rééd. Paris, A. Maisonneuve, 1979, t. I, p. 303.

8. L'une des versions du mythe est traduite par Wendy Doniger, *Shiva : the Erotic Ascetic*, Oxford University Press, 1981, traduction française, *Shiva, érotique et ascétique*, Paris, Gallimard, 1993, p. 88-89, d'après plusieurs passages du *Shiva Purâna*. Pour un résumé beaucoup plus complet des différents motifs qui tissent le mythe, voir Catherine Weinberger-Thomas, *op. cit.*, p. 161-162.

9. Trad. de Lakshmi Kapani, *La Notion de samskâra*, *op. cit.*, p. 98.

10. Sudhir Kakar, *Moksha...*, *op. cit.*, p. 119 et 122.

11. *Ibid.*, p. 138.

12. *Râmâyana*, III, XI, 12-16, trad. de A. Roussel, *op. cit.*, t. II, p. 30.

13. Voir Catherine Clémentin-Ojha, *La Divinité conquise*, Nanterre, Société d'ethnologie, 1990.

14. Voir Jackie Assayag, *La Colère de la déesse décapitée. Traditions, cultes et pouvoir dans le sud de l'Inde*, Paris, CNRS Éditions, 1992.

15. Valère Maxime (sous l'empereur Tibère), 2, 6, 4, qui recopie des témoignages plus anciens.

16. Julia Leslie, « Suttee or Satî : Victim or Victor ? », Julia Leslie (éd.), in *Roles and Rituals for Hindu Women*, Delhi, Motilal Banarsidass, 1992, p. 175-190.

17. Catherine Weinberger-Thomas, *Cendres d'immortalité...*, *op. cit.*, p. 54.

18. Amartya Sen, *The Argumentative Indian. Writings on Indian Culture, History and Identity*, Londres, Penguin Books, 2006, chapitre XI, « Women and Men. Many Faces of Gender Inequality », p. 220-250.

9. La communauté hindoue et l'assimilation de la différence

1. Michel Hulin, « Dharma des renonçants et renoncement au dharma », in Serge Bouez (éd.), *Ascèse et renoncement en Inde ou la solitude bien ordonnée*, *op. cit.*, p. 38.

2. Marc Gaborieau, dans *Un autre islam. Inde, Pakistan, Bangladesh*, en donne une vue globale et récente (Paris, Albin Michel, coll. « Planète Inde », 2007).

3. Voir Marc Gaborieau in Claude Markovits (dir.), *Histoire de l'Inde moderne*, Paris, Fayard, 1994, chap. IX, p. 179-205, cit. p. 184.

4. *Ibid.*, p. 180.

5. Voir Jackie Assayag, *Au confluent de deux rivières. Musulmans et hindous dans le sud de l'Inde*, Paris, Presses de l'École française d'Extrême-Orient, 1995.

6. Marc Gaborieau, « Hétéropraxie et hiérarchie : les ordres mystiques musulmans dits "hétérodoxes" dans le sous-continent indien », in Serge Bouez (éd.), *Ascèse et renoncement en Inde ou la solitude bien ordonnée*, *op. cit.*, p. 89-103, cit. p. 101.

7. Kabîr, *Au cabaret de l'amour*, introduction, traduction et notes de Charlotte Vaudeville, Paris, Gallimard, 1959.

8. Sur les sikhs, voir Denis Matringe, « Les sikhs et le sikhisme », *Atlas des religions* de l'*Encyclopedia Universalis*, Paris, 1988, p. 88-89.

9. Dominique Sila-Khan, « La tradition de Râmdev Pîr au Râjasthân. Acculturation et syncrétisme » ; Françoise Mallison et Z. Moir, « Rencontrer l'absolu, ô ami... Un hymne commun aux hindous tantriques et aux musulmans ismaéliens du Saurashtra (Gujarat) », in Jackie Assayag et Gilles Tarabout (dir.), « Altérité et identité. Islam et christianisme en Inde », *Purusârtha*, vol. 19, Paris, EHESS, 1997, p. 121-140 et 265-276.

10. *Op. cit.*, p. 10.

11. Gérard Colas, « Vie légumineuse et pensée travestie. À propos de l'adaptation des jésuites en Inde aux XVIIe et XVIIIe siècles », in Jackie Assayag et Gilles Tarabout (dir.), « Islam et christianisme en Inde. Altérité et identité », *op. cit.*, p. 199 et suiv.

12. Cité par Gérard Colas, *op. cit.*, p. 202.

13. *Ibid.*, p. 210.

14. Voir Catherine Marin, « La redéfinition de la mission au XVIIe siècle. Un texte fondamental de Rome, les *Instructions aux vicaires apostoliques* de 1659 », *Transversalités* (revue de l'Institut catholique de Paris), n° 76, oct.-déc. 2000, p. 51-62.

15. Inès Zupanov, « Prosélytisme et pluralisme religieux : deux expériences missionnaires en Inde aux XVIe et XVIIe siècles », *Archives*

de sciences sociales des religions, Paris, éd. du CNRS, n° 87, juillet-sept. 1994, p. 35-54, cit. p. 45.

10. Réformer et moderniser l'hindouisme

1. Voir les cartes des annexions et alliances britanniques, avec leurs dates, in Claude Markovits (dir.), *Histoire de l'Inde moderne 1480-1950*, *op. cit.*, p. 302.

2. *The Gospel of Sri Ramakrishna by M.*, New York, Râmakrishna-Vivekânanda Center, 1942, p. 34, traduit en français par les Centres Râmakrishna sous le titre *L'Évangile de M.*, M. étant Mahendra Nâth Gupta, un disciple qui voulait garder l'anonymat.

3. Romain Rolland, *La Vie de Râmakrishna. Essai sur la mystique et l'action de l'Inde vivante*, 1re éd. 1929, Paris, Stock, dernière éd., 1993, p. 325.

4. Cité par Solange Lemaître, *Râmakrishna et la vitalité de l'hindouisme*, Paris, Le Seuil, coll. « Maîtres spirituels », 1959, p. 95.

5. Voir Carl A. Keller, *Râmakrishna et la voie de l'amour*, Paris, Bayard, 1997, p. 276-280.

6. *Évangile de M.*, *op. cit.*, § 675, p. 229.

7. *Introduction à l'Évangile de M.*, *op. cit.*, p. 38 cité par Solange Lemaître, *op. cit.*, p. 135.

8. Alors que l'analyse scientifique, nous l'avons vu dans le chapitre 7, montre la distance entre le système des *varnas* comme représentation idéale de l'organicisme social et la lente constitution des *jâtis* comme unités vécues.

9. Christophe Jaffrelot, *Les Nationalistes hindous*, Paris, Presses de la Fondation nationale des sciences politiques, 1993, p. 30 ; les citations sont traduites de Dayananda Sarasvati, *Satyarth Prakash. La Lumière de la Vérité. Le livre de l'Ârya Samaj*, Paris, Maisonneuve, 1940, p. 251, 252, 286, 288.

10. Voir Christophe Jaffrelot, « Les (re)conversions à l'hindouisme (1885-1990) : politisation et diffusion d'une "invention de la tradition" », et Catherine Clémentin-Ojha, « La Suddhi de l'Ârya Samaj ou l'invention d'un rituel de (re)conversion à l'hindouisme », in « Le prosélytisme dans le sous-continent indien », *Archives de sciences sociales des religions*, Paris, CNRS, n° 87, juillet-sept. 1994, p. 73-98 et 99-114.

11. Christophe Jaffrelot dans *Les Nationalistes hindous* analyse en profondeur l'ascension, les sources idéologiques et l'action de Golwalkar, p. 61 et suiv.

11. La religion dans le débat national

1. Voir Marc Gaborieau, *Un autre islam. Inde, Pakistan, Bangladesh*, Paris, Albin Michel, 2007, p. 217 et suivantes.

2. Mohandas Karamchand Gandhi, *Autobiographie ou mes expériences de vérité*, traduction française, Paris, PUF, 1950, 5e éd., 1994, p. 198.

3. *Ibid.*, p. 645.

4. *Ibid.*, p. 49.

5. Jacques Pouchepadass, in Claude Markovits (dir.), *Histoire de l'Inde moderne. 1480-1950*, *op. cit.*, p. 513-514.

6. Voir Robert Deliège, *Intouchables. Entre révoltes et intégration*, Paris, Albin Michel, coll. « Planète Inde », 2007, p. 91-162.

7. Cité par Christophe Jaffrelot, *Inde : la démocratie par la caste*, Paris, Fayard, 2005, p. 9-10. Le 26 janvier 1950 était la date prévue pour la promulgation de la Constitution.

8. Jackie Assayag, « Passeurs de frontières, poseurs de barrières. Chrétiens et musulmans en Inde » in « Altérité et identité. Islam et christianisme en Inde », *Purusârtha*, vol. 19, p. 25-69, cit. p. 46.

9. Voir Christophe Jaffrelot, *Les Nationalistes hindous*, *op. cit.*, p. 212.

10. Madhav Sadashiv Golwalkar, *Bunch of Thoughts*, p. 103, cité et traduit par Christophe Jaffrelot, *op. cit.*, p. 128.

11. Article cité par Christophe Jaffrelot, *op. cit.*, p. 222.

12. Voir Jackie Assayag, « Action rituelle ou réaction politique ? L'invention des processions du nationalisme hindou dans les années 1980 en Inde » in *Annales. Histoire, Sciences sociales*, juillet-août 1997, n° 4, p. 853-879.

13. Voir, par exemple, Gilles Tarabout, « L'évolution des cultes dans les temples hindous. L'exemple du Kerala (Inde du Sud) », in *Renouveaux religieux en Asie*, Catherine Clementin-Ojha (dir.), Paris, Presses de l'École française d'Extrême-Orient, 1997, p. 127-150.

14. Christophe Jaffrelot, « La Vishva Hindou Parishad. Structures et stratégies », in « Les ruses du salut. Religion et politiques dans le

monde indien », *Purusârtha*, vol. 17, Paris, EHESS, 1995, p. 183-217, particulièrement p. 206-207.

15. Christophe Jaffrelot, art. cit., p. 212, s'appuyant sur un article d'*India Today* du 15 mars 1993.

12. Questions pour l'hindouisme au XXI*e siècle*

1. Sunil Khilnani, *The Idea of India*, Londres, Hamish Hamilton, 1997, traduction française, *L'Idée de l'Inde*, Paris, Fayard, 2005, p. 39.

2. Pour une étude très fouillée de ces phénomènes, voir Christophe Jaffrelot, *Inde : la démocratie par la caste. Histoire d'une mutation socio-politique. 1885-2005*, Paris, Fayard, 2005.

3. Voir Rajni Kothari (dir.), *Caste in Indian Politics*, New Delhi, Orient Longmans, 1970.

4. Article de *Tehelka*, traduit par *Courrier international*, n° 783, 3 novembre 2005, p. 36.

5. Non traduit en français, voir résumé, citations et discussion in Robert Deliège, *Intouchables. Entre révoltes et intégration*, *op. cit.*, p. 194-206.

6. Voir Michel Hulin, *Shankara et la non-dualité*, Paris, Bayard, 2001, p. 218-222.

7. « Born for Balaji », *Hindouism Today*, site Internet, juin 2006.

8. New Delhi, éd. Aditya Prakashan.

9. Article paru dans *Frontline*, Madras, traduit par *Courrier international*, n° 534, 25 janvier 2001, p. 40.

10. Amartya Sen, *The Argumentative Indian. Writings on Indian Culture, History and Identity*, Londres, Penguin Books, 2006, p. 72.

11. Shashi Tharoor dans *India from Midnight to the Millenium*, New York, Arcade Publishing et New Delhi, Penguin India, 2000, traduction française, *L'Inde d'un millénaire à l'autre, 1947-2007*, Paris, Fayard, 2007, dénonce « le chauvinisme virulent de ces hindous américanisés » (p. 189).

12. *The Wall Street Journal*, 13 janvier 2006, traduit par *Courrier international*, n° 799, 23 février 2006, p. 42-43.

13. Sunil Khilnani, *The Idea of India, op. cit.*, p. 288.

14. Christophe Jaffrelot, in *Le Monde* du 26 juin 2004.

15. *Frontline*, Madras, traduit par *Courrier international*, n° 695, 26 février 2004, p. 30.

16. Marc Gaborieau, *Un autre islam...*, *op. cit.*, p. 9.

17. Shashi Tharoor, *op. cit.*, p. 167-171.

18. Urvashi Butalia, *The Other Side of Silence*, New Delhi, Penguin Books India, 1998, traduction française, *Les Voix de la Partition Inde-Pakistan*, Arles, Actes Sud, 2002.

19. Voir Véronique Bouillier, « La violence des non-violents ou les ascètes au combat », in « Violences et non-violences en Inde », *Purusârtha*, vol. 16, Paris, EHESS, 1994, p. 213-243, cit. p. 234.

20. *Yoga Darshana Upanishad* I, 7, traduction de Jean Varenne, in *Le Yoga et la Tradition hindoue*, Paris, Denoël, 1973, p. 233.

21. Shashi Tharoor, *op. cit.*, p. 26.

Conclusion

1. Voir l'analyse de Françoise Chipaux au lendemain des résultats des élections législatives, *Le Monde* du 13 mai 2007.

2. Amartya Sen, *La Démocratie des autres. Pourquoi la liberté n'est pas une invention de l'Occident*, traduction française, Paris, Payot, 2005.

Bibliographie

Synthèses générales

Boivin, Michel, *Histoire de l'Inde*, Paris, PUF, 3e éd., 2006.

Esnoul, Anne-Marie, « L'hindouisme », in Henri-Charles Puech (dir.), *Histoire des religions*, Paris, Gallimard, 1970, vol. I, p. 995-1103

Esnoul, Anne-Marie (dir.), *L'Hindouisme. Textes et traditions sacrés*, Paris, Fayard-Denoël, 1972.

Jaffrelot, Christophe (dir.), *L'Inde contemporaine de 1950 à nos jours*, Paris, Fayard, 1996, nouvelle édition revue et augmentée, 2006.

Lenoir, Frédéric, et Tardan-Masquelier, Ysé (dir.), « Les religions de l'Inde », in *Encyclopédie des religions*, Paris, Bayard, 1997, t. I, p. 861-1017.

Meyer, Éric, *Une histoire de l'Inde. Les Indiens face à leur passé*, Paris, Albin Michel, collection « Planète Inde », 2007.

Renou, Louis et Filliozat, Jean, *L'Inde classique. Manuel des études indiennes*, 2 vol., Paris, 1947 et 1953, rééd. Paris, Maisonneuve, 1985.

Markovits, Claude (dir.), *Histoire de l'Inde moderne (1480-1950)*, Paris, Fayard, 1994.

Choix de textes sacrés et d'enseignements spirituels en traduction

Hymnes spéculatifs du Veda, traduits du sanskrit et annotés par Louis Renou, Gallimard, coll. « Connaissance de l'Orient », 1956.

Le Veda, textes réunis et présentés par Jean Varenne, Paris, Planète, 1967.

Mythes et légendes extraits des Brâhmana, traduits et annotés par Jean Varenne, Paris, Gallimard, coll. « Connaissance de l'Orient », 1967.

Chândogya Upanisad, traduction, introduction, commentaires d'Émile Sénart, Paris, Les Belles Lettres, 1971.

Brhad Âranyaka Upanisad, traduction, introduction, commentaires d'Émile Sénart, Paris, Les Belles Lettres, 1967.

Svetâsvatara Upanisad, texte, introduction, traduction d'Aliette Silburn, Paris, Adrien Maisonneuve, 1978.

Sept Upanisad, traduction, introduction, commentaires de Jean Varenne, Paris, Le Seuil, 1981.

Mâha Nârâyana Upanisad, texte, introduction, traduction de Jean Varenne, Paris, De Boccard, 1960.

Mândûkya Upanisad et Kârikâ de Gaudapâda, publication et traduction d'Émile Lesimple, Paris, Adrien Maisonneuve, 1981.

Le Mahâbhârata, extraits traduits et commentés par Jean-Michel Peterfalvi, 2 vol., Paris, Flammarion, 1985.

La Bhagavad Gîtâ, texte, traduction, introduction, commentaires d'Émile Sénart, Paris, Les Belles Lettres, 1967.

La Bhagavad Gîtâ, traduction, introduction, commentaires d'Anne-Marie Esnoul et Olivier Lacombe, Paris, Le Seuil, coll. « Points Sagesse », 1976.

La Bhagavad Gîtâ, introduction, traduction de Marc Ballanfat, Flammarion, coll. GF, 2007.

Le Râmâyana de Vâlmîki, Madeleine Biardeau et Marie-Claude Porcher (dir.), Paris, Gallimard, La Pléiade, 1999.

L'Enfance de Krishna, introduction, traduction, commentaires d'André Couture, Paris, Le Cerf, 1991.

Les Strophes de Sâmkhya (Sâmkhya-Kârikâ) avec le commentaire de Gaudapâda, texte, introduction, traduction et notes d'Anne-Marie Esnoul, Paris, Les Belles Lettres, 1964.

Yoga Sûtras, texte, introduction, traduction, commentaires d'Aliette Degraces, Paris, Fayard, 2004.

Yoga Sûtras, traduction, commentaires de Françoise Mazet, Paris, Albin Michel, 1991.

Lois de Manu comprenant les institutions religieuses et civiles des Indiens, traduction de A. Loiseleur-Deslongchamps, Paris, De Crapelet, 1833, réédité par France-Loisirs en 1996 sous le titre *Sagesse hindouiste. Les lois de Manu.*

Le Paripâtal. Texte tamoul, introduction, traduction et notes de François Gros, Pondichéry, Institut français d'indologie, 1968.

Célébration de la grande déesse. Devî Mâhâtmya, traduit et commenté par Jean Varenne, Paris, Les Belles Lettres, 1975.

Hymnes de Abhinavagupta, présentés et traduits par Lilian Silburn, Paris, De Boccard, 1970.

Jayadeva, *Gîta-Govinda*, introduction, traduction de Jean Varenne, Paris, éd. du Rocher-Unesco, 1991.

Toukaram, *Psaumes du Pèlerin*, introduction, traduction de Guy Deleury, Paris, Gallimard, 1956.

Le Râmâyan de Tulsî Dâs, introduction, traduction de Charlotte Vaudeville, Paris, Les Belles Lettres, 1997.

Kabîr, *Au cabaret de l'amour*, introduction, traduction de Charlotte Vaudeville, Paris, Gallimard, coll. « Connaissance de l'Orient », 1959.

Chants mystiques de Mîrâbâî, traduits et commentés par Nalini Balbir, Paris, Les Belles Lettres, 1979.

*Les Dits de Lalla et la quête mystique. XIV*e *siècle au Cashemire*, présentation, traduction de Marinette Bruno, Paris, Les Deux Océans, 1999.

Le Vijñâna Bhairava, traduit et commenté par Lilian Silburn, Paris, Institut de civilisation indienne – De Boccard, 1983.
Hatha-Yoga Pradîpikâ. Traité sanskrit de Hatha-Yoga, traduction, introduction et notes de Tara Michaël, Paris, Fayard, 1974.
L'Enseignement de Râmakrishna. Paroles groupées et annotées par Jean Herbert, Paris, Albin Michel, 1re éd., 1949.
L'Enseignement de Ramana Maharshi, nouvelle édition intégrale, traduction d'Éléonore Braitenberg, Paris, Albin Michel, 2005.
Mohamdas Karamchand Gandhi, *Autobiographie ou mes expériences de vérité*, traduction française, Paris, PUF, 1950, 5e éd., 1994.

Études sur l'hindouisme

Assayag, Jackie, *La Colère de la déesse décapitée. Traditions, cultes et pouvoir dans le Sud de l'Inde*, Paris, CNRS éditions, 1992.
– *Au confluent de deux rivières. Musulmans et hindous dans le sud de l'Inde*, Paris, Presses de l'École française d'Extrême-Orient, 1995.
– *L'Inde, désir de nation*, Paris, Odile Jacob, 2001.
Bugault, Guy, *L'Inde pense-t-elle ?*, Paris, PUF, 1994.
Butalia, Urvashi, *The Other Side of Silence*, New Delhi, Penguin Books India, 1998, traduction française : *Les Voix de la Partition Inde-Pakistan*, Arles, Actes Sud, 2002.
Benvéniste, Émile, *Vocabulaire des institutions indo-européennes*, Paris, Éd. de Minuit, 1969.
Biardeau, Madeleine, et Malamoud, Charles, *Le Sacrifice dans l'Inde ancienne*, EHESS, Louvain-Paris, Peeters, 1996.
Biardeau, Madeleine, *L'Hindouisme, anthropologie d'une civilisation*, Paris, Flammarion, coll. « Champs », 1981 (rééd. revue et augmentée de *Clefs pour la pensée hindoue*).
– *Le Mahâbhârata, un récit fondateur du brahmanisme et son interprétation*, 2 vol., Paris, Le Seuil, 2002.

Bouillier, Véronique, *Ascètes et rois, un monastère de Kanphata Yogis au Népal*, Paris, Éd. du CNRS, 1997.

Clément, Catherine, *Gandhi, athlète de la liberté*, Paris, Gallimard, 1989.

Colas, Gérard, *Visnu, ses images et ses feux. Les métamorphoses du dieu chez les Vaikhânasa*, Paris, Presses de l'École française d'Extrême-Orient, 1996.

Deliège, Robert, *Intouchables. Entre révoltes et intégration*, Paris, Albin Michel, collection « Planète Inde », 2007.

– *Le Système des castes*, Paris, PUF, coll. « Que sais-je ? », 1993.

– *Gandhi*, Paris, PUF, coll. « Que sais-je ? », 1999.

Doniger, Wendy, *Shiva : the Erotic Ascetic*, Oxford University, Press, 1981, traduction française : *Shiva, érotique et ascétique*, Paris, Gallimard, 1993.

Dumézil, Georges, *Les Dieux souverains des Indo-Européens*, Paris, Gallimard, 1977.

Dumont, Louis, *Homo hierarchicus. Le système des castes et ses implications*, Paris, Gallimard, 1966.

Eliade, Mircea, *Le Yoga, immortalité et liberté*, Paris, Payot, 1954.

– *Patanjali et les Yoga-Sûtra*, Paris, Le Seuil, coll. « Maîtres spirituels », 1976.

Esnoul, Anne-Marie, *Râmânuja et la mystique vishnouite*, Paris, Le Seuil, coll. « Maîtres spirituels », 1964.

Gaborieau, Marc, *Un autre islam. Inde, Pakistan, Bangladesh*, Paris, Albin Michel, collection « Planète Inde », 2007.

Hartung, Henri, *Présence de Ramana Maharshi*, Paris, Le Cerf, 1979, rééd. Dervy-Livres, 1987.

Hulin, Michel, *Le Principe de l'ego dans la pensée indienne classique. La notion d'ahamkara*, Paris, De Boccard, 1978.

– *La Doctrine secrète de la déesse Tripura*, Paris, Fayard, 1979.

– *Shankara et la non-dualité*, Paris, Bayard, 2001.

Jaffrelot, Christophe, *Les Nationalistes hindous*, Paris, Presses de la Fondation nationale des Sciences politiques, 1993.

– *La Démocratie en Inde. Religion, caste et politique*, Paris, Fayard, 1998.
– *Inde : la démocratie par la caste. Histoire d'une mutation socio-politique. 1885-2005*, Paris, Fayard, 2005.
Kakar, Sudhir, *The Inner World, a Psycho-analytic Study of Childhood and Society in India*, Oxford University Press, 1982, traduction française : *Moksha. le monde intérieur. Enfance et société en Inde*, Paris, Les Belles Lettres, 1985.
Kapani, Lakshmi, *La Notion de samskâra*, t. I, Paris, De Boccard, 1992.
Keller, Carl, *Ramakrishna et la voie de l'amour*, Paris, Bayard, 1997.
Khilnani, Sunil, *The Idea of India*, Londres, Hamish Hamilton, 1997, traduction française : *L'idée de l'Inde*, Paris, Fayard, 2005.
Lacombe, Olivier, *Indianité. Études historiques et comparatives sur la pensée indienne*, Paris, Les Belles Lettres, 1979.
Lacombe, Olivier, et Gardet, Louis, *L'Expérience du Soi*, Paris, DDB, 1981.
Lemaître, Solange, *Râmâkrishna et la vitalité de l'hindouisme*, Paris, Le Seuil, coll. « Maîtres spirituels », 1959.
Lingat, Robert, *Les Sources du droit dans le système traditionnel de l'Inde*, Paris, Mouton, 1967.
Lorenzen, David N., *The Kâpâlikas and Kâlâmukhas. Two lost Saïvite Sects*, Delhi, Motilal Banarsidass, 1972, 2e éd. 1991.
Malamoud, Charles, *Cuire le monde. Rite et pensée dans l'Inde ancienne*, Paris, La Découverte, 1989.
– *Le Jumeau solaire*, Paris, Le Seuil, 2002.
– *Féminité de la parole. Études sur l'Inde ancienne*, Paris, Albin Michel, 2005.
Martin-Dubost, Paul, *Shankara et le Vedanta*, Paris, Le Seuil, coll. « Maîtres spirituels », 1973.
Meslin, Michel *et al.*, *Maître et disciples dans les traditions religieuses*, Paris, Le Cerf, 1990.

Muller, Jean-Marie, *Gandhi l'insurgé. L'épopée de la marche du sel*, Paris, Albin Michel, 1997.
Nehru, Jawaharlal, *The Discovery of India*, Calcutta, The Signet Press, 1946, traduction française : *La Découverte de l'Inde*, Arles, Picquier, 2002.
Ollender, Maurice, *Les Langues du paradis. Aryens et Sémites : un couple providentiel*, Paris, Gallimard-Le Seuil, 1989.
Padoux, André, *L'Énergie de la Parole*, Paris, Le Soleil noir, 1980.
Renou, Louis, *L'Inde fondamentale*, Charles Malamoud (éd.), Paris, Hermann, 1978.
– *La Civilisation de l'Inde ancienne*, Paris, Flammarion, 1981.
Rolland, Romain, *La Vie de Râmakrishna*, 1re éd., Paris, Stock, 1929.
– *La Vie de Vivekânanda et l'évangile universel*, 1re éd., Paris, Stock, 1930.
Sen, Amartya, *La Démocratie des autres. Pourquoi la liberté n'est pas une invention de l'Occident*, Paris, Payot, 2005.
– *The Argumentative Indian. Writings on Indian Culture, History and Identity*, Londres, Penguin Books, 2006.
Sergent, Bernard, *Genèse de l'Inde*, Paris, Payot, 1997.
Silburn, Lilian, *La Bhakti, étude sur le shivaïsme du Kashmir, d'après le Stavacintâmani de Bhattanârâyana*, Paris, De Boccard, 1979.
Tardan-Masquelier, Ysé, *L'Hindouisme, des origines védiques aux courants contemporains*, Paris, Bayard, 1999.
– « Représentations traditionnelles de la transmission religieuse et reconstructions contemporaines de l'héritage dans l'hindouisme », *Regards croisés sur le patrimoine dans le monde à l'aube du XXIe siècle*, Paris, Presses de l'université de Paris-Sorbonne, 2003, p. 135-150.
– « La prière dans l'hindouisme », in M. Meslin (dir.), *Quand les hommes parlent aux dieux*, Paris, Bayard, 2003, p. 77-142
– « Les chemins du *samâdhi*. Immortalité et délivrance dans les yogas indiens », in Lenoir, Frédéric, et de Tonnac, Jean-

Philippe (dir.), *La Mort et l'immortalité*, Paris, Bayard, 2004, p. 557-580.
– *L'Esprit du yoga*, Paris, Albin Michel, 2005.
Tharoor, Shashi, *India from Midnight to the Millenium*, New York, Arcade Publishing et New Delhi, Penguin India, 2000, traduction française : *L'Inde d'un millénaire à l'autre, 1947-2007*, Paris, Fayard, 2007.
Varenne, Jean, *Cosmogonies védiques*, Milan-Paris, Archè-Les Belles Lettres, 1982.
Varma, Pavan, *Being Indian. Why the 21st century will be India's*, New Delhi, Penguin Books India, 2004, traduction française : *Le Défi indien. Pourquoi le XXIe siècle sera le siècle de l'Inde*, Arles, Actes Sud, 2005.
Viramma, Racine, Jean-Luc, et Racine, Josiane, *Une vie paria. Le rire des asservis. Inde du Sud*, Paris, Plon-Unesco, 1994.
Vidal, Denis, *Violences et vérités. Un royaume du Rajasthan face au pouvoir colonial*, Paris, Éd. de l'EHESS, 1995.
Weinberger-Thomas, Catherine, *Cendres d'immortalité. La crémation des veuves en Inde*, Paris, Le Seuil, 1996.

Ouvrages collectifs

Malamoud, Charles, et Vernant, Jean-Pierre (éd.), « Le corps des dieux », *Le Temps de la réflexion*, vol. VII, Paris, Gallimard, 1986.
Padoux, André (dir.), *L'Image divine. Culte et méditation dans l'hindouisme*, Paris, Éd. du CNRS, 1990.
Leslie, Julia (éd.), *Roles and Rituals for Hindu Women*, Delhi, Motilal Banarsidass, 1992.
Bouez, Serge (dir.), *Ascèse et renoncement en Inde ou la solitude bien ordonnée*, Paris, L'Harmattan, 1992.
« L'Inde et la question nationale », *Hérodote*, Paris, La Découverte, n° 71, 4e trimestre 1993.
Clémentin-Ojha, Catherine, et Gaborieau, Marc (dir.), « Le prosélytisme dans le sous-continent indien », *Archives de*

sciences sociales des religions, Paris, Éd. du CNRS, n° 87, juillet-sept. 1994.

Détienne, Marcel, et Hamonic, Gilbert (dir.), *La Déesse Parole. Quatre figures de la langue des dieux*, Paris, Flammarion, 1995.

Clémentin-Ojha, Catherine (dir.), *Renouveaux religieux en Asie*, Paris, Presses de l'École française d'Extrême-Orient, 1997.

Bouillier, Véronique, et Tarabout, Gilles (éd.), *Images du corps dans le monde hindou*, Paris, Éd. du CNRS, 2002.

Fell McDermott, Rachel, et Kripal, Jeffrey J. (éd.), *Encountering Kalî. In the Margins, at the Center, in the West*, New Delhi, Motilal Banarsidass, 2003.

Collection *Purusârtha* (Paris, Éd. de l'EHESS)

Vidal, Denis, Tarabout, Gilles, et Meyer, Éric (dir.), « Violences et non-violences en Inde », vol. 16, 1994.

Reiniche, M.L., et Stern, H. (dir.), « Les ruses du salut. Religion et politiques dans le monde indien », vol. 17, 1995.

Assayag, Jackie, et Tarabout, Gilles (dir.), « Altérité et identité. Islam et christianisme en Inde », vol. 19, 1997.

Racine, Jean-Luc (dir.), « La question identitaire en Asie du Sud », vol. 22, 2001.

Carrin, Marine, et Jaffrelot, Christophe (dir.), « Tribus et basses castes. Résistance et autonomie dans la société indienne », vol. 23, 2002.

Colas, Gérard, et Tarabout, Gilles (dir.), « Rites hindous. Transferts et transformations », vol. 25, 2006.

Chronologie

Cette chronologie est en partie empruntée à l'ouvrage d'Éric Meyer, *Une histoire de l'Inde. Les Indiens face à leur passé* (Albin Michel, 2007, coll. « Planète Inde »). La datation des textes anciens présente une large marge d'incertitude.

-2600 à -1700	civilisation urbaine de l'Indus et de l'Hakra
entre -1800/1500 et -1000	composition du corpus védique ; présence des Âryas en Inde du Nord
entre -1000 et -800	composition des Brâhmanas et des Âranyakas
entre -1000 et -600	sédentarisation des Âryas ; mise en valeur de la vallée du Gange ; cultures mégalithiques dans le Deccan
entre -800 et -300	composition des Upanishads majeures
entre -600 et -400	essor de royaumes (Magadha) et de républiques aristocratiques en Inde du Nord
env. -563 à -483	vie de Siddhartha Gautama (le Bouddha historique)

env. -540 à -468	vie de Vardhamana ou Mahâvîra (fondateur du jaïnisme)
entre -530 et -519	conquête du Panjab par les Perses (Cyrus)
-327 à -325	expédition d'Alexandre
-321 à -185	empire maurya
-269 à -232	règne d'Ashoka des Mauryas ; extension de l'empire au Deccan, diffusion du bouddhisme (notamment à Ceylan)
env. -IIIe-IIe s. (?)	composition du *Mahâbharata* (en particulier de la *Bhagavad Gîtâ*) et du *Râmâyana*
vers -155 à -130	règne de Milinda (Ménandre) en Bactriane
vers -90	invasions scythes (shakas) dans le Nord
Ier – IVe s. (?)	composition des premiers Purânas, *Dharma Shâstras*, *Vedânta Sûtras*, *Yoga Sûtras*, *Sâmkhya Kârikâs*, etc.
Ier-IIe s.	début de la littérature tamoule (*sangam*) ; apparition du judaïsme et du christianisme en Inde du Sud
78-144	Kanishka, roi kushan
IVe-Ve s.	empire gupta
495-520	raids des Huns
VIe s. (?)	composition des premiers Tantras
543	fondation de la dynastie chalukya dans le Deccan
574	fondation de la dynastie pallava en Inde du Sud
VIe-Xe s.	essor du commerce et diffusion de la culture indienne en Asie du Sud-Est

606-647	règne de Harsha, roi de Kanauj
VIIIe s.	essor des clans rajpoutes en Inde du Nord
712	premier État arabe musulman au Sindh (Mohammed ibn Qasim)
724-761	règne de Lalitaditya au Cachemire
770	fondation de la dynastie pâla par Gopala (Bengale)
780	essor des Gurjaras Pratiharas à Kanauj
788-820 (?)	Shankara
IXe s.	composition du *Bhâgavata Purâna*
à partir du IXe s.	essor du shivaïsme au Cachemire
fin du IXe s.	Mânikkâvacakar
814-965	apogée des Rashtrakutas au Deccan
907-1279	empire cola de Tanjore
Xe s.	Nâthamuni
? 950-1015	Abhinavagupta
985-1014	Rajaraja Cola unifie le Sud et conquiert Ceylan
1001-1027	raids de Mahmoud de Ghazni en Inde du Nord
1014-1045	Rajendra Cola (expansion vers le Gange puis vers le monde malais)
1050 (?)-1137	Râmânuja
1077-1120	Râmapala, apogée des rois bouddhistes du Bengale
? 1130-1168	Basava
XIIe-XIIIe s.	*Periya Purânam* de Cekkilâr ; Madhva, Nimbârka, Vishnuswami ; Meykandadevar

1150-1210	Jayadeva, auteur du *Gîta Govinda*
1206	fondation du sultanat de Delhi par Aybak
fin du XIIIe s.	Jñândev
1270-1350	Nâmdev
1336/1346	établissement de l'empire de Vijayanagar au Deccan
1347	établissement du sultanat Bahmani au Deccan
? 1350-1400	Lallâ
1400-1470	Râmânanda
1440-1518 (?)	Kabîr
1451	fondation du sultanat lodî à Delhi
1469-1539	Nânak, fondateur du sikhisme
1479-1530	Vallabha
1480-1575	Haridâsa
1486-1533	Caitanya
1498 (?)-1546	Mîrâbâî
1498	Vasco de Gama atteint les côtes indiennes
1502-1552	Hitaharivamsha
1509-1529	règne de Krishna Devaraya à Vijayanagar
1526-1530	Babur, premier empereur moghol en Inde
1532-1623	Tulsî Dâs
1533-1599	Eknâth
1539	début des missions jésuites (saint François-Xavier)
1556-1605	règne d'Akbar

1565	défaite de Vijayanagar à Talikota
1598-1650	Tukârâm
1600	fondation à Londres de l'East India Company
1605	début de la mission de Roberto De Nobili
1608-1681	Râmdas
1630-1680	Shivaji, fondateur de l'empire marathe
1658	traduction des Upanishads en persan par Darah Sukhoh, prince moghol
1658-1707	règne d'Aurangzeb
1664	fondation de la Compagnie française des Indes
1724-1748	Nizam ul Mulk indépendant à Hyderabad
1743	Assemblée religieuse d'Ajmer patronnée par le roi Jai Singh II
1772-1833	Râm Mohan Roy
1782-1799	règne de Tipu Sultan au Mysore
1784	fondation par William Jones de l'Asiatic Society of Bengal
1818-1875	Râmprasâd Sen
1824-1883	Dayananda Sarasvatî
1828	fondation du Brahmo Samaj par Râm Mohan Roy
1836-1886	Râmakrishna
1857-1858	révolte des cipayes
1858	rattachement de l'Inde à la Couronne britannique (Empire des Indes proclamé en 1877)
1861-1941	Rabindranath Tagore

1863-1902	Vivekânanda
1867	fondation de la madrasa de Deoband
1869-1948	Mohandas Karamchand Gandhi
1875	création de l'Ârya Samaj par Dayananda Sarasvatî
1876-1948	Mohammed Ali Jinnah
1879-1950	Ramana Maharshi
1885	fondation du parti du Congrès
1889-1964	Jawaharlal Nehru
1896-1977	Bhaktivedanta Prabhupada
1896-1982	Mâ Ananda Moyî
1897	fondation des Missions Râmakrishna par Vivekânanda
1905	partition du Bengale et mouvement *swadeshi*
1906	fondation de la Ligue musulmane
1906-1973	M.S. Golwalkar
1925	fondation du RSS
1930	Mohammed Iqbal propose un État musulman séparé
1946-1947	situation insurrectionnelle et violences intercommunautaires au Bengale et au Panjab
1947 (14-15 août)	Indépendance et Partition Inde-Pakistan
1948	assassinat de Gandhi (30 janvier) ; indépendance de Ceylan (4 février) ; mort de Jinnah (11 septembre) ; annexion du Cachemire et de Hyderabad par l'Inde ; premier conflit indo-pakistanais

1962	guerre sino-indienne et cessez-le-feu
1964	création de la VHP
1965	deuxième guerre indo-pakistanaise et cessez-le-feu
1971	indépendance du Pakistan oriental, qui devient le Bangladesh
1975	état d'urgence proclamé par Indira Gandhi
1980	fondation du BJP (Bharatiya Janata Party)
1984	profanation du temple sikh d'Amritsar par l'armée ; assassinat d'Indira Gandhi ; émeutes contre les sikhs
1990	assassinat de Rajiv Gandhi ; émeutes d'Ayodhya et processions des cendres des « martyrs »
1992 (6 décembre)	destruction de la mosquée d'Ayodhya, suivie d'émeutes intercommunautaires dans toute l'Inde
1998	accession au pouvoir du BJP
2002 (février-mars)	émeutes du Gujarat
2004 (mai)	retour au pouvoir du Congrès

Glossaire

Advaita : « non-dualité », interprétation moniste des textes védiques, attachée au nom de Shankara.

Ahimsâ : non-nuisance, tradition philosophique et ascétique de non-violence.

Artha : l'intérêt, le profit, la sphère économique, l'un des quatre « buts de l'homme ».

Âshrama : l'un des quatre « stades de la vie » du « deux-fois-né », lieu de retraite.

Âtman : le Soi, Âme éternelle et transmigrante par différence avec le moi empirique.

Avatâra : « descente » sur terre d'un dieu sauveur, en particulier les dix manifestations de Vishnu.

Bhakti : la dévotion, vishnouite ou shivaïte. *Bhakta* : dévot.

Brahmacârya : premier « stade de la vie » du « deux-fois-né », période d'apprentissage et de chasteté ; continence du renonçant.

Brahman : la formule rituelle, sa puissance, le mystère, le Tout cosmique, l'Absolu, l'Être, l'Un au-delà des dieux et du cosmos.

Candâla : intouchable.

Dalit : littéralement « opprimé », désigne les mouvements intouchables militants.

Dharma : ordre du monde pré-donné, loi des phénomènes d'origine suprahumaine, loi religieuse ; l'un des quatre « buts de l'homme » ; *svadharma* : devoir individuel défini par la caste et le stade de la vie (*varnâshrama*) ; *strîdharma* : devoir spécifique de l'épouse ; *sanatana dharma* : croyance et coutumes traditionnelles.

Dîkshâ : initiation.

Dvija : « deux-fois-né », homme de caste ayant reçu les initiations de son groupe.

Grihastha : deuxième « âge de la vie » du « deux-fois-né ».

Hindutva : « hindouité », concept identitaire utilisé aujourd'hui par ceux qui militent pour une « Inde hindoue ».

Jâti : caste au sens de groupe de statut, héréditaire et endogame, intégré dans la hiérarchie socio-religieuse.

Jñâna : connaissance supérieure intégrant l'*âtman* dans le *brahman*, sagesse ; *jñâna-marga* (*-yoga*) : voie du salut par la Connaissance.

Kâma : désir, satisfaction du désir, l'un des quatre « buts de l'homme », Désir divinisé.

Karma : acte bon ou mauvais, fait d'agir, résultat des actes qui commande les renaissances ; *karma-mârga* (*-yoga*) : voie du salut par l'action désintéressée.

Mandala : diagramme symbolique utilisé dans le culte et la méditation, combinant des formes géométriques et des couleurs complémentaires, ou bien représentant des figures divines et différents aspects de l'univers.

Mantra : formule sacrée, parole de puissance.

Mâtha : communauté monastique.

Mâyâ : puissance créatrice de formes, qui en vient à voiler l'être, d'où illusion.

Moksha : libération définitive du cycle des existences, l'un des quatre « buts de l'homme ».

Pûjâ : rite hindou, célébration liturgique.

Purusha : principe spirituel, esprit.

Rishi : auteur inspiré du Veda, sage.

Rita : rite, premier sacrifice accompli par les dieux, toute action humaine qui s'intègre dans le *dharma* et le maintient.

Samâdhi : recueillement, unification (yoga), extase mystique (*bhakti*).

Samnyâsa : renoncement, quatrième « stade de la vie » du « deux-fois-né », état d'ascète vivant hors du monde ; *samnyâsin* : renonçant.

Samsâra : temps cyclique, retour dans le cercle des existences.

Samskâra : rite de sacralisation des passages de la vie, de la conception à l'existence après la mort, habilitation, perfectionnement.

Shramana : ascète non brahmanique.

Shruti : Révélation, ce qui a été entendu à l'origine par les *rishis*, ensemble des textes canoniques qui constituent la Révélation (Vedas, Brâhmanas, Âranyakas, Upanishads).

Shuddhi : « purification », rituel de réintégration dans la caste ; aujourd'hui, « baptême » hindou.

Smriti : tradition, mémoire collective de la Révélation.

Tapas : feu intérieur, ascèse créatrice.

Vanaprastha : troisième « stade de la vie » du « deux-fois-né », ermite.

Varna : couleur, « classe » au sens de groupe fonctionnel constitutif de la société des Âryas, l'une des quatre classes (*brahmanas, kshatriyas, vaishyas, shûdras*).

Index des noms propres

Table

TROISIÈME PARTIE

La société traditionnelle

QUATRIÈME PARTIE

Vers l'hindouisme contemporain

DU MÊME AUTEUR

Le Yoga. Du mythe à la réalité, Paris, Droguet-Ardant, 1992.

C.G. Jung. La sacralité de l'expérience intérieure, Paris, Droguet-Ardant, 1992.

Les Spiritualités au carrefour du monde moderne (dir.), Paris, Centurion, 1993.

Le Yoga, Paris, Plon-Mame, 1995.

Les Chemins du corps (dir.), Paris, Albin Michel, 1996.

Encyclopédie des religions (co-dir.), Paris, Bayard, 1997, 2e éd., revue et augmentée, Bayard-Compact, 2000.

Jung et la question du sacré, Paris, Albin Michel, 1998.

L'Hindouisme, des origines védiques aux courants contemporains, Paris, Bayard, 1999.

La Sagesse, Paris, Desclée de Brouwer, 2001.

Les Religions et l'origine de la vie (co-dir.), Paris, O. Jacob, 2001.

Le Livre des Sagesses. L'aventure spirituelle de l'humanité (co-dir.), Paris, Bayard, 2002.

L'Esprit du yoga, Paris, Albin Michel, 2005.

La Quête de guérison. Médecine et religions face à la souffrance (co-dir.), Paris, Bayard, 2006.

DANS LA MÊME COLLECTION

Une histoire de l'Inde
Éric Paul Meyer

Intouchables. Entre révolte et intégration
Robert Deliège

Un autre islam
Inde, Pakistan, Bangladesh
Marc Gaborieau

Composition Nord Compo
Impression Bussière, septembre 2007
Éditions Albin Michel
22, rue Huyghens, 75014 Paris
www.albin-michel.fr
ISBN 978-2-226-18059-9
N° d'édition : 25446. – N° d'impression : 072941/4.
Dépôt légal : octobre 2007.
Imprimé en France.